Philip Rosenthal

Einmal Legionär

Mit einem Nachwort
Was ich in der Legion gelernt habe

Albrecht Knaus

1.–15. Tausend 1981
© Albrecht Knaus Verlag, Hamburg, 1980
Schutzumschlag Manfred Limmroth
unter Verwendung einer Farbaufnahme von Uwe Karstens
Gesetzt aus Korpus Palatino
Gesamtherstellung Welsermühl, Wels
Printed in Austria
ISBN 3-8135-1085-9

Gegen die Infamitäten des Lebens sind die besten Waffen Tapferkeit, Eigensinn und Geduld. Die Tapferkeit stärkt, der Eigensinn macht Spaß, und die Geduld gibt Ruhe.
Hermann Hesse

Wer glaubt, etwas zu sein, hat aufgehört, etwas zu werden.
Philip Rosenthal

1

Über die Brücke

Auf der Brücke zum Fort steht eine Wache, die Zivilisten rein-, aber nicht rausläßt; ist man einmal an diesem Posten mit seinem weißen Käppi und dem zerfurchten, ausdruckslosen Gesicht vorbei, hat man einmal die schmale Eisenbrücke überquert, die vom Alten Hafen des Quai von Marseille zur Inselfestung Saint Jean führt, dann dauert es fünf Jahre, bis man sie wieder als freier Mann in umgekehrter Richtung überschreiten kann: Man ist in der Legion.

Die Festung Saint Jean hat, selbst im hellen Tageslicht, etwas Theatralisches an sich, sie trägt ein Gepräge, das fast zu mittelalterlich wirkt, um wirklich zu sein: Die Art, wie sie gleich einem geduckten Ungetüm die Einfahrt zum «Vieux Port» überragt, die Art, wie der nackte Felsen über hundert Meter steil aus dem Meer aufsteigt, um schließlich hoch oben unmerklich in Befestigungsanlagen überzugehen; der irregeleitete Baum, der tapfer, aber hoffnungslos versucht hat, in einem Felsspalt genügend Nahrung zu finden, und jetzt tote Zweige gen Himmel reckt wie die schiefen Arme einer alten Frau, die sich an das Leben zu klammern sucht; und jene Brücke, die in das klaffende Loch eines durch den Felsen ansteigenden Tunnels führt: Es sieht alles ein bißchen so aus, als hätte Sam Goldwyns Löwe gerade eben eine neue Superproduktion von Monte-Christo herbeigebrüllt.

Ich muß die Brücke und das Fort lange Zeit angestarrt haben: die Sonne hatte das eiserne Bollwerk erwärmt, auf dem ich saß. Nicht, daß ich eigentlich gezögert hätte, sie zu überschreiten, aber ich kostete das seltene Privileg aus: einen entscheidenden Schritt bewußt und zum von mir bestimmten Zeitpunkt zu tun.

Die Wache beugte sich über das Geländer und spie von Zeit zu Zeit nach einem Stück Abfall, das in der Rinne zwischen dem Quai und dem Fels schwamm. Ich schwenkte herum auf meinem Poller, um einen letzten Blick auf die Stadt zu werfen. Der Quai du Port wurde lebendig: Hausfrauen kamen geschäftig aus den engen Seitenstraßen, um mit ihren Einkaufsnetzen zum Markt zu gehen; ein Landstreicher, der die Nacht auf einer Bank verbracht hatte, reckte sich in die erste Wärme des Morgens; die Masten der Fischerboote, die am Quai festgemacht hatten, hoben und senkten sich fröhlich mit knarrender Takelage; und im Café mit den blauen Fensterläden an der Ecke war gerade der Patron erschienen; sein Geschäft mit dem Morgenkaffee war beendet, und er wartete, daß die ersten Aperitifkunden sich zeigten; so stand er, die Hände über Schürze und Bauch gefaltet, und erwartete den Beginn eines neuen Tages.

Ich stand auf und überquerte die Brücke; die Wache drehte sich nicht einmal um, um nach mir zu sehen; sie versuchte immer noch, ihr Ziel zu treffen.

Auch der Tunnel schwitzte Unheil aus: er war dunkel, und frostige Windstöße fuhren hindurch; obwohl er breit genug war, daß drei Mann Seite an Seite durchmarschieren konnten, hallten nur meine eigenen Schritte wider; von irgendwo in der Tiefe kam schwach das Geräusch des Meeres, und hin und wieder traf ein Tropfen von der Decke mein Gesicht. Unwillkürlich fing ich an, beim Steigen die Stufen zu zählen; als ich bei 37 angelangt war, spaltete sich das Dach; über die Kante hing, schwarz gegen die Sonne, ein Kaktus. Vielleicht lag es daran, daß ich eben aus dem Tunnel getreten war, aber hier oben war sogar das Sonnenlicht weiß und unirdisch. Nach einigen weiteren Schritten gelangte ich an einen Zaun mit hohen eisernen Spitzen und an ein offenes Tor; an beiden Seiten stand eine überlebensgroße Statue eines Legionärs: der eine in der Uniform eines Poilu von 1918, der andere in der traditionellen Wüstenausrüstung, und über der Toröffnung lief eine Schrift mit den Worten: «Honneur et Fidelité, Valeur et Discipline.» Hinter dem Tor lag ein leerer Hof mit ein paar Baracken, die angesichts der sie allerseits umgebenden Wälle zwerghaft erschienen; die waren so hoch, daß sie den Anblick des Meeres und der unten liegenden Stadt versperrten und zu der Illusion eines über den Wolken liegenden Schlosses beitrugen. Am hintersten Ende erhob sich ein großer fensterloser Wachturm.

«Alors, tu vas entrer, Cornichon?» sagte eine Stimme, die die R's rollte und knirschte. «Steh nicht rum und reiß die Augen auf; das hier ist kein Museum.»

Ich fuhr auf und drehte mich, im Stolz getroffen, um: niemand durfte so mit mir reden. Aber der Russe, der am Eingangstor stand, war in Uniform; er stand da, Hände an den Hüften, eine mit Ordensbändchen übersäte Brust herausgestreckt, und sah mich an, als sei ich der letzte in einer langen Reihe von Würmern.

«Stell dich da in diese Schlange, hinter der Baracke, dort drüben», knurrte er. Ich drückte mich an ihm vorbei, in der halben Erwartung eines Tritts in den Hintern.

Die klägliche Schlange hinter der Baracke war bereits lang, und andere kamen noch hinter mir. Rekruten gab es eine Menge an jenem 8. September 1939, fünf Tage, nachdem die Franzosen den Krieg erklärt hatten. Einige der Neuankömmlinge waren abgerissen und hatten ein jämmerliches Aussehen, wie ich es erwartet hatte, aber andere trugen frischgebügelte Anzüge, elegante Schlipsnadeln und waren bei ihrer Ankunft überschwenglich im Ausdruck ihrer patriotischen Gefühle; als sie jedoch eine

Zeitlang in der Sonne gestanden, sich mit der unrasierten Menge hin und her geschubst und den Dunst von Knoblauch und abgestandenem Wein eingeatmet hatten, sahen sie so ramponiert aus wie die anderen.

Während die Schlange sich langsam aus der Sonne in den Korridor bei der Baracke bewegte, war ich imstande, die Prozedur der Anmusterung zu beobachten, bevor ich selber dran war. Einer nach dem anderen wurden die Rekruten in den Raum geschoben, wo ein gelangweilter Hauptmann, der hinter dem Schreibtisch saß, drei Fragen auf sie losschoß: Name? Nationalität? Alter? Nachdem sie alle drei Fragen beantwortet hatten, mußten sie mehrere Kopien ihres Vertrages unterschreiben oder gegebenenfalls ihr Zeichen machen, und dann schubste sie ein anderer Unteroffizier durch die zweite Tür zur ärztlichen Untersuchung. Ich erfuhr dabei, daß man weder Franzose noch über vierzig sein durfte, wenn man der Legion beitreten wollte, daß man sich jedoch sowohl die Nationalität wie auch das Alter noch einmal überlegen konnte:

Ein junger Mann mit einem engen grünen Hemd gab seinen Namen als Gillard an und seine Nationalität als französisch. Der Hauptmann unterbrach sein Gähnen, um ihm mitzuteilen:

«Kehrt marsch. Die Legion nimmt keine Franzosen.»

Als Gillard jedoch wegtrat, ergriff ihn der Unteroffizier an der Tür beim Ellbogen, flüsterte ihm etwas ins Ohr, ließ zwei andere die Prozedur überstehen und schob ihn dann wieder vorwärts.

«Name?» fragte der Hauptmann, ohne mit der Wimper zu zucken.

«Gautier.»

«Nationalität?»

«Belgisch.»

«Unterschreiben Sie hier», sagte der Hauptmann.

Dann gab ein großgewachsener Tscheche, der ein paar

Plätze vor mir stand, sein Alter als zweiundvierzig an und erhielt die Auskunft: «Zu alt.»

Die gleiche Metamorphose ereignete sich, als er um vier Jahre verjüngt zurückkam; der Hauptmann sah ihn abschätzend an: «Er sieht kräftig genug aus. Bon, der Arzt wird über dein Alter entscheiden. Der nächste.»

Schließlich musterte auch ich an und begab mich in das Untersuchungszimmer. Männer in verschiedenen Stadien der Entkleidung warteten auf die Untersuchung, wobei einige stolz ihre behaarte Brust zur Schau stellten, andere bis zum letzten möglichen Augenblick sich hinter dem Hemd verbargen. Obwohl die Untersuchung durch die zwei Ärzte sehr oberflächlich erschien, wurde eine ganze Anzahl zurückgewiesen, hauptsächlich wegen Herz, Füßen und, was mich erstaunte, schlechter Zähne. Ein Rowdy mit roter Baumwollunterhose nahm das krumm: «Ich will ja nicht mit den Zähnen kämpfen.»

«Mag schon sein», sagte der Arzt, «aber du ißt damit, und wenn wir dir ein Gebiß anpassen müssen, damit du dein Fleisch kaust, wärst du ein teurer Legionär.»

Nach der ärztlichen Untersuchung erhielten die von uns, die angenommen waren, den Befehl, im Hof anzutreten. Der Russe wartete auf uns.

«In zwei Reihen!»

Es ist für dreißig Burschen eine erstaunlich komplizierte Operation, sich in zwei Reihen zu sortieren, wenn sie das noch nie getan haben; einige drängten sich nach vorne, andere drückten sich nach hinten, und wieder andere bestanden darauf, eigene Reihen zu bilden. Der Russe sah uns höhnisch zu, wie wir über Handkoffer stolperten und nach Hüten langten, die uns in dem Wirrwarr vom Kopf gestoßen worden waren. Dieses vertraute Schauspiel bereitete ihm offensichtlich ein hämisches Vergnügen. Erst als wir zwei krumme Glieder gebildet hatten, sprach er uns an: «Ihr seid jetzt Legionäre – obwohl man's kaum glauben würde, wenn man euch ansieht. Erst will ich euch mal sagen, daß ihr im Augenblick mit ‹Ehre, Treue oder Tapferkeit› nichts zu tun habt, sondern ausschließlich mit ‹Disziplin›. Nun mal herhören...», bevor er mit seiner Tirade fortfuhr, mußte er sich an etwas erinnert haben; er drehte sich zu zwei Sergeanten hinter ihm um, deutete auf einige von uns und sagte: «Nehmt diese vier Vögel fest und in den Turm mit ihnen.»

Was hatten sie getan, fragte ich mich; vielleicht waren sie Spione, die versucht hatten, sich in die Legion zu schmuggeln. Erst dann merkte ich, daß einer der Sergeanten geradewegs auf mich zukam; verdammt, ich war einer der vier!

«Was zum Teufel», protestierte ich, als eine schwere Hand mich an der Schulter packte und mich die Stufen hinauf zum Turm schubste. Bevor ich Zeit hatte, mir die drei anderen anzusehen, war die schwere Tür zugeschlagen, der Schlüssel drehte sich und wir stolperten in absoluter Dunkelheit umher.

«Ah, Gesellschaft!» sagte eine körperlose Stimme aus der Tiefe. «Ihr findet zum Sitzen da drüben ein paar Zementsäcke.»

Das war dann also ein früherer Insasse. Wir krochen rüber zur Wand und setzten uns. Das war ein hoffnungsvoller Anfang: Weniger als eine Stunde nach meinem Eintritt in die Legion war ich in meinem ersten Gefängnis gelandet.

«Na, und was habt ihr ausgefressen, um hier reinzukommen?» wollte der frühere Insasse wissen. «Ich bin sehr heikel, mit wem ich mein Schlaf- und Wohnzimmer teile.»

«Wünsche, ich wüßte es», sagte ich.

Auch die anderen schienen keine Ahnung zu haben, warum sie eingesperrt waren. Nach ihren Stimmen zu urteilen, das einzige wonach ich gehen konnte, hatten sie nicht viel gemein. Einer war ein Spanier, und der ließ uns über die Eignung der spanischen Sprache, kräftiges Mißfallen auszudrücken, nicht im Zweifel.

«Madre de Dios», sagte er, «nur weil meiner Mutter Sohn so wenig Hirn besaß, daß er sich als Mitglied dieser dreimal verfluchten Horde naturwidriger Hurensöhne eingeschrieben hat!» Er fand, das geschähe ihm recht, weil er der Legion beigetreten war.

Der zweite hatte eine ängstliche, kultivierte Stimme und sprach akzentfrei französisch: «Das ist vielleicht, weil ich noch nicht das Alter habe; um reinzukommen, habe ich ihnen gesagt, ich sei achtzehn, aber ich bin noch keine sechzehn; vielleicht hat mich meine Mutter zurückgefordert.»

Es klang, als hege er jetzt die halbe Hoffnung, daß es so sei. Der dritte war Pole: «Comprends pas, comprends pas», sagte er, und ich konnte mir nicht schlüssig werden, ob es das Französisch war, das er nicht verstand, oder warum er hier im Turm war.

«Ach, aber ihr seid seltsame Vögel», sagte der frühere Insasse. «Ich weiß wenigstens, warum ich im Gefängnis sitze: Vor vier Tagen war ich betrunken, und ich habe jemand eine geknallt, bevor ich merkte, daß es mein Sergeant war.»

«Du weißt wohl nicht, wieviel Uhr es ist?» fragte ich ihn.

«Gewiß», sagte er, «kannst du nicht unsere Uhr hier sehen?»

Da war ein Loch in der Turmmauer, durch das ein dünner Lichtstrahl fiel; er verminderte in keiner Weise das Pechdunkel um uns her, aber stach haargenau auf einen Fleck über unseren Köpfen; während draußen die Sonne ihre Runde machte, wanderte der Strahl an der Mauer entlang, auf die von früheren Insassen Markierungen gekratzt worden waren.

«Es ist jetzt nach elf», sagte der erste Insasse. Danach erstarb das Gespräch.

Nach elf. Was hätte ich zu dieser Stunde in der verblaßten Vergangenheit von vor nur drei Monaten getan? Wahrscheinlich in unserem Dozentengarten in Oxford gesessen; Vögel hüpften auf dem Rasen umher, und der Wind spielte sanft mit der schlanken Birke, so daß ihre Blätter tanzende Schatten auf die dahinterliegende graue Mauer warfen; alles versuchte, mich von dem geöffneten Buch auf meinem Schoß abzulenken. Wenn es ein schöner Sommermorgen war, schien ich immer irgendwie nach elf in jenem Garten zu landen; auch wenn ich mit dem festen Entschluß aufgewacht war, zu allen drei Vorlesungen auf meinem Stundenplan zu gehen, marschierte ich um neun mit entschlossener Miene hinüber nach Pembroke, kritzelte um zehn noch eifrig Mr. Weldons zynische Anmerkungen über die Unzulänglichkeiten Kants nieder, aber dann begannen die staubdurchsetzten Sonnenstrahlen schräg durch die hohen Fenster herunterzufallen, und die letzte halbe Stunde erschien sehr lang; in Magdalen Hall erscheint in der Holzverkleidung unmittelbar hinter dem Vortragenden der geschnitzte Kopf eines turbantragenden Türken, und gegen elf Uhr mußte Mr. Weldon, der mit seiner knappen metallischen Sprechweise immer noch über seine eigenen Witze lachte, mit diesem heftig um meine Aufmerksamkeit kämpfen. Aber um elf erfolgte mein Umfall. Sollte ich zu McAllums Vorlesung über den Handelszyklus gehen? fragte ich mich, während ich mit den anderen durch die Kreuzgänge wandelte; er war so ein trockener alter Stockfisch, knapp und sachlich, gut für einen Regentag, aber nicht bei diesem Wetter. Ich wußte, was ich tun würde: zum Dozentengarten gehen, dort sitzen und das Buch über die Ursächlichkeit lesen, das mir mein Tutor empfohlen hatte. Das tat ich denn auch – zumindest das Vorwort; als jedoch der Verfasser sein Thema anging und alle Pros und Contras hin und her überlegte und als die Wärme durch die Kastanien über meinem Kopf sickerte, begannen meine Augen von der Weisheit fortzustreben und kamen zur Ruhe auf der tanzenden Birke vor der ehrwürdigen Steinmauer.

Es gab andere Bäume in Oxford, die ich niemals bemerkt habe, wenngleich ich ungezählte Stunden unter ihnen verbracht habe; zum Beispiel die Zwillingspappeln in Iffley:

«Die Winde einen sie, und die Winde trennen», hat Santayana von ihnen geschrieben, was beweist, daß er kein Ruderer gewesen sein kann: Wir hatten kein Auge für das Spiel der Winde mit Bäumen und Wasser, wenn wir im Achter an der Schleuse saßen, während uns der Trainer in einer so lebhaft gefärbten Sprache mitteilte, was er von unserem letzten Ruderspurt hielt, daß die Schulmädchen auf dem Leinpfad hinter ihm in fröhliches Kichern ausbrachen; wir hörten seinen Dissertationen über den Ruck am Anfang eines Schlages mit einer Ehrfurcht zu, die Mr. Weldon zu erwecken niemals auch nur hoffen konnte; und wenn er sagte: «Sechs, du hast nachgeklappt!», dann fühlte ich mich moralisch minderwertig.

Aber jetzt wurde es kühler in unserem Turm.

«Wir sollten bald was zu essen kriegen», verkündete der Alteingesessene.

«Ja, Steaks und Pommes frites, das könnte ich mir gefallen lassen», meinte der Spanier.

«Und einen saftigen Nachtisch», sagte der junge.

«Ihr seid grün», erklärte der Alteingesessene. «Wißt ihr nicht mal, daß ihr in einem regulären Gefängnis weder Nachtisch noch Wein bekommt?»

«Ist dann also dieser Turm ein reguläres Gefängnis?» fragte ich ihn.

«Klar, und das ist er schon lange. Wenn mich der Russe ins Gefängnis schickt, unterläßt er es nie, mich als besessenen Geschichtsforscher zu bezeichnen; anscheinend haben schon die Malteser Ritter ihre unartigen Knaben im Jahr vierzehnhundertundsoundsoviel in diesem Loch abgeladen.» Die Tür öffnete sich rasselnd, unsere Mahlzeit wurde reingeschoben – Reis mit Fleischstücken darin. Wir verschlangen sie im Dunkel und in Schweigen.

Auch der Saal in Exeter war düster gewesen, wenn wir zum Essen dort einzogen; das Licht der Lampen auf den langen Eichentischen drang niemals ganz bis zu den Deckenbalken. Aber dort herrschte niemals Schweigen, sondern ein Redeschwall: gute Rede, schlechte Rede. Verhaltene Rede am Hochtisch, bis hin und wieder die Stimme des Rektors durch ihr bloßes Dröhnen die anderen Dons verstummen und seinen höchst unwahrscheinlichen Erinnerungen zuhören ließ; aber gute Geschichten waren es, und erst wenn man mehr als drei Jahre dort war, konnte man dieselbe Geschichte wieder aufkommen hören, allerdings bis zur Unkenntlichkeit verändert. Gedämpfte Gespräche vom Tisch der ersten Trimester – sie waren noch von der sie umgebenden räumlichen Weite eingeschüchtert. Ausgelassenes Gerede von den Studenten des dritten Jahres und Lachsalven vom Tisch des Bootclubs. Und aus dem Düster zu unseren Häupten blickten die Porträts aller Rektoren auf uns nieder, von Walter de Stapledon, der 1314 Bischof von Exeter gewesen war, obwohl sein Porträt Jahrhunderte später von einem Metzger aus Oxford gemalt worden war. Die meisten Colleges haben Regeln für die Mahlzeiten, und wenn man dagegen verstößt, indem man zum Beispiel in einer Fremdsprache spricht oder den Namen einer Lady erwähnt, muß man eine Buße von drei Schoppen Bier bezahlen. Eine Regel in Exeter besagte, daß man nicht zu den Porträts emporstarren durfte; mir kam es immer so vor, weil sie einen zum Schweigen veranlassen könnten.

Und abends? Es war zumeist Arbeit gewesen, aber man

erinnert sich nicht an Arbeit, wenn man in einem finsteren Turm liegt und an das unwiderruflich Vergangene denkt, sondern eher, wie man in einem Punt den Cherwell hinuntergleitet und halb der Stimme eines Mädchens, halb dem Plätschern des Paddels lauscht, sich auf den Kissen zurücklegt und das Filigran der Blätter gegen den Nachthimmel über sich vorübergleiten läßt, bis es sich vor der dunklen Brücke und dem Turm vom Magdalen College im Mondlicht aufreißt; oder daran, wie ich in meinem Zimmer an der langen Mauer saß und ins Feuer starrte, bis ich beim Glockenschlag der Mitternacht meinen Freund Pat in seinen Nagelschuhen die Straße entlangstapfen, an die Tür poltern und der Hauswirtin einen Krug Kakao abschmeicheln hörte, über dem wir dann zusammensaßen und redeten, wie man nur in den frühen Morgenstunden reden kann.

Und doch hatte ich in meinem letzten Jahr in Oxford den sehr ausgesprochenen Wunsch, von dort wegzukommen; raus aus dem Glashaus, das einem vor den rauhen Winden des Lebens fast vollkommenen Schutz bot, obwohl man kaum etwas anderes tat, als gerade dieses Leben in allen seinen Facetten zu betrachten – am allerbesten kann man einen Sturm hinter Glaswänden beobachten –, aber das Leben, das man sah, war nicht das eigene. Ich wollte nicht ein Dauerbewohner in einem Narrenparadies werden, der nie einen Blick von dem ergattert, wie das Leben ohne die Behaglichkeit und die gesellschaftliche Stellung aussieht, die man als selbstverständlich hingenommen hat; einer der Männer, die gute Kameradschaft und gute Manieren für naturgegeben halten, weil es für sie nie die zwingende Notwendigkeit gegeben hat, beides zu vergessen; das gilt auch für die Mädchen, die ihre Blüte, ihre Integrität und – auch, wenn sie inzwischen Mütter und Großmütter geworden sind – ihre Unschuld im einzigen wirklichen Sinn dieses Wortes nur deshalb bewahren, weil sie immer unter Obhut gewesen sind, erst bei ihren Eltern, dann bei ihren Männern. Sie alle erinnerten mich an Skiläufer, die mit der Bergbahn zum Gipfel gelangt sind; da sie nie erfahren haben, wie es ist, sich schwitzend und stolpernd den Abhang aufwärtszuarbeiten, bei jedem Schritt zurückzurutschen, bis man gelernt hat, die Beine und Stöcke richtig einzusetzen: Wie können sie jemals den vollen Genuß einer Abfahrt zu schätzen wissen?

Wenn ich jedoch überhaupt Pläne gehabt habe, nachdem Pat und ich die Karten zur Überfahrt über den Ärmelkanal gekauft hatten, dann waren sie überaus vage. Gemeinsam wollten wir durch Frankreich trampen und eine Woche im Haus meiner Mutter in Juan-les-Pins verbringen; dann sollte Pat nach England zurückkehren, und ich wollte mich zu Fuß und per Anhalter durch den Balkan und die Türkei bis nach Persien durchschlagen. Danach wollte ich sehen, was sich weiter ergab. Was jedoch kam, war der Krieg. Wie so viele Menschen konnten wir nicht begreifen, daß der Krieg da war; was man nie erlebt hat, kommt einem irgendwie nicht recht möglich vor.

Und als wir die hübschen geraden Straßen entlangschritten, die aus Paris nach Orleans und weiter führen, die Straßen, auf denen ein Jahr später die verstörten Flüchtlinge entlangströmten, schien der Krieg in weiter Ferne zu liegen. Wir hatten unser eigenes Reisesystem entwickelt: Morgens wanderten wir, bis der Tau vom Gras verschwunden war; bevor es zu heiß wurde, suchten wir uns einen Hügel, von dem wir die hinter uns liegende Strecke überblicken konnten, lehnten uns gegen einen Baum, zündeten unsere Pfeifen an und holten ein Buch raus. Wenn ein Auto auftauchte, standen wir auf, streckten den Finger zwischen die Buchseiten, die wir gelesen hatten, schulterten unser Bündel und marschierten, wenn wir es durch Winken zum Halten gebracht hatten, als hätten wir schon Meilen hinter uns. Wenn der Wagen uns nicht mitnahm, kehrten wir zu unserem Baum und unserem Buch zurück; wenn er es tat, fuhren wir mit, solange er auf unserer Straße blieb, solange uns seine Insassen zusagten und solange wir keinen Hunger verspürten. Manchmal lagen wir hinten auf einem Lastwagen, spürten den Wind in unserem Haar, blinzelten in die Sonne und fragten uns, wie weit er uns mitnehmen würde; gelegentlich wurden wir von einem tollen Alfa Romeo mitgenommen mit einer eleganten Crew aus Paris; bis wir uns von ihnen trennten, wurden wir fast immer von ihnen beneidet, und zwar mit Recht, denn was ist langweiliger, als in einem Fahrzeug zu fahren, das einen schnell, bequem und vor allem mit Gewißheit zum Ziel bringt. Wenn wir an der Straßenseite ein verheißungsvolles Gasthaus sahen, eins mit Topfbäumen, einem ausgehängten Speisezettel und ohne Pseudovornehmheit, sahen wir einander an und sagten: «Ach, vielen Dank, aber hier biegt unsere Straße ab.» Mit den Horsd'œuvres probierten wir jeden Tag einen neuen Wein und genossen das stille, aber große Vergnügen, einen guten Landwein zu entdecken, von dem noch niemand etwas gehört hatte.

Nachts schlugen wir an einem Bach ein Zelt auf, kauften an einem Bauernhof ein paar Eier, brieten sie über einem Feuer und betrachteten dann die letzten Flammen, die in das Dunkel züngelten; wir gingen mit dem Geruch von Gras und Kiefern schlafen.

Der Krieg war jetzt bis auf einige Wochen nahegekommen, aber immer noch fanden wir die internationale Situation als ein äußerst langweiliges Thema, über das wir nur ein paar Worte murmelten, um einen tschechischen Lastwagenfahrer bei guter Laune zu halten – für ihn war es nicht langweilig; er fuhr eine Kohlenladung und nahm uns nach St. Jean de Luz mit; als wir daher in der Villa zweier kanadischer Mädchen auftauchten, konnte deren

Mutter kaum den Abscheu in ihrem Gesicht verhehlen; angeberisch schlugen wir unser Zelt auf und kamen zehn Minuten später, nicht wiederzuerkennen, im Smoking wieder heraus; es war das letzte Mal, daß ich einen getragen habe. An diesem Abend tranken wir baskischen Wein mit dem herrlichen Namen Iroulegay in einem Sarre genannten Dorf im Hügelland oberhalb von St. Jean; es gab dort eine Plaza, von der aus man nach Spanien hinübersehen konnte; kein Mädchen konnte sich einen besseren Hintergrund wünschen.

Am nächsten Morgen haben wir uns nicht gerade mit einem Sprung und einem Schrei von unseren Schlafsäcken getrennt; ein Bad im kalten Wasser und dann eine Rasur schienen angezeigt, um wieder klare Köpfe zu schaffen. Und es war der Barbier, der mir erstmals die Erkenntnis vermittelte, daß Danzig vielleicht doch nicht nur eine Schlagzeile war.

«Warum sollte der Boche nicht in den Krieg ziehen?» sagte er, bedrohlich sein Rasiermesser schwingend. «Seht euch diese an», und deutete auf ein paar schlaksige junge Franzosen in Bademänteln, die am Laden vorbeigingen: «Die werden nicht so kämpfen wie wir. Man schlägt sich nicht für Nachtclubs, Luxusautos und Luxusmädchen.»

Kluger Mann, wir kämpfen nicht einmal für das Glück; wir kämpfen, wenn man uns begeisternd dazu aufruft.

Von da an waren die Ferien vorbei; wie alle anderen lasen wir die Zeitung, bangten wir, hofften wir. Immer noch trampend, gelangten wir in zwei Tagen zum Haus meiner Mutter in Juan-les-Pins. Dort saßen wir und hörten Nachrichten:

«Die Deutschen in Polen.»

«Polnische Kavallerie überquert an verschiedenen Stellen die deutsche Grenze.»

Arme polnische Schwadron: sie hat vermutlich am ersten Tag der Feindseligkeiten einen Wald nach Deutschland hinein durchquert, um sich schließlich eine Woche später, in der sie abgeschnitten und ohne Nachschub gewesen war, zu ergeben. Aber es klang so gut im Kommuniqué.

Pat und ich fuhren nach Marseille und fragten den britischen Konsul, was ich tun sollte; denn ich war zwar schon als Junge nach England gekommen, besaß aber immer noch die deutsche Staatsbürgerschaft. In Kriegszeiten kommt es wenig darauf an, was in deinem Kopf vorgeht, sondern was in deinem Paß steht. Der Konsul war sehr hilfsbereit und riet mir, unverzüglich nach England zurückzukehren: In einigen Wochen würde ich wahrscheinlich Gelegenheit haben, in irgendeiner nicht kämpfenden Militäreinheit unterzukommen, zum Beispiel dem Pioneercorps. Monatelang in England rumsitzen, um dann im Pioneercorps zu schaufeln? Nein, danke! Wenn dies meine Jahre von Blut und Grauen waren, dann sollten sie wenigstens so viel Blut und Grauen bieten, daß sie interessant waren. Pat nahm den Zug nach England. Am Nachmittag stand ich in einer Menge in der Cannebiere und beobachtete eine laufende Nachrichtenschrift: «La France et l'Angleterre se trouvent en état de guerre avec l'Allemagne.» Es herrschte also der Kriegszustand zwischen Deutschland und den Alliierten Frankreich und England.

Man hörte kein Rufen, kein Singen, es war auch kein entschlossenes Schweigen, sondern ein fassungsloses Schweigen, und das in Marseille. Das hätte mich an die Worte des Friseurs erinnern sollen: «Wir kämpfen, wenn wir in begeisternder Weise dazu aufgerufen werden.» Ich konnte nur denken: Das ist es nun also; wie immer es ausgeht: nichts wird mehr sein, wie es war. Wenn du England wiedersiehst, wird es nicht dasselbe England sein; so jung du auch bist, wenn du wieder zurückkommst, wirst du die Jugend hinter dir haben und deine Freunde ebenfalls. Es wird die Anpassung an eine neue Welt für diejenigen bedeuten, die in der alten aufgewachsen sind; und der Kompromiß mit den Umständen ist das Ende der Jugend.

Ich kehrte mit dem Entschluß nach Juan-les-Pins zurück, der französischen Fremdenlegion beizutreten.

Ein paar Tage später frühstückten meine Mutter und ich auf dem Rasen vor der Villa. Meine Mutter liebte diesen Rasen; sie hatte ihm viel Zeit gewidmet, ihn jeden Morgen gesprengt, denn sich an der Riviera einen Rasen zu halten, ist ein Sieg über die Natur. Wir frühstückten in unseren Bademänteln, und zwanzig Meter entfernt strich das Meer träge über den Sand. Meine Mutter reichte mir die Butter. Ich sagte: «Mutter, ich glaube, ich gehe in die Fremdenlegion.»

Sie ließ beinahe die Butterdose fallen und konnte nur entsetzt hervorbringen: «Was, die Verbrecher mit den weißen Käppis? Du machst natürlich nur Spaß. Ich würde dich lieber internieren lassen.»

Es war nutzlos, mit ihr zu streiten, es hätte ihr nur unnötigen Kummer verursacht.

«Ja, natürlich mache ich Spaß.»

Ich nahm mir die Butter, ich beendete mein Frühstück, ich ging schwimmen, ich zog mich an.

«Mutter», sagte ich, «ich gehe nur nach Juan, um mir die Zeitung zu kaufen.»

Und genau wie in einem amerikanischen Roman war dies das letzte Mal, daß sie mich gesehen hat. Ich nahm den Zug nach Marseille.

Ein Polizist zeigte mir den Weg zum Hauptquartier der Legion: zur Brücke, die zu dem düsteren Felsen führte.

Als ich mir diese genau betrachtet hatte und wußte, daß es kein Zurück mehr gab, wenn ich sie einmal überquert hatte, beschloß ich, mich noch einmal auszutoben.

Ich erinnere mich an diese Nacht. Sie war gut. Ich hatte eine gute Mahlzeit in einer Spelunke: knusprigen grünen

Salat, und die Kellnerin warf mir einen fragenden Blick zu, als ich die zweite Flasche «Rouge» bestellte. Ich trinke gern allein, nicht so viel, daß ich betrunken bin, aber bis zu dem Zustand, in dem Menschen, die man sieht, ungewöhnlicher werden und die eigenen Gefühle dramatischer. Bei der zweiten Flasche erschien mir die Kellnerin stämmig statt fett, unappetitliche Franzosen in Uniform, die Nutten küßten und betatschten, wurden zu Matrosen, die ihren Schatz zum Abschied küßten, ihr trunkenes Grölen zu patriotischen Liedern, und der schmierige alte Hafen wurde zu einem abenteuerlichen Land, wo man intensiv einem ungewissen Morgen entgegenging, das gab dem Heute mehr Inhalt. Mit anderen Worten: Ich war so betrunken wie die Menschen um mich herum. Der Rest meiner Erinnerungen an diese Nacht sind verschwommen: Ich hörte eine englische Stimme, die mir ins Ohr sagte: «Dreimal will ich raten, was mit dir los ist, und jedesmal recht haben, oder ich spendiere dir noch eine Flasche, obgleich du schon zu viel gehabt hast. Erstens: du bist Engländer. Zweitens: du bist ein Narr. Und drittens: du willst in die Legion eintreten.»

Er mußte die Flasche zahlen, weil ich ihm sagte, ich sei ein verfluchter Boche. Er hatte gerade nach fünf Jahren von der Legion ausgemustert, und nachdem er mir mitgeteilt hatte, daß er nicht seinen Atem in dem Versuch vergeuden würde, mir meinen verrückten Entschluß, dort anzumustern, auszureden, tat er genau das. Bevor er mir halbwegs von der Perversität der Unteroffiziere erzählt hatte, wurde er von einem wütenden Weib am Kragen gepackt, das er anscheinend früher abgewimmelt hatte; und trotz seines Protests, daß er einen «camarade» vor einer «folie» schützen müsse, wurde er entschlossen weggeführt und verschwand im Rauch.

Dann gab es Fliegeralarm. Alle drängten sich aus der Bar, sogar der Bartender, alle außer mir, der ich zu betrunken war, um mich zu fürchten, und ein kleiner Mann mit einer Baskenmütze. Von einer Seite sah er aus wie ein netter kleiner Mann mit einem Schalk im Auge, von der anderen bot er einen gräßlichen Anblick, denn über die ganze Seite seines Gesichts und über das Auge lief eine übel aussehende Narbe. Als ich ihn fragte, warum er nicht in Deckung ging wie die anderen, sagte er: «Sieh nur, den ganzen Abend hatte ich mein Auge auf dieser Flasche Kirsch, und jetzt habe ich die Chance, sie mir billig anzueignen.» Und er langte rüber zur leeren Bar, um sie vom Sims runterzuholen. «Willst du mitmachen?» – mit einer höflichen Bewegung seiner Hand. «Und warum ich nicht in Deckung gehe», erklärte er, «ich bin noch nie getötet worden, wenn ich betrunken war, obwohl das bei weitem die angenehmste Art wäre. Folgst du meiner Logik? Zudem bin ich ein Katalane und habe drei Jahre lang gekämpft, also muß ich auf alle Fälle irgendwo weiterkämpfen; zudem taugen die draußen angelegten Schutzgräben nichts; und bisher habe ich weder Flak noch Flieger gehört, geschweige denn Bomben, und schließlich muß ich zugeben, daß dieser Kirsch gut ist.»

So saßen wir in der leeren Bar, tranken Kirsch, und er erzählte mir von Spanien; er erzählte mir nicht mehr oder besser, als ich zu Hause im «Chronicle» hätte lesen können, aber es blieb haften. Ich erinnere mich an seine letzten Worte, als wir die Flasche halb geleert hatten: «Hör zu, Amigo, Spanien ist wie dieses Gesicht von mir; es wäre jedoch leichter, diese Narbe unsichtbar zu machen, als das, was der Krieg aus meinem Volk gemacht hat, und zwar auf beiden Seiten», fügte er hinzu.

Mit «Adios Compañero» und einem höflichen Heben der Hand machte er sich davon, als sich die Bar wieder füllte, wobei er die halbleere Flasche Kirsch nicht vergaß.

Es hatte sich doch nur um einen Probealarm gehandelt. Ich kehrte in mein Hotel zurück und erinnere mich undeutlich, aber mit Beschämung, daß ich die Art von Briefen nach Hause geschrieben habe, die Tränen in die Augen treiben, wenn man getötet wird; wenn man jedoch zurückkehrt, fühlt man sich so idiotisch, wie man ist.

Und so endete mein letzter Tag als freier Mann; erst gestern, zwölf Stunden, bevor sich die Tür zur Düsternis dieses verdammten Turmes hinter mir geschlossen hatte.

2

Angeheuert

Ich muß bis weit in den nächsten Morgen hinein gedöst haben, denn als sich die Tür wieder öffnete, wurde ich vom hereinströmenden Sonnenlicht fast geblendet. Eine barsche Stimme sagte: «Allez, sortez!» Und wir stolperten hinaus in das grelle Licht. Wo war ich? Was ging vor?

Ach ja, die Legion, das Fort Saint Jean, der maltesische Turm. Das fiel mir jetzt wieder ein, als ich mir die Augen rieb, blinzelte, mir das Haar mit den Fingern zurückkämmte und mich wie ein Blinder die paar Stufen zum Barackenplatz hinuntertastete.

Wir wurden mit Gebrüll und Gelächter von dem Russen begrüßt, worauf ein untertäniges Kichern der übrigen Rekruten folgte, die bereits im Hof angetreten waren. Das Käppi zurückgeschoben und die kräftigen Zähne entblößt, brüllte er vor Lachen über unser Mißbehagen: «Eh bien, angetreten!» sagte er.

«Warum», fragte ich, grün, wie ich war, «warum bin ich eingesperrt worden? Ich habe doch nichts getan?»

«Antreten!» bellte er mir drohend zu und reckte seinen Stiernacken vor. «A la légion il ne faut pas chercher à comprendre.»

Ich schlich mich zum unteren Ende der Riege.

«Nicht da! Du bist der Größte, nicht wahr, wenn auch der Dümmste?»

Ich erinnerte mich an das Offiziertraining auf der Schule in England und sagte: «Oui, Monsieur», und stand stramm.

«Fini les ‹Monsieurs›», sagte er. «Du redest mich mit

‹mon Adjutant-chef› an.» Aber das Hackenschlagen schien ihn besänftigt zu haben.

«Eh bien», er musterte uns alle angewidert, «aussehen tut ihr wie 'ne hübsche Bande von Landstreichern.»

Ich strich mir wieder das Haar aus dem Gesicht, was ihn an etwas zu erinnern schien: «Mützen ab! Coiffeur!» rief er darauf einen Legionär, der mit einer Haarschneidemaschine in der Hand rumstand und mehr wie ein Schlächter als wie ein Friseur aussah. «Coiffeur, mach dich an die Arbeit!»

Anfangend vom unteren Ende der Riege, ließ der sogenannte Coiffeur seine Maschine nur einmal von der Stirn bis zum Haarwirbel laufen und hinterließ dort, wo der Scheitel gewesen war, eine fünf Zentimeter breite nackte Bahn. Blondes Haar, fettiges schwarzes Haar, dünne graue Stoppeln und gehätscheltes Gelock gingen ohne Ansehen der Person mit ein paar geschickten Rucken des Handgelenks dahin. Ich sah die Kolonne entlang: mit dieser Schneise sahen wir aus wie die Clowns.

«Comme ça», sagte der Adjutant-chef, «kann ich sicher sein, daß ihr euch alle bis zum Mittagessen das Haar abrasieren laßt. Und jetzt an die Arbeit!»

Zwei andere Unteroffiziere übernahmen den Befehl und führten uns hinunter durch den Tunnel über die Brücke bis zum schmalen und steinigen Strandstreifen am Fuß des Festungsfelsens. Dort erhielten wir den Auftrag, große Steine aufzusammeln, und trugen bis zum Ende des Morgens in einer endlosen schwitzenden Prozession diese Steinklumpen zum Fort empor, stapelten sie dort und gingen wieder runter, um mehr zu holen.

Als zum Mittagessen geblasen wurde, fragte ich den Legionär, der die Suppe ausgab: «Wollt ihr denn mit denen eine neue Baracke bauen?»

«Mein Gott, nein», sagte er. «Wenn ihr fort seid, müssen wir sie wieder über die Mauer schmeißen, damit die nächste Gruppe sie nach oben schleppt. Andere Arbeit gibt es hier nicht.»

Ah, dachte ich, il ne faut pas chercher à comprendre!

Nach dem Mittagessen war nichts anderes zu tun, als mit zum «coiffeur» zu gehen und sich das restliche Haar abschneiden zu lassen. Er arbeitete draußen im Schatten des Turmes; und als ich hinkam, lag bereits genügend Haar verschiedenster Sorten da, um damit eine Matratze zu füllen. Jeder Kunde saß ein paar Minuten auf einem leeren Faß und ging zweifelnd und seinen kahlen und sehr weißen Schädel befühlend wieder weg. Sie sahen nicht so sehr abstoßend aus, aber sie sahen jetzt alle gleich aus, und ich erkannte den Spanier, der mit mir im Turm gewesen war, erst, als er sprach.

Ich war jetzt dran. Die Maschine war ein bißchen stumpf, sie ziepte.

Dann fühlte ich die Luft oben auf meinem Schädel.

Das soll gut fürs Wachstum sein, dachte ich, verschiebt wahrscheinlich die Glatze um ein Jahr.

«So, jetzt kannst du deinen Kamm wegschmeißen», sagte der «Coiffeur». «Nächste Schönheit.»

Ich rannte zum nächsten Spiegel in einer der Hütten und sah mich an: Mein Gott, das ... das kannst du nicht sein: dieser Galgenvogel mit der brutalen Fratze, Schweinsaugen, sinnlichem Mund und vorstehenden Backenknochen. Ich hatte keineswegs geglaubt, ätherisch auszusehen, aber dieser Bursche, der mich aus dem Spiegel anstarrte, das konnte ich ganz bestimmt nicht sein; ganz sicher hatte dieser Mann nie ein Stück Dichtung gelesen oder in seinem Leben eine gute Tat getan.

Ich ergriff meine Kappe, die auf einem Bett in der Nähe lag, und setzte sie mir auf: ach doch, das war ich.

Ich nahm sie wieder ab: ja, es war dasselbe Gesicht. Was für einen Unterschied das Haar macht; kurz oder lang, ist es der wichtigste Teil des menschlichen Gesichts. Nimmt man's weg, treten auf einmal die Gesichtszüge hervor. Sie scheren einem das Haar ab, wenn man in die Legion eintritt, angeblich, um Läuse zu vermeiden, aber tatsächlich ist das eins ihrer wirksamsten Mittel, die Individualität zu zerbrechen; ohne Haar verliert man seine Selbstsicherheit, als hätte jemand einem die ganze Kleidung weggenommen.

«Antreten zur Uniformeinkleidung!»

Ich hatte mich fast schon nach dem weißen Käppi und der einfachen Khakijacke gesehnt, aber darin sollte ich enttäuscht werden. Man händigte uns die alte hellblaue Uniform des letzten Krieges aus. Der Prozeß des Maßnehmens war einfach: ein Legionär, der über seinem einen Arm einen hohen Haufen Hosen trug, ging an der Reihe entlang und warf jedem eine Hose zu; auf dieselbe Weise gab man uns die Socken, Uniformjacken, Mäntel, Brotbeutel usw. Proteste von einem großen Burschen, der seine Arme nicht in den Mantel kriegte, und von einen kleinen Mann, der jämmerlich in einem Mantel dastand, unter dem nur noch die Zehen rausguckten, wurden von dem Russen mit den Worten abgewehrt: «Tauscht das untereinander aus.»

Daran machten wir uns denn im heißen Bemühen, Kleidungsstücke zu ergattern, in die man wenigstens reinpaßte; eine zusätzliche Komplikation ergab sich daraus, daß jeder, der eine Uniformjacke ohne Löcher hatte, sich nur sehr ungern davon trennte, selbst wenn sie ihm nicht paßte. Bevor wir damit zu Rande kamen, unterbrach uns der Russe mit einem: «Das ist hier keine Judenschule! Nehmt jetzt eure Uniformen zu euren Betten und tretet in drei Minuten wieder an. Aber eins möchte ich noch sagen», fügte er mit einer sanften Stimme hinzu, die mir noch weniger zusagte als sein Gebrüll, «daß euch jedes Kleidungsstück, das verlorengeht oder gestohlen wird, die Kleinigkeit von acht Tagen Gefängnis einbringt.»

Wir stürzten zu unseren Betten und stopften das Zeug in unsere Kleidersäcke. Gestohlen! Wer wollte schon diese verlausten Lumpen stehlen? Kein Altwarenladen würde sie auch nur ansehen!

«Eh bien!» sagte der Russe, nachdem wir angetreten waren – mir fiel auf, daß er alles Unheilverkündende mit «eh bien» einleitete: «Wollen mal sehen, ob es unter euch auch Spezialisten und gebildete Leute gibt. Fahrer, vortreten! Eins ... zwei ... drei... Was hast du gefahren?» fragte er einen vierten.

«Lastwagen, mon Adjutant-chef.»

«Und du?»

«Meinen eigenen Wagen», sagte ein kleiner bebrillter Österreicher, der so aussah, als sei sein Wagen recht schnittig gewesen.

«Gut. Fünf Fahrer. Dort raustreten. Und nun, sind auch studierte Männer unter euch?»

Etwa fünf oder sechs traten vor, voller Freude, daß die Bildung ihren Wert hatte, selbst in der Fremdenlegion. Sollte ich mich melden? Nein. Sich nie freiwillig für irgend etwas melden, war der Tip gewesen, den mir der alte Legionär im Turm gegeben hatte.

«Na also, ihr Fahrer», sagte der Adjutant-chef wie ein Mime, der sich dem dramatischen Höhepunkt nähert, «seht ihr die Schubkarre da drüben? Die dürft ihr zwei abwechselnd fahren, während die anderen drei als Ladepersonal fungieren und jedes Stück Papier und alle Zigarettenkippen auf dem Hof aufsammeln.»

Unterdrückte Proteste.

«Und wenn ihr murrt», brüllte er, «dann lasse ich euch den ganzen Hof mit einer Zahnbürste säubern. Und für unsere Gelehrten», mit gespielter Höflichkeit wandte er sich den sechs zu, die bereits ein bißchen verbiestert aussahen, «ihr sollt studieren..., wollen mal sehen..., ihr erhaltet Gelegenheit, aus erster Hand das Verhalten von

Wasser zu studieren, wenn es von allerhand Material daran gehindert wird, den angemessenen Stand zu erreichen. Mit anderen Worten, ihr werdet die Latrinen reinigen. Und die übrigen: Travaux de couture!» Das bedeutet in der Legionärssprache: ihr könnt nähen oder waschen oder auf eurem Bett liegen und nichts tun.

Erleichtert kehrten wir, mit Ausnahme der elf Freiwilligen, in unsere Hütten zurück.

Na also, dachte ich, als ich dort eintrat, das ist eine Lektion, die ich über die Legion gelernt habe: Schnauze halten und nicht auffallen – ohne zu ahnen, daß eine zweite Lektion schon auf mich wartete: Als ich meinen Kleidersack öffnete, um die größten Löcher in meiner Uniform zu stopfen, war er leer! Ich suchte panisch auf dem nächsten Bett und darunter. Nichts. Was hatte der Russe gesagt? Acht Tage Bau für jedes verlorene Stück? Hose, Jacke, Gürtel, Mantel; mein Gott, das wären zweiundsiebzig Tage! Ich würde den Krieg hinter Gittern absitzen. Ich bemerkte, daß mehrere andere «Bleux» eine ähnliche Suche vollführten, als ein «ancien» mit einem roten Gesicht und einem milden Lächeln, das nur von drei fehlenden Vorderzähnen beeinträchtigt war, sich an mich heranmachte.

«Alors, ça marche, le grand?» fragte er. Geht alles?

«Non, ça ne marche pas; jemand hat meine ganze Uniform und meine Ausrüstung geklaut.»

«Ah, das ist schlimm», sein Gesicht verlängerte sich besorgt. «Was für ein übler Trick, das kostet dich eine lange Haft; der Adjutant-chef, der läßt nicht mit sich spaßen.»

Da war was dran!

«Was soll ich tun? Es melden?»

Er dachte nach.

«Ich würde dir gern helfen . . . Ich will dir was sagen: ich habe einiges von dem Zeug doppelt. Ich gebe es dir . . . das kostet dich allerdings einige Bidons pinard.»

Ein Bidon ist ein Kanister, der zwei Liter faßt, und alle Verkäufe werden in Bidons voll Wein getätigt.

«Natürlich», sagte ich. «Du bist ein guter Kamerad.» Ich hätte ihm um den Hals fallen können.

Er ging hinaus und kam nach wenigen Minuten mit einem Arm voller Zeug, für das ich ihm zwanzig Francs gab, genug für vier Bidons.

Das sind zweiundsiebzig Tage sehr preiswert gekaufte Freiheit, dachte ich, als er mich ziemlich plötzlich verließ, und ich begann, den Mantel zu besichtigen; waren Löcher in den Taschen? Nein. Aber in einer fand ich mein eigenes Notizbuch: man hatte mir mein eigenes Zeug wiederverkauft. Ich lernte schnell.

Die ersten meiner achtzehnhundertsiebenundzwanzig Tage in der Legion vergingen einigermaßen schnell; bald gab es die Abendsuppe, und danach konnte ich zu den Befestigungswerken hochgehen. Ich saß, ließ die Beine über die Kante baumeln, warf ein paar Steine runter und sah zu, wie sie weit unten ins Meer trafen – das selbst nahe an unserem Felsen glatt war wie ein Teich. Bald konnte ich nicht einmal mehr die Spritzer sehen, die sie machten; die Wasseroberfläche lag im Schatten, der von unserem Felsen geworfen wurde, obwohl hier oben noch heller Sonnenschein herrschte. Ich folgte mit den Blicken dem Schatten, der vom Felsen geworfen wurde, wie er sich langsam über den Hafen, über die zusammengerollten braunen Segel der Fischerboote, das kleine, ziegelgedeckte Restaurant, wo ich so oft Bouillabaisse gegessen hatte, und über die sich bewegenden Punkte, als die die Menschen erschienen, in der Cannebierre schob. Bald spiegelten nur noch die obersten Fenster der Häuser die Sonne, und dann war ganz Marseille in Grau getaucht, wie ein Bühnenbild, wenn das Spotlight anderswohin gerichtet ist. Ich sah hinaus auf das offene Meer, das noch hell war und glitzerte; ein Schiff, das von den Docks kam, fuhr an dem

Fort vorbei aufs offene Meer; es war ein großer Kahn mit drei Schornsteinen, aber von hier oben sah er aus wie ein Spielzeugdampfer in einer Badewanne, der kleine Rauchfetzen ausstieß und ein Kräuseln als Bugwelle aufwarf; obwohl er dem Licht entgegenfuhr, wurde er von den Schatten eingeholt. Wahrscheinlich fuhr er nach Afrika. Wenn es Frieden wäre, würde ich auch gern dorthin fahren! Aber es hatte sich rumgesprochen, daß unsere Einheit früh am nächsten Morgen nach Lyon ausrücken würde. Eine schnelle Ausbildung und dann nichts wie gegen die Siegfriedlinie. So dachten wir wenigstens.

Alle falschen Vorstellungen von einem schnellen Marsch zum Ruhm wurden bald enttäuscht. Zunächst einmal verlor ich beim Appell früh am nächsten Morgen meine teure Uniform zum zweitenmal.

«Soll man Sie in Lyon mit der Uniform ausstatten», sagte der Russe. «Wir sind knapp mit Material.»

So marschierten wir denn immer noch in unserer verschiedenartigen Zivilkleidung abwärts durch den Tunnel, über die Brücke und zur Bahnstation. Man trug große Sorge, uns nur durch die anrüchigeren Seitenstraßen zu führen: ein derartig abgerissener Haufe hätte der Legion zur Schande gereicht. Verschlampte Frauen beugten sich aus den Fenstern, um uns vorbeimarschieren zu sehen, und Straßenjungen folgten uns höhnend und lärmend. Sie hielten uns für Vertreter der fünften Kolonne, die interniert werden sollten.

Wir verbrachten einen Tag und eine Nacht in vollgestopften Abteilen, um nach Lyon zu gelangen, und von dort mußten wir zu einem alten Fort namens Vancia zu Fuß weiter. Als wir gegen Abend am Eingangstor ankamen, hatten wir den ganzen Tag nur ein Brötchen und eine Tasse Kaffee bekommen, die uns ein paar barmherzige Nonnen aus eigenem Antrieb auf dem Bahnhof serviert hatten. Die Wache am Tor konnte uns nicht einlassen. Sie hatte unsertwegen keine Order erhalten; aber nach einer längeren Auseinandersetzung mit dem Adjutanten, der unseren Transport befehligte, wurde der Quartiermeister geholt; der Quartiermeister sagte, er habe unsertwegen keine Ankündigung aus Marseille erhalten und könne uns deshalb ohne Befehl des Kommandanten nicht einlassen und keine Verpflegung geben; der Kommandant aber sei ausgeritten. Darauf stellte sich der Adjutant in Positur und sagte uns: «Setzt euch dort unter die Bäume. Ich will reingehen und sehen, was ich für euch tun kann.»

Was er wahrscheinlich für uns tat, war die Einnahme einer guten Mahlzeit in der Unteroffiziersmesse und ein paar Liter Wein mit alten Kumpels zu trinken, die er wahrscheinlich seit Indochina im Jahr 1929 nicht mehr gesehen hatte; jedenfalls kam er nicht zurück.

Indessen ritt der Kommandant vorbei, sehr elegant mit einem schwarzen Schnurrbart und Reitstiefeln, in deren Politur ich mich hätte rasieren können, begleitet von mehreren Offizieren und ihren «dames». Uns warf er einen abschätzigen Blick zu, weil wir den Zugang zu seinem Fort versperrten, und fragte, wer wir seien.

Als man's ihm sagte, bemerkte er hörbar zu seiner hübschen Gefährtin, daß wir eher wie Vagabunden aussähen als wie Legionäre, und zu uns, daß er uns sehr bald ganz hübsch auf Trab bringen werde; dann ließ er uns, offensichtlich stolz auf die soldatische Art, in der er die Situation gemeistert hatte, in das Fort; nicht um zu essen oder uns zu waschen, sondern um in dreifacher Ausfertigung eine jener endlosen Listen auszufüllen, die an jedem Ort, an den wir gelangten, immer von neuem gemacht, aber niemals zum nächsten weitergereicht wurden. Als das geschehen war, beklagte sich der Koch, daß er seine Tagesarbeit abgeschlossen habe und daß wir sowieso in Marseille Rationen für drei Tage hätten erhalten müssen. Er ließ sich so weit herab, daß er ein paar Makkaroni in heißes Salzwasser tauchte. Und dann zu Bett, aber nicht, um zu schlafen, sondern zu einer mörderischen Schlacht mit den Wanzen in unseren Holzbettstellen.

Am nächsten Tag waren die Orders immer noch nicht eingetroffen, und wir konnten keine Uniformen in Empfang nehmen; tatsächlich mußten wir in den Kleidern und Schuhen, in denen wir angemustert hatten, noch zwei Monate nach der Mobilisation rumlaufen, so daß wir aussahen wie die Landstreicher und uns folglich auch so fühlten. Sicher ist das jetzt alter Hut, aber dieses: «Nicht ohne Order tätig werden» war ein gewichtiger Grund für die Demoralisierung in der französischen Armee. Eine Armee muß entweder bis zum letzten Detail durchorganisiert sein, wie die deutsche Armee in ihrer Glanzzeit, oder den unteren Offiziersrängen muß eine gewisse Initiative für die Versorgung ihrer Mannschaft eingeräumt werden, wie in Partisaneneinheiten. In der französischen Armee von 1939 war beides nicht der Fall: sie verband offiziöses Gehabe mit Ineffizienz. Das berühmteste Beispiel dafür ist das der Fliegerstaffel, die sich während eines Rückzugs auf ein Feld hinter der Kampflinie zurückverlegte und den Offizier des Depots um mehr Treibstoff bat, um weiterkämpfen zu können; dieser lehnte aber ab, weil er keine Order hatte; keine Vorstellung konnte ihn wankend machen; fünf Stunden später fielen sowohl die auf den Boden gebannten Flugzeuge als auch der Treibstoff in die Hände der vordringenden Deutschen. Dennoch kann ich nicht glauben, daß der Offizier sich an die Deutschen verkauft hatte. Man hat zu viel davon geredet, daß die Franzosen von ihren Führern verraten worden seien, die keinen Kampfwillen besaßen oder nicht über genügend Waffen verfügten; alle diese Ursachen haben eine Rolle gespielt, aber nach allem, was ich gesehen, gehört oder mir zusammengereimt habe, kann der Hauptgrund des französischen Debakels von 1940 mit einem Wort erklärt werden, und das lautet «Bagaille», will sagen Schlamperei. Keine Zeitungsartikel, die die Kampagne wie ein Schachspiel erläuterten, haben mich vom Gegenteil überzeugen können. Wenn ich nur danach urteile, daß man nicht imstande war, uns während der Mobilisation mit Proviant, Kleidung und Transport zu versehen, kann ich nicht glauben, daß man unter dem Druck der Feindeinwirkung zu anderem Zeit fand, als sich die Haare zu raufen.

Länger als zwei Monate hatten wir unsere Quartiere in den Ställen und Heuböden eines kleinen Dorfes namens Montanay, wo wir eine aussichtslose Schlacht gegen Läuse und Langeweile führten. Man kann nicht viel gegen Läuse unternehmen, wenn man monatelang in demselben Stroh und denselben alten Kleidern schläft; deshalb haben wir's schließlich aufgegeben. Als der Winter herannahte, begannen wir mehr unter der Kälte zu leiden, da wir in Sommerkleidung angemustert hatten und in den meisten Fällen nicht einmal über einen Mantel verfügten. Aber das eigentliche Übel war die Untätigkeit; wir taten den ganzen Tag nichts, außer die Straßen fegen, etwas Holz hacken und für die Küche Kartoffeln schälen und zweimal am Tag auf dem Marktplatz antreten, nur um zu hören, daß sich nichts verändert hatte! Wenn man vorsätzlich versucht hätte, uns zu demoralisieren, hätte man es nicht wirkungsvoller erreichen können.

Schließlich erschienen zwei Offiziere des Deuxième Bureau, um uns zu überprüfen. In alphabetischer Reihenfolge mußte jeder Mann einzeln hineingehen, wo ihm alle Papiere abgenommen wurden – zumindest die, die er vorzuzeigen beliebte –, und erhielt dafür einen geheimnisvollen Buchstaben zugeteilt: «A», «B» oder «Z»; dieser wurde ihm auf das Handgelenk gedrückt wie einem Rindvieh. Die Gerüchte schwirrten, was die verschiedenen Buchstaben besagten. Bedeutete «A» tauglich, «Allemand» oder «Artillerie»? Eine ganze Anzahl verschiedener Nationalitäten erhielten «Z»; sie hatten fast alle das eine gemeinsam: daß sie im Spanischen Bürgerkrieg einen Rang bekleidet oder politisch aktiv gewesen waren; wir errieten bald, daß «Z» für unerwünscht stand, und darin hatten wir recht: Diese Männer, die den Faschismus am längsten bekämpft hatten, und übrigens auch die einzigen waren, die Erfahrung in moderner Kriegführung besaßen, wurden weggeschickt, um den Krieg von einem Internierungslager aus zu verfolgen. Ich erhielt ein «A». Als man mir diesen Buchstaben aufs Handgelenk stempelte, hielt ich ihn dem Beamten unter die Nase und fragte: «Was soll das bedeuten?»

«Afrika, mon vieux», sagte er, «du wirst ein bißchen Sonne kriegen.»

«Afrika?» fragte ich. «Was soll ich in Afrika, wenn der Krieg hier stattfindet?»

«Ça, il ne faut pas chercher à comprendre.» (Man sollte nicht versuchen, diesen Sergeantenausspruch zu verstehen.)

In Afrika würde ich wenigstens die Legion in ihrer angestammten Heimat sehen, und alles war besser als weiteres Herumsitzen.

Zwei Wochen später landete ich in Oran; zwei Monate danach hatte ich meine Ausbildung in Algerien abgeschlossen, in Sidé-Bel-Abbes und Saida, war nach Fez versetzt worden und einer berittenen Kompanie in der Wüste von Südmarokko zugeteilt worden: der Compagnie Montée du troisième Régiment Etranger.

3

Die Abenteuer des 15. Februar

Zum Teufel mit der Hitze, man kann dagegen nicht ankämpfen, und je mehr man sich davon ärgern läßt, desto heißer wird sie. Selbst durch das Handtuch über meinem Gesicht und meine geschlossenen Augenlider konnte ich den grellen Fleck über meinem Kopf sehen, wo die Sonne durch das dünne Zeltdach kam; und wenn ich mich fort von dem neben mir schwitzenden Burschen zum offenen Zelteingang bewegte, dann war die einsickernde Luft noch heißer, von den Steinen der draußen liegenden Wüste geheizt und der letzten Feuchtigkeit beraubt; selbst der Sand, auf dem wir lagen, fühlte sich an wie ein Ofen, wie immer, wenn das Zelt erst zur Mittagszeit aufgeschlagen worden war.

Ich konnte nicht mehr atmen; der Schweiß, der mir in Rinnsalen von der Stirn lief, um die Nase und in den Mund, hatte das Handtuch so naß gemacht, daß keine Luft durchdrang; ich riß es ab. Junge! Das war besser! Ein paar Augenblicke fühlte sich die Luft auf meinem triefenden Gesicht herrlich kühl an. Dann setzte sich die erste Fliege auf meine Stirn. Eine Fliege; stillhalten! Wenn man sie verjagt, bringt sie Verstärkung. Jetzt kroch sie meine Nase runter, in dieselbe; das Jucken war zuviel, ich mußte mit der Nase zucken. Die Fliege flog davon, um fast gleich darauf zurückzukommen, begleitet von einem Dutzend anderer. Ergeben wischte ich sie weg, hoffnungslos: Wenn ich meine Hand ein paar Sekunden ruhen ließ, waren mein Gesicht und alle unbedeckten Stellen schwarz von Fliegen, die mich bis zum Wahnsinn kitzelten.

Dann lieber die Hitze; ich griff nach meinem Handtuch, fand eine trockene Stelle und legte sie wieder über mein Gesicht; zumindest war die Plage der unzähligen behaarten Füße vorbei; und wie gewöhnlich in den Intervallen zwischen diesen beiden Unerträglichkeiten – entweder bevor die erste Fliege sich niedergelassen hatte oder bevor die Hitze unter dem Handtuch zu groß wurde – schlief ich ein.

Es war eine Stimme von draußen, die mich wieder ins Wachsein zurückholte, das vornehmlich aus einem hämmernden Kopf und dem Geschmack von ranzigem Fett unserer Mittagsmakkaroni auf den Zähnen bestand. Was ist jetzt dran? Es kann doch bestimmt noch nicht Zeit zum Striegeln der Tiere sein.

Nein, es war van den Eynden, der Korporal beim Zahlmeister.

«Zwei Briefe für dich, Glückspilz! Sie sind mit den Ersatzsoldaten aus Fez gekommen; kann ich die Marken haben?»

Ich setzte mich auf und streckte die Hand danach aus. Einer war dick, der andere dünn und steif. Der steife hatte amerikanische Marken: den öffnete ich zuerst; darin war ein Bild von Bäumen mit Schnee und Kindern mit roten Nasen, warm eingemummelt. – Eine Weihnachtskarte! – Welches Datum hatten wir jetzt? Irgendwann im April; sie war mir durch England, Frankreich, Algerien und Marokko nachgereist; jetzt hatte sie mich an diesem Ort von Sand und Steinen eingeholt, wo Weihnachten nur ein Datum war. Sie war von Milton Meissner, einem amerikanischen Rhodes Scholar, mit dem ich in Oxford einmal eine Menge Bier getrunken hatte. Bier! Ich leckte mir die Lippen und bekam nur den salzigen Geschmack von Schweiß.

Der andere Brief kam aus England, ich erkannte die Handschrift: steile und große Buchstaben von einem

Mädchen, das selbst so elegant und zierlich war: Die Kanadierin mit dem schönen altmodischen Namen Hope, in deren Haus in St. Jean de Luz ich jene letzten Sommertage des Friedens verbracht hatte. Sie war mir damals nicht besonders vorgekommen, lediglich eins der Mädchen, die wir kannten; zuweilen nett und zuweilen albern und zuweilen mit einer glänzenden Nase; aber das war zu einer Zeit, da ich mich nur dadurch, daß ich den Hörer abnahm, mit ihr verabreden konnte. Jetzt, da ich die Seiten ihres Briefes in der Hand hielt, fest, sauber und in meiner heißen und schmierigen Pfote deplaziert, da ich hinaus auf den Sand und auf die darin eingebetteten Felsen starrte, die in der Hitze flimmerten, auf die end- und sinnlosen Wellenformen der Wüste, die sich über gestern und morgen erstreckte, war mein Bild von ihr ohne Makel: auf einem Sprungbrett in einem hellblauen Badeanzug, kleine, aber vollkommene braune Glieder reckend, bevor sie mit kaum einem Spritzer im Meer verschwand. – Allerdings war ich mir nicht sicher, was in dieser Vision die größere Verlockung besaß: das Mädchen oder das Wasser.

Ich holte noch einmal gegen die Fliegen aus und begann zu lesen: «Der eigentliche Grund, weswegen ich schreibe, ist der, daß ich vergangene Nacht von Dir geträumt habe oder eigentlich in den frühen Stunden heute morgen; es war ein erschreckend lebhafter Traum: Einen Augenblick bist Du durch den Sand geritten auf einem edlen arabischen Hengst, im nächsten warst Du in einem letzten Kampf gegen stolze Araber, die an Zahl überlegen waren, und dann lagst Du in einer Blutlache; und ich frage mich, ob Dir etwas meinem Traum Ähnliches wirklich heute, am 15. Februar, zugestoßen ist?

Aber im Ernst, ich beneide Dich, daß Du der Monotonie Englands im Krieg entronnen bist, da ich es selbst so satt habe, Tag für Tag dieselbe Routinearbeit im Büro zu tun, mit demselben Heimweg durch den Park, in einem Land, wo es dauernd regnet, mit den Leuten in demselben Restaurant zu essen, in denselben Nachtlokalen zu tanzen – und wenn es ein anderer Ort ist, dann sind es dieselben Leute, und wenn es andere Leute sind, dann ist es immer noch dasselbe Gerede. Du brauchst wenigstens kein Theater oder Kino, um Abenteuer zu erleben. Ich beneide Dich um Dein Leben in der Sonne, ein Leben, das anders ist und aufregend, wo man nie weiß, was der nächste Tag bringen mag, was für unbekannte Gefahren, welchen verzweifelten Kampf in der Gemeinschaft mit tapferen und treuen Kameraden, was für Begegnungen mit unerreichbaren und exotischen Frauen...

PS: Teile mir bitte mit, was sich wirklich am 15. Februar zugetragen hat.»

Was hatte sich am 15. Februar zugetragen?

Obwohl es schwer war, in dieser Hitze mit einem Kopf, der sich anfühlte wie ein überreifer Kürbis, an irgend etwas zu denken, hatte ich wenig Mühe, mich zu erinnern.

Um Mitternacht dieses Datums lag ich – in einer Blutlache? Kaum, liebe Hope! – aber in diesem selben Zelt, in meine Decken gewickelt und in möglichst größter Entfernung von «jenem tapferen und treuen Kameraden», meinem schlafenden Gefährten, dem légionaire deuxième classe, Julio Meneghetti; diese Absonderung war nicht auf meine niedrige Meinung zurückzuführen, die ich von Meneghettis moralischen Qualitäten hegte: Gewiß, er neigte sehr dazu, kleine, aber außerordentlich wichtige Sachen zu klauen, wie Gewehrriemen, Rasierklingen und Feldflaschenstöpsel; auch wenn er bei den Mahlzeiten dran war, den Wein auszuschenken, ließ er gewöhnlich einen faux col in jedem Becher. Er füllte ihn nicht bis zum Rand, um für sich einen extra Liter von dem kostbaren Pinard übrigzubehalten, der die einzige Wonne seines Lebens war. Aber diese liebenswerten Eigenschaften seines

Charakters machten mir nicht viel aus, schon deswegen, weil er von mir auch immer genügend Hilfe brauchte. Ich konnte schon sicher sein, daß mein Becher übervoll war. Aber Meneghetti hatte einen Makel, der mir zusetzte: er war schmutzig; nicht mit dem ehrlichen Schmutz seines heimatlichen Neapel; den hatte ihm die Legion tatsächlich ausgetrieben. Seine Schuhe glänzten, die weiße Hülle seines Käppi war fleckenlos, sein rundes Gesicht rasiert und der sichtbare Teil seines Halses sauber; bei Besichtigungen konnte man ihm nie vorwerfen, daß er schmutzig war. Aber zur Nacht kamen die Stiefel von den Füßen, und ich hatte ihn nie die Füße waschen sehen; sein Mund klaffte auf, und er hatte nie den Lohn eines Tages – das entspricht einem Liter Pinard – auf einen unnötigen Luxus wie eine Zahnbürste verwandt. Es gab daher einen guten Grund dafür, daß ich halb außerhalb des Zeltes lag, nachdem ich sein Angebot, daß wir uns in unsere Decken teilten, entschieden zurückgewiesen hatte.

Die Tage im Süden Marokkos im Februar sind nicht viel kühler als im Juli, aber die Nächte sind doch verdammt kalt. Wenn ich aufwachte, klapperten mir die Zähne. In dem daraus folgenden Konflikt zwischen Empfindlichkeit und dem Verlangen nach Wärme erlag das höhere Gefühl innerhalb einer bemerkenswert kurzen Frist, und zehn Minuten später schlummerte ich wieder ein, praktisch in Julio Marias Armen.

Danach schlief ich, aber stets mit einem dumpfen Vorgefühl dessen, was kommen würde, wenn um zwei Uhr morgens die hundertzwanzig Männer in ihren Zelten durch einen einzigen langen Trompetenstoß aus dem Schlaf der Erschöpfung gerissen wurden. Ich schien darauf gewartet zu haben. Es war gerade genug Zeit, ein Bedauern um meine warmen Decken und eine Hoffnungslosigkeit bei dem Gedanken zu fühlen: O mein Gott, ein weiterer Tag und nichts, worauf man sich freuen kann –

aber das war nicht die Zeit, sich die Umgebung anzusehen oder über das Dasein nachzudenken –, und bevor dem verdammten Trompeter der Atem ausging, sprang ich schon in die feuchtkalte Nachtluft. Denn die nächsten fünfundvierzig Minuten würden entscheiden, ob der Rest des Tages nur wie gewohnt saumäßig oder ein Alptraum werden würde.

Es war eine Schnapsidee unseres Leutnants Ragot, niemals eine – wenn auch noch so kurze – Zeit für das Abbrechen unseres Lagers anzusetzen, sondern daraus ein Mannschaftsrennen zu machen; ein Rennen Mann gegen Mann, Gruppe gegen Gruppe und Abteilung gegen Abteilung; ein Rennen mit Verlierern; ein Mann war notwendigerweise der langsamste in seiner Gruppe, eine Abteilung die letzte, die marschbereit war. Die Verlierer kannten an diesem Tag keinen Augenblick der Ruhe: sie mußten vor dem Mittagessen Kartoffeln schälen, während der Siesta Maschinengewehre putzen und am Abend alle und jede Pflicht versehen, die anfiel; und wenn die Abteilung ihretwegen verlor, dann mußten sie nicht nur die Verachtung ihrer Unteroffiziere als «mauvais légionaires» über sich ergehen lassen, sondern mußten auch die Wut ihrer Kameraden ertragen, weil die verlierende Abteilung die nächste Nacht Wache schieben mußte. Daher galt von dem Augenblick, in dem die Trompete tönte, das Gesetz vom Überleben des Tauglichsten.

Anziehen war einfach: Ich brauchte nur die Stiefel anzuziehen; selbst wenn ich die Wickelgamaschen über Nacht ausgezogen hätte, hätte mich das benachteiligt; auch daß ich die Ösen beim ersten Versuch mit den Schnürsenkeln finden konnte, als ich mit klammen Fingern danach tastete, war wichtig, denn die nächste Aufgabe war das Abbrechen des Zeltes; wenn man nicht imstande war, die eigenen Zeltbahnen, Stäbe, Spannschnüre zu packen und hurtig die gesamten Habseligkeiten in einem Haufen zu sammeln, dann war es wahrscheinlich, daß ein anderer sich den Wirrwarr und die Dunkelheit zunutze machte und sich für einen verlorenen Gegenstand schadlos hielt, und zwar auf deine Kosten, und dir die vier Tage Bau zuschanzte, die selbst ein verlorener Zelthering im Gefolge hatte. Als ich meine Sachen durchgemustert und nach einem verlorenen Löffel getastet hatte, mußte ich anfangen, meinen Sattel aufzubauen. «Aufbauen» stimmt, denn bei einer berittenen Kompanie wird alles auf den Sätteln getragen; Zelte, Decken, Proviant für Mensch und Tier, Maschinengewehre, Brennholz, Küchengerät und Medizin. Einen Sattel packen ist ein Kunstwerk, dessen Meisterung uns als «bleus» Wochen gekostet hatte; jetzt mußten wir es im Dunkeln und in Rekordschnelle schaffen. Wenn die langen, dünnen Hafersäcke, die «saucissons» hießen, die Zeltbahnen und die Decken hinter dem Sattel aufgeschnallt waren, und darüber Küchentopf und Zeltstangen, trug der Sattel eine doppelte Pyramide, vorn und hinten, so daß kaum genügend Platz zum Sitzen blieb. Als ich mit der übrigen Ausrüstung zwei Paar Satteltaschen gefüllt und mir die Stelle meines Sattels eingeprägt hatte, stürzte ich in die Nacht, wo das Stampfen und Schnauben die Anwesenheit unserer «edlen Rösser» – der Maultiere – verriet. Als ich ihnen nahe kam, konnte ich feststellen, daß ich noch gut im Rennen lag, weil ihre Reihen erst wenige Lücken zeigten. Auch die Maultiere waren in Abteilungen aufgestellt, ein jedes mit einer um den Hals geschlungenen Kette an einem langen Stahlkabel befestigt, das an beiden Enden im Boden verankert war.

Ich rief voller Hoffnung einen Schatten an, der bereits sein Tier losband: «Ist das die dritte Abteilung?»

Als Antwort ein Knurren: «Nein, aber der dritte Idiot, der mich fragt!»

Immerhin erkannte ich die Stimme, die einem Spanier

der zweiten Abteilung gehörte; demnach waren die nächsten paar Maulesel zur Linken unsere. Als nächstes mußte ich eine Lücke in der Batterie von Maultierhintern finden, die mir entgegenstarrte. Als ich glaubte, ich hätte die weißen Haare im Schwanz von Bacasse, meinem Maultier, entdeckt, zwängte ich mich hinein, aber ein Huf, der mich nur knapp verfehlte, erinnerte mich wieder einmal daran, daß auch andere Maultiere weiße Schwänze hatten. Die Viecher waren genauso sauer wie wir, daß sie mitten in der Nacht aufstehen mußten. Immerhin war ich nun innerhalb der Batterie und fuhr mit meiner Suche fort.

Alle Maultiere sahen in der Dunkelheit gleich aus, und wenn man das Tier eines anderen nahm, durfte der Besitzer, der nicht imstande sein würde, selbst zu satteln, einem den Schädel einschlagen, ohne Strafe befürchten zu müssen. Einige Männer hatten deshalb ein Stück Wolle um die Fessel gebunden, und krochen, jedes Maultierbein streichend, am Kabel entlang, bis sie das eigene Tier gefunden hatten. Aber das war eine gefährliche Methode, weil es Witzbolde gab, die ein Stückchen Wolle um das Tier des Sergeanten banden. Andere hatten keine Schwierigkeit, ihr Maultier ausfindig zu machen, weil die Tiere sie derartig haßten, daß sie bei ihrer Annäherung ein Schnauben des Abscheus hören ließen, was als Erkennungszeichen diente. Ich hatte einiges Glück in diesem Spiel; Bacasse hatte eine schlecht verheilte Wunde am Hals, wo ein anderes Maultier ihr ein Stück Fleisch rausgebissen hatte; und das war einzig in seiner Art und nicht zu entfernen. Als ich sie gefunden hatte und sie den Zügel, Symbol der Sklavenarbeit des Tages, zu Gesicht kriegte, wandte sie den Kopf ab nach einer und der anderen Seite, wie ein Mädchen, das sich nicht küssen lassen will, aber das war nur ein Scheinprotest, und sie mußte sich dem Unvermeidlichen fügen.

Mit Bacasse im Schlepp rannte ich zurück zu meinem

Sattel und rief nach Cammaerts, dem Belgier. Ich mochte ihn nicht, und er mochte mich nicht, und doch halfen wir einander jeden Morgen. «Kameradschaft in der Legion», liebe Hope? Nein, ein Beispiel des Contract Social, der Jean-Jacques Rousseau das Herz erwärmen würde. Die Packsattel waren so schwer, daß man sie allein nicht heben konnte; wir halfen einander, weil wir gewöhnlich zur gleichen Zeit fertig waren. Wir fingen mit Bacasse an, weil sie weniger störrisch war als sein Maultier: Erst die dicke blaue Satteldecke; die kleinste Falte darin und das doppelte Gewicht von Sattel und Mann würde später am Tage eine Blase auf ihrem Rücken erzeugen, und das bedeutete acht Tage Bau. Dann hoben wir den Sattel mit seinen Aufbauten, senkten ihn vorsichtig auf das Maultier und zogen den Gurt mit Händen und Zähnen fest; die zwei Paar Satteltaschen bedeckten das arme Vieh bis zum Schwanz, die Last schwankte bei jeder seiner Bewegungen, aber sie schien wenigstens nach beiden Seiten gleichmäßig zu schwanken. Sein Tier war schwieriger; wenn ihm der Sattel aufgelegt wurde, äußerte es seinen Protest, indem es sich mit Luft vollpumpte und sie anhielt; ich mußte es in den Bauch stoßen, während Cammaerts den dazugehörigen Riemen in dem richtigen Loch befestigte, ehe das Maultier Zeit hatte, sich noch einmal aufzublasen.

Das Schlimmste war nun vorbei; ich konnte mir den Schlaf aus den Augen reiben und mich fertig anziehen, meine Bluse in die Spahihose stecken und den breiten, fünf Meter langen blauen Gürtel um meine Taille schlingen; auch dazu waren zwei Mann vonnöten, einer, der das Ende straff halten mußte, während sich der andere hineinrollte. Dann schnallten wir den Gürtel drüber, ergriffen die Karabiner und zerrten das Maultier dorthin, wo der Sergeant-chef bereits die Riege für unsere Abteilung anführte – er hatte keine Last auf seinem Sattel – und von Zeit zu Zeit rief: «Alors, ça vient, non!» und andere Ermahnungen, die nur für die noch nicht fertigen lästig waren.

Ich auf alle Fälle war fertig und voller Genugtuung wegen des «Omnia mea mecum porto». Ich hatte sogar Zeit, mein Gefäß für ein wenig von dem Kaffee hinzuhalten, den der Küchenbulle anschleppte; er verbrühte die Lippen und hinterließ einen kleinen, aber wachsenden Kern von Wärme innerhalb der allgemeinen Kälte und Erstarrung; ich schlürfte ihn voller Wonne und betrachtete mit pharisäischer Freude die Verlierer unseres Wettstreits; einige, die ihre Maultiere nicht rechtzeitig gefunden hatten, andere, die im Dunkel nach einem unerläßlichen Riemen suchten, dabei unzählige Streichhölzer entzündeten, die der Wind wieder ausblies, und hilflos jammerten: «Hat jemand ihn gesehen?»

Indessen schrillte von irgendwo im Dunkel die Stimme des Leutnants vorwurfsvoll: «Première section, fertig?»

Keine Antwort.

«Deuxième?»

Schweigen.

«Troisième?»

«Au complet, mon Lieutenant!» grölte unser Sergeantchef selbstgefällig.

Auf alle Fälle würden wir die nächste Nacht nicht damit zubringen, daß wir im Lager rumstiefelten und bibberten, während die anderen in ihren Decken lagen.

Als schließlich den Nachzüglern durch die Flüche ihrer Sergeanten Beine gemacht worden waren, als alle Abteilungsführer geantwortet hatten: «Au complet!», gab Leutnant Ragot mit dem Versuch, seine piepsige Stimme martialisch klingen zu lassen, den Befehl: «Compagnie Montée... Par sections... En avant Maaârche!!!»

Und im Gänsemarsch, ein jeder neben seinem Maultier, marschierten wir ab.

Allerhöchstens zwanzig Minuten nach dem ersten

Trompetenstoß blieben von uns nur noch der aufgewühlte Sand, ein paar Kartoffelschalen und die verkohlten Reste eines Feuers zurück. Erinnere ich mich, welchen «unbekannten Gefahren» ich am 15. Februar entgegenmarschiert bin?

Es war auf alle Fälle, was der Leutnant mit Genugtuung nannte: «Unbefriedetes Land».

Für mich, der ich im Dunkeln neben meinem Maultier einherschlurfte, wurde die Außenwelt durch die Steine vertreten, über die ich stolperte, und durch die Hinterseite des vor mir gehenden Maultiers. Dieses mußte ich im Auge behalten, wenn ich nicht der Kompanie abhanden kommen wollte und alle hinter mir folgenden Männer mir folgen würden, ohne es zu bemerken. Aber ich hielt auch meine Blicke auf die sich stetig vor mir bewegenden Schenkel mit einer instinktiven Besorgnis gerichtet, als verkörperten sie meine letzte Verbindung mit dem Leben; nur ungern warf ich einen unsicheren Blick nach links oder rechts, wo die schattenhaften Umrisse leerer Dünen mehr und mehr verschwammen, bis sie die Leere des Himmels berührten. Wenn uns zuweilen der Nachthimmel mit Scheu erfüllt, weil wir nichts darin sehen, was zu uns in unmittelbarer Beziehung steht, dann gilt das doppelt für die Wüste, wo um uns wie über uns nichts vorhanden ist als Leere. Ich schauderte und steckte die Hände tiefer in die Taschen meines Mantels; und obwohl der Schild meines Käppi sich fast mit dem Schal vor meiner Nase berührte, fühlte ich mich noch taub vor Kälte und Schläfrigkeit. Bacasse sorgte allerdings dafür, daß ich nicht einschlief, indem sie mir hin und wieder auf die Hacken trat. Ich verband mein Fluchen auf sie mit einem ängstlichen Blick auf die getürmte Last, die mit jedem Schritt von ihr hin und her schwankte.

Fünfzehn Minuten ging die gesamte Kompanie zu Fuß, damit sich die Sättel anpassen konnten. Dann ertönte die Pfeife, und die titulaires saßen auf. (Es gab stets zwei Mann für jedes Tier, den titulaire, der dafür verantwortlich ist, und den doubleur, mit dem er es auf dem Marsch teilt, wobei jeder abwechselnd eine Stunde marschiert und eine reitet.)

Mein doubleur, Julio Maria, kam nach hinten gerannt, um mir beim Aufsteigen zu helfen; er mußte an der anderen Seite den Steigbügel halten, sonst hätte das Gewicht den Sattel nach unten gezogen; auch so bedurfte es noch einiger Verrenkungen, um aufzusteigen: Da man das Bein nicht über die «saucissons» schwingen konnte, mußte man es irgendwie unter sich durchziehen. Zwei kurze Signale vom Leutnant vorne, und wir marschierten weiter. Bacasse ächzte unter meinem zusätzlichen Gewicht; na wenn schon, das tat sie jeden Morgen; es war nur ihr vergeblicher Protest; aber bei dieser Kälte hielt sie sich wenigstens dicht an das Maultier vor ihr, und ich konnte dösen. Wenn ein Mann auf einem Maultier schlafen kann, ist er ein alter Routinier; es dauert Monate, bis man bei diesem ruckelnden Gang schlafen kann; zudem muß man schnell sein, um es am Zügel hochzureißen, wenn es stolpert. Aber bald weckte mich die Kälte wieder, und ich war so steif, daß ich froh war, als die Pfeife ertönte und ich mit Marschieren dran war. (Die Hälfte der Abteilung, die zu Fuß ist, marschiert vorn hinter dem Sergeant-chef, der ein Maultier für sich hat und nur absteigt, wenn er dazu Lust hat.) Dieses abwechselnde Reiten und Marschieren machte die Montée zu einer der schnellsten Marscheinheiten irgendeiner Armee, die im Durchschnitt mehr als sieben Kilometer in der Stunde schaffte; da man jedoch nur einen Karabiner trägt und jeweils nur eine Stunde marschiert, ist es nicht übermäßig anstrengend, zumindest auf hartem Boden und in der Nacht: es erwärmte einen.

Als ich wieder mit Reiten dran war, begann es hell zu

werden. Erst bekamen die Sterne ein verwaschenes Aussehen, dann nahmen die Dünen, die sich schnell von Schwarz in Grau verwandelten, Gestalt an, und vor uns erschien unsere ganze Kolonne; alles sehr schnell, wie die Details auf einem Negativ während der letzten Minute im Entwickler.

Und gerade, als mechanisch bei mir wieder die Frage auftauchte: «Wohin, zum Teufel, geht es heute?», sah ich vorn etwas anderes: einen dunkleren Klecks; nach ein paar Minuten hatte er sich in einen grünen Fleck verwandelt: eine Oase.

Die Maultiere stellten die Ohren hoch, und obwohl wir wußten, daß wir dort kein Lager machen würden, oder wir wären nicht um zwei Uhr nachts aufgebrochen, wurde die ganze Kolonne auf einmal wach. Die menschliche Stimmung ist ein Pendel, das sich die kleinste Chance zunutze macht, um zur Zufriedenheit auszuschlagen. Ganz gleich, wo es hinging, ganz gleich, wie kalt es gewesen war und wie heiß es bald sein würde; wir hatten uns durch den Marsch aufgewärmt, die Morgenhast war vorbei, wenn der Sattel Schwierigkeiten machen wollte, dann hätte er es bereits getan, die Pause für casse-croûte war nicht mehr weit; ja, bis auf weiteres gab es keine Anzeichen der äußeren und inneren Ärgernisse, die einen am Sehen der Schönheit hindern würden. Und Schönheit war da, als wir in der magischen halben Stunde zwischen der kalten Nacht und dem glühenden Tag in die Oase ritten: grüne Palmen nach dem Sand; nur die höchsten der schlanken Bäume tauchten in die ersten Sonnenstrahlen. Die weißen Mauern der Kasbah, mit strenger Silhouette, um diese Stunde noch ohne ihre Geräusche und Gerüche. Nach der trockenen Wüstenluft der unglaubliche Duft von Pflanzen in der Nase, die Luft so rein von Staub, daß es schien, als seien wir in eine unverbrauchte Welt eingebrochen. Eine kurze Zeitlang schien alles, was vorausgegangen war, seinen Sinn gehabt zu haben, und obwohl ich mir immer wieder vorhielt: Als Tourist hättest du das einfacher haben können; wenn ich auf Bacasse niedersah, die stetig voranschritt, mein Maultier, das mich trug und mein Bett und meine Bücher, mußte ich antworten: Da bin ich nicht so sicher.

Ich zündete mir eine Pfeife an, schob mein Käppi zurück und klopfte ihr den Hals; und sie unterbrach ein, zwei Schritte lang ihr rhythmisches Auf- und Abschwenken der Ohren, als wolle sie sagen: «Ich weiß, ich weiß.»

Aber wir hielten nur zwanzig Minuten, um unser casse-croûte zu essen: einen Laib Brot und eine Sardinenbüchse für fünf; dann brachen wir wieder auf in die Weite.

Der Wechsel von der Oase zur Wüste ist so jäh, daß er unnatürlich erscheint: Einen Augenblick ist man vom tröstlichen Vorhandensein der Palmen umgeben, die den Körper vor der Sonne schützen und den Geist vor der Trostlosigkeit, Bäume, die gewachsen sind wie wir, Bäume, auf die wir einwirken, die wir pflanzen, pflegen oder umhauen können. Dann ein einziger Schritt aus dem Schatten der letzten Palmenreihe, und man treibt wieder auf dem Meer von Geröll und Sand, mit felsigen Graten, ewig und erbarmungslos.

Die Sonne hatte inzwischen die Herrschaft ergriffen und bleichte sowohl das Braun des Sandes wie das Blau des Himmels zu einem ebenmäßigen weißen Flimmern.

Die erste, die auf die Hitze reagierte, war – «mein edles Roß» – Bacasse. Statt ihre Nüstern dicht hinter dem voranschreitenden Maultier zu halten, zögerte sie und bildete eine Lücke in der langen Kolonne. Sie war völlig unbeeindruckt von dem giftigen Haß in meiner Stimme, als ich knurrte: «Los, du Biest!»

Nicht einmal ihre Ohren flappten schneller auf und nieder. Das macht einen wahnsinnig bei Maultieren: ihre völlige Gleichgültigkeit dagegen, ob man ihnen den Hals streichelt oder ihren Hintern mit dem Gewehrkolben bearbeitet. Sie reagierte nur, wenn ich nach anderen Folterexperimenten meine Füße etwa sattelhoch hob und sie dann so hart wie möglich in ihre Flanken schlug; ich weiß nicht warum: aber das brachte sie gewöhnlich in einen müden Trab, vielleicht weil sie wußte, daß mir das genauso weh tat wie ihr – die Fersen werden vom dauernden Schlagen schmerzhaft –, vielleicht auch, weil sie aus Erfahrung wußte, daß ich sie als nächstes mit dem Bajonett antreiben würde.

Es gibt gute Maultiere und schlechte Maultiere; aber die guten Maultiere sind nicht die mit leichtem Gang, die die Ohren hochstellen, wenn man leise flüstert: «Tsk, tsk.» Das sind keine guten Maultiere, das sind Maultiere, die's nicht gibt. Ich hatte einmal eins – der Sergeant-chef hat sie mir gegeben, weil sie, wie er sagte, den passenden englischen Namen Mylady trug; tatsächlich aber, weil sie es nicht zuließ, daß man ihr die Hufe putzte: Sie bot willig drei, aber wenn man den vierten anrührte, flog man durch die Luft, wie vom Katapult geschossen; und es war auch nicht immer dasselbe Bein, das so empfindlich war. Ich hatte ein anderes Maultier, genannt Victor, das morgens, wenn man sich bückte, um seine Kette loszumachen, einen unweigerlich in den Hintern biß – nur zum Spaß. Dann eines, genannt Michèle, sanft wie ein Lamm; aber genau in dem Augenblick, da man den Sattel auf eine sorgfältig aufgelegte Decke senken wollte, tat sie einen Schritt vorwärts, und die ganze Prozedur mußte von vorn beginnen.

Aber das waren alles gute Maultiere, weil sie beim Marsch ihre Nase nur ein paar Zoll von dem voranschreitenden Tier entfernt hielten; und man konnte sie dabei belassen und eindösen.

Nicht so meine Bacasse; obwohl sie keine dieser Ungezogenheiten hatte, war sie ein schlechtes Maultier; denn sobald es heiß wurde, verlangsamte sich ihr Schritt um einen winzigen Bruchteil gegenüber der übrigen Kompanie, und wenn man aufhörte, sie zu treten, entstand eine Lükke; das bedeutete ein Gebrüll vom Hintermann und ein schnelles Aufschließen; alle hinter mir mußten das gleiche tun, und was vorn eine Lücke von drei Metern war, wurde achtzig Maultiere weiter hinten ein ziemlich langer Trab. Traben ist bei der Montée tabu; das lockert die Sättel und vergrößert die Gefahr, daß die Tiere auf dem Rücken Wunden kriegen, mit allen üblen Folgen, die das nach sich zog. Während ich Bacasse hatte, war ich in der Abteilung äußerst unpopulär. Schließlich drehte ich sie einem widerlichen kleinen Bulgaren an, der mich als erster verstehen ließ, warum seine Nation die englische Sprache mit einem ihrer gebräuchlichsten Schimpfwörter – Bugger – versehen hat: Er pflegte in unserer Gruppe die Cassecroûte-Sardinen zu transportieren, damit er das ganze Öl behalten konnte, um darin sein Brot zu tauchen.

Nein. Der Ritt auf Bacasse, wenn die Sonne zu brennen anfing, war keine Erholung, und ich fühlte mich sehr erleichtert, wenn ich wieder mit Marschieren dran war und sie Signor Meneghetti überlassen konnte.

Wir hatten bis dahin vierzig Kilometer geschafft, aber noch gab es kein Anzeichen eines Bestimmungsortes. Kein Baum, kein Strauch, kein Hügel. Wenn wir in Sanddünen kamen – die entgegen der allgemeinen Auffassung viel seltener sind als steiniger Boden –, dann wurde das Marschieren schwieriger. Der Sand war so heiß, daß er einen verbrannte, wenn man ihn mit dem bloßen Finger berührte, und die Füße in den Stiefeln gelangten ohne weiteres bis zum Siedepunkt. Bei jedem Schritt sank man ein oder rutschte zurück, wenn es bergauf ging; ich hob nicht mehr meine Füße, sondern zog meine Stiefel, die eine eigene Existenz entwickelt hatten, aus einem klebrigen Sirup. Die Maultiere schienen den Sand zu lieben und beschleunigten ihre Geschwindigkeit; ihr stetes Stapfen hinter uns war unnachsichtig; hin und wieder mußten wir dann im Laufschritt vorwärtsstolpern, um vor ihnen zu bleiben. Viereinhalb Meilen die Stunde wurden dann zur Strapaze; unsere Marschgruppe lichtete sich, wenn die Schwächeren zurückblieben, um sich an die Steigbügel ihrer Maultiere zu hängen.

Wenn ich nicht litt, dann nur aus dem einfachen Grunde, weil die anderen soviel mehr litten.

Da gab es welche, die durstig waren: eher weil sie zuviel Wasser getrunken hatten als zuwenig. Das Wasser blieb gleichmäßig kalt in unseren Bidons; diese waren mit Stoff bedeckt, und wenn man den befeuchtete, dann funktionierte die Verdunstung wie ein Kühlschrank. Wenn man in der Wüste den Durst bezwingen will, dann liegt das Geheimnis darin, daß man hin und wieder den Mund ausspült und gurgelt, aber nie während des Marsches trinkt; wenn sich jedoch das Wasser in der Kehle so kühl anfühlt, ist die Versuchung groß, es runterlaufen zu lassen; tut man es, dann muß man in kurzen Abständen mehr und mehr trinken. Das Wasser ist im Innern des Körpers schwer und schwappt hin und her, man muß es wieder ausschwitzen und ist durstiger, als man vorher war.

Bouvette neben mir hinkte und litt derartige Schmerzen, daß er seine Zähne in die Unterlippe grub, um, ohne es zu wissen, durch einen anderen Schmerz sein Denken von dem Schmerz in seinem Stiefel abzulenken. Ich wußte, was ihn quälte: Es war nur eine Blase, aber der Lappen, den er am Morgen sorgfältig um den Fuß gewickelt hatte, um einen Druck darauf zu vermeiden, war bei unserem Stolpergang verrutscht, und bei jedem Schritt durchschoß ihn der Schmerz. Dennoch hielt er nicht an, um den Lappen neu aufzulegen; hätte er es getan, dann hätte er zweihundert Meter rennen müssen, um uns aufzuholen, was unzweifelhaft den Lappen wieder hätte sehr schmerzhaft verrutschen lassen. Besser, eine Stunde durchzuhalten. Ich fragte mich, wieviel länger sie ihm vorkam als mir. Ich kriegte keine Blasen, wahrscheinlich aus reinem Dusel, aber ich schob es auf meine Lösung des Sockenproblems. In der Legion wurde einem ein Paar Socken zugeteilt: ein einziges Mal, wenn man eintrat. Danach konnte man sich entweder welche kaufen, was einen halben Tageslohn kostete, oder «chaussettes Russes» tragen, das heißt kunstvoll angeordnete Lappen. Wenn ich daher ein neues Paar Stiefel bekam, ließ ich sie zwei Tage lang an den Füßen, wobei ich sie abwechselnd wässerte und einfettete, bis sie paßten wie ein Handschuh. Danach konnte ich sie unmittelbar auf der Haut tragen; und wenn die anderen abends ihre Lappen wuschen oder ihre kostbaren Socken flickten, wusch ich mir bloß meine Füße, und das war's. Obwohl Bouvette mir leid tat, geschah dies doch mit der unerträglichen Überlegenheit des gesunden Menschen über den kranken.

Auch Alexandrowitsch hatte wieder zu leiden; da er in der zweiten Abteilung war und vor mir herritt, mußte ich jeden Tag Zeuge der Tragödie sein, die sich bei ihm in irgendeiner Form abspielte. Er war Österreicher und einmal Richter gewesen; sehr wahrscheinlich ein recht eindrucksvoller; ich konnte ihn mir gut vorstellen, wie er mit gewählten Worten und runden Gesten einen Fall umriß, denn das war das Bemerkenswerteste an ihm: eine Neigung zur Diskussion und schlanke, ausdrucksvolle Hände. Das paßte zwar zu einem Richter, aber gar nicht zu einem Legionär, empfindsame Hände waren nicht tauglich für einen Packsattel, und Argumente haben noch nie einen Sergeanten besänftigt. Daher war er unvermeidlich zum Prügelknaben für seine ganze Abteilung geworden. Er war es, dem man die schlechtesten Stiefel andrehte, der das schlechteste Maultier bekam, der Wache schieben mußte, wenn es am Nachmittag am heißesten war und am kältesten in der Nacht; immer wenn eine besonders unangenehme Arbeit in seiner Abteilung zu verrichten war, konnte man sicher sein, die Stimme seines Schinders von Sergeanten zu hören: «Alexandrowitsch!»

Und der Triumph in dieser Stimme entsprach dem Gedanken: «Du bist der Typ, der mich seelenruhig in den Knast schickte, weil ich ein Fahrrad geklaut oder meiner Frau eine gute Tracht verabfolgt hatte; wollen mal sehen, wie dir das Reinigen der Latrinen zusagt.»

Ich nehme an, daß Alexandrowitsch noch seine Selbstachtung besaß, als er bei der Legion anmusterte: denn war er etwa kein erfolgreicher Mann? Wenn er seine Stellung verloren hatte, dann nicht aus eigener Schuld, sondern weil Österreich an die Nazis gefallen war. Aber nach einiger Zeit muß die Realität seiner neuen Stellung ihn eingeholt haben, daß er jetzt ein Legionär war, und zwar, wie ihm jeder bestätigte, ein sehr schlechter; nur die starken und stumpfsinnigen Charaktere können sich gegen die Meinung, die andere von ihnen hegen, immun machen. Da er nicht zu den Immunen gehörte, brachen seine Selbstachtung und seine Selbstsicherheit zusammen wie ein Kartenhaus; seine Argumente wurden zu schwächlichen winselnden Protesten und seine Hände zu schwachen und unwirksamen Werkzeugen.

An jenem Morgen war er von einem weiteren Unglück heimgesucht: Wahrscheinlich dadurch, daß er die ganze Nacht Wache geschoben hatte, hatte er die Ruhr bekommen, jene Nationalseuche von Marokko, wo die Tage so heiß und die Nächte so kalt sind. Ich sah ihn zu seinem Quälgeist, dem Sergeanten, vorreiten und um Erlaubnis bitten, austreten zu dürfen; aber bei der Montée ist es nicht gestattet, mit dem Tier zurückzufallen, die Sache zu erledigen und dann die Kolonne wieder aufzuholen; man muß erst Karabiner und Maultier einem anderen Legionär übergeben, denn es wird einem immer wieder eingetrichtert, daß ein Maultier den Staat doppelt soviel kostet wie ein Legionär und daher doppelt so wertvoll ist. Ich sah ihn hinter uns zurückfallen und eine Viertelstunde später keuchend wieder zu uns aufschließen, aber er hatte sich kaum auf sein Maultier hochgearbeitet, als der verflixte Drang sich wieder meldete. Diesmal blieb er viel länger zurück, und als er aufholte, konnte ich sehen, daß er fast am Ende seiner Kräfte war; wenn die Unterlippe eines Mannes zu zittern anfängt, ist er am Rande der Verzweiflung. Aber er mußte zu seinem Maultier gelangen, denn wenn er zurückblieb, würde niemand für ihn zurückgehen. Wenn er Glück hatte, würden ihn die Mochrasnis aufsammeln, die zwei eingeborenen Polizisten, die gewöhnlich im Kielwasser einer Legionärseinheit folgten; wenn nicht, ja, dann hatte er eben Pech.

Als Alexandrowitsch zum zweiten Mal sein Maultier erreichte, ertönte die Pfeife: «Changez, montez!»

Er mußte jetzt eine Stunde lang marschieren. Ich wußte, daß er das nicht schaffen konnte, und rief ihm daher zu, daß er für die nächste Stunde mein Maultier haben könne, daß ich nicht so müde sei; er sabberte seine Dankbarkeit. Als mein Chef ihn auf Bacasse reiten sah, brüllte er mich an: «Du reitest auf deinem Maultier; zum Teufel noch mal, das ist hier kein Wohltätigkeitsverein; dieses Wrack ist noch nicht mal in unserer Abteilung, heureusement!»

«Ach bitte, Chef, Sie würden mich doch nicht hindern, mir einen Bidon Pinard zu verdienen?»

Das funktionierte.

Selbstlosigkeit? Kameradschaft? Kaum. Ich habe den Pinard angenommen, und wenn ich sagte, daß ich nicht müde sei, stimmte das; zwar sehnte ich den Ton der Pfeife herbei und hätte es als reine Hölle betrachtet, wenn ich noch eine Stunde hätte marschieren müssen; wo es jetzt aber freiwillig geschah, verringerte die Genugtuung, mehr leisten zu können als die anderen, das Gewicht meiner Stiefel, und ich schritt die nächste Stunde mühelos aus.

Diesmal konnte ich die Oase riechen; ein leichter Hauch von irgendwas in der trockenen Luft. Das mußte unser Bestimmungsort sein; wir hatten sechzig Kilometer hinter uns gebracht, und das war fast die Grenze selbst für die Montée. Aber was sollten wir tun, wenn wir dort ankamen?

Ich beobachtete den Leutnant an der Spitze der Kolonne; da er immer eine Rolle spielte, war er ein gutes Barometer für das Kommende. Sehr wach und entschlossen sah er jetzt aus; obwohl er Blanco, seinen großen Schimmel, nur im Schritt gehen ließ, drückte er die Fersen kräftig runter und wölbte den Rücken – der tadellose Sitz, der ihm beim Trab immer etwas verrutschte. Der kleine Mann auf dem großen Pferd, der eine Kolonne von trippelnden und ohrenschlackernden Maultieren führte, hatte etwas von Don Quixote an sich. «Taschen-Napoléon» nannten wir Ragot. Beim nächsten Wechsel ritt er zur Spitze einer Düne und blickte, mal das Käppi gegen das blendende Licht ins Gesicht gezogen, mit weitschweifendem Blick auf die Markzeichen draußen in der Landschaft und mal mit konzentrierter Miene auf seine Landkarte im Lederetui. Dann rief er die Abteilungsführer zu seinem Beobachtungsposten und besprach sich mit ihnen, indem er deutete und gestikulierte: der Oberbefehlshaber, der seinen Generälen den Schlachtplan erläutert.

Als sie damit fertig waren, erhielten wir den Befehl, in Kampfstellung zu gehen. Sollten wir wirklich einen Einsatz erleben, oder war das lediglich eine seiner dauernden Übungen? Die Abteilungen rückten mit einem Abstand von fünfundzwanzig Meter zwischen einander auf und saßen ab. Ich rannte zurück, um mein Maschinengewehr von meinem Packmaultier zu holen; Meneghetti trug den Dreifuß und zwei andere die Munitionskästen. Dann wurden alle Maultiere zusammengebunden, in eine Senke zurückgeführt und in der Obhut von ein paar Mann belassen, denn die Montée marschiert als Kavallerie, aber kämpft als Infanterie.

«Ausschwärmen, Mitrailleusen in Stellung, um Deckungsfeuer zu geben!» Ich rannte nach links; das verdammte Maschinengewehr schnitt mir beim Rennen in die Schulter. Nirgends gab es richtige Deckung, daher stellten wir es unmittelbar hinter einem Dünenkamm auf. – Wenn das eine Übung war und ich die Siesta damit zubringen mußte, nur zum Spaß den Sand wieder rauszuputzen...

Meneghetti rammte den Patronengurt hinein; ich wischte mir den Schweiß aus den Augen und versuchte, eine Bewegung in den von meinem Maschinengewehr beherrschten rollenden Dünen festzustellen, aber nichts regte sich. Ein spitzer Stein piekte mich in den Bauch. Napoléon kam. Er stelzte die Front entlang und erteilte seinen treuen Mannen wertvolle Ratschläge. Ich versuchte, den unter mir liegenden Stein auszugraben, aber er war verankert; ich mußte meine Knie hochziehen und meinen Bauch wölben.

«Ihnen ist natürlich klar, Legionär», sagte Napoléon zu mir, «daß Sie keine ideale Deckung haben?»

«Oui, mon Lieutenant!» Und dachte: Trottel! Wenn's sonst keine gibt.

Als ich mir's gerade einigermaßen bequem gemacht hatte, indem ich das ganze Maschinengewehr seitlich verrückte, tönte die Trompete: «Antreten!» Es war also eine Übung gewesen! Eine Übung, genau, was er sich nach einem Marsch von neuneinhalb Stunden, davon vier in diesem Backofen, ausdenken würde! Fluchend packten wir das Maschinengewehr wieder auf das Maultier.

Aber bevor wir angetreten, aufgesessen und aufgeschlossen waren, stand Napoléon da und betrachtete uns mit diesem «Vor-Austerlitz»-Blick, der ihm eigen war. Selbst die Maultiere, mochte man meinen, sollten das inhaltträchtige Schweigen respektieren und aufhören zu stampfen und am Gebiß zu reißen.

Aufgerichtet im Sattel, um beherrschend auszusehen, sagte Napoléon: «Wir werden in geschlossenen Reihen mit den Maultieren einmarschieren, aber ihr werdet à tout moment, à toute èventualité bereit sein.»

Dann lauerte also etwas in der Oase. Wir marschierten weiter und befanden uns bald inmitten der ersten grünen Vorposten: der Kakteen. Dies war eine größere Oase; es war eine in der Reihe, die als Tafilalet bekannt war, wo das letztemal Widerstand aufgeflackert war. Auf den Stabskarten wurde dieses Gebiet immer noch als «unsicher» eingestuft, und zivile Geleitzüge wurden stets von einem Panzerwagen begleitet.

Diese Oase bestand weitgehend wie alle anderen aus Palmen, bewässerten Feldern und Gärten. Die Kasbah erhob sich hoch über die Bäume; nackte weiße Mauern, die keine Öffnung zeigten, aber ein großes Portal und ein paar Schlupflöcher hoch oben; ein leicht zu verteidigender Platz.

In einer dieser Kasbahs hatte Belkassim Umghadi seinen letzten Stand gehabt – er wurde Umghadi genannt, was arabisch Storch heißt, weil er merklich hinkte. Belkassim war das Schreckgespenst der Montée, die einmal in einem von ihm gelegten Hinterhalt die Hälfte ihrer Kampftruppe verloren hatte; ein anderes Mal war er zwanzig Kilometer hinter den Linien in ein Dorf geritten, wo vier Legionäre in einer Hütte tranken. Er stieg von seinem Pferd, trat ein und erschoß mit seiner Flinte drei und verwundete den vierten, bevor sie sich von ihrem Schreck erholen konnten; dann bestieg er ruhig sein Pferd und ritt wieder davon.

Der geladene Karabiner auf meinen Knien fühlte sich sehr tröstlich an, als wir den offenen Platz unter den Mauern der Kasbah erreichten. Aber ich merkte bald, daß Belkassim tot war. Nur ein paar in Lumpen gekleidete Araber betrachteten uns mit einer Mischung aus Furcht und Erbitterung, als wir in einem Halbkreis um das Portal Stellung bezogen, «préparé a toute éventualité». Ein etwas saubererer Araber, augenscheinlich der Caid, kam rausgeeilt, warf einen nervösen Blick auf unseren Ring und bot dem Lieutenant, der keine Anstalten machte, vom Pferd zu steigen, eine Menge Erklärungen, Bücklinge und Ehrenbezeugungen. Der arme Napoléon, er sah enttäuscht aus; er hätte sich so sehr einen Kampf gewünscht, um sich zu sehen, wie er die Überreste seiner übel zugerichteten Mannschaft zum Sturm führte, hätte so gern die Augen eines seiner Legionäre zugedrückt, der mit ersterbendem Atem keuchte: «On les a eu, mon Lieutenant?» Armer Napoléon, nicht ein einziges Mal, während ich in der Kompanie war, haben wir im Ernst einen einzigen Schuß abgegeben.

In diesem Dorf hatte man den Steuereintreibern das Leben schwergemacht, und der Entschluß stand fest, daß eine Demonstration von französischer Stärke angezeigt sei: daher unsere Expedition. «Verzweiflungskampf gegen stolze und zahlenmäßig überlegene Araber.» Hope!

Wir zogen weiter, um unter den Palmen zu kampieren, wo ich mein Maschinengewehr reinigen mußte.

Es sah so aus, als würde unsere Demonstration der Stärke einige Tage dauern, weil unsere Fatmas hier waren. Wenn die Legion sagt, daß sie für alles sorgt, dann meint sie wirklich alles, und wie alle anderen isolierten Kompanien hatten wir fünf arabische Mädchen, die zu uns stießen, wo immer wir eine längere Pause einlegten. An diesem Arrangement war nichts Anrüchiges oder Verstecktes. Es war absolut organisiert, französisch und logisch. Die Fatmas hatten ihr vorschriftsmäßiges Zelt unmittelbar außerhalb des Lagers; sie erhielten einen Teil ihrer Rationen von uns und bildeten eine integrierte Einheit der Kompanie mit der offiziellen Bezeichnung B.M.C.: Bordelle Militaire de Campagne.

Als daher das Lager aufgeschlagen, die Waffen gereinigt und geölt, die Maultiere geputzt und getränkt waren, schlenderten diejenigen, die den Drang verspürten, zu deren Zelt, vorzugsweise mit einem Bidon bewaffnet, um sich die Wartezeit zu vertreiben. Alles verlief nach seit langem vorhandenen Regeln: Erst der befehlshabende Offizier der Kompanie, dann die Unteroffiziere in der Reihenfolge ihres Dienstalters und zuletzt die Mannschaft. Rein durch einen Zelteingang, raus durch den anderen. In einem zweiten Zelt ergriff der Sanitäter Vorbeugungsmaßnahmen gegen Seuchen. Preis: Fünf Francs inklusive.

Selbst bei hoher Geschwindigkeit konnten fünf Mädchen nicht schnell genug arbeiten, und daher gab es stets eine Warteschlange am Eingang, die trank und Karten spielte. Die Deutschen mit ihrer unvermeidlichen Mundharmonika sangen sentimentale Lieder, die Polen, die über alles wetteten, machten Einsätze auf die Zeit, die ihre Kumpels drinnen verbringen würden; wenn es lange dauerte, dann wurden sie beim Rauskommen mit Hohn überschüttet.

Mir taten diese Mädchen leid; sie schienen für diese Dienstleistungen zu kindlich, aber das lag daran, daß ich die falschen Maßstäbe anlegte: Man kann die Jungfräulichkeit erst einbüßen, wenn man sie erreicht hat, und diese arabischen Mädchen wurden von ihren Eltern schon von acht Jahren aufwärts angeboten. Sie betrachteten ihren Beruf als eine etwas unerfreuliche Arbeit; sie bedeutete nichts für sie außer das Mittel, sich eine Mitgift zu erwerben; wenn sie genug verdient hatten, gingen sie fort und waren als Bräute sehr gefragt. In der Regel waren sie nicht hübsch, sie schienen noch häßlicher durch die Tätowierungen am Kinn und um die Augen, die für die Araber das Ideal der Schönheit sind. Außerhalb ihrer Zelte waren sie so streng mit dem Tragen ihrer Schleier wie nur je die Frau eines Caid. Wenn sie keinen Dienst hatten und Wasser in der Nähe war, dann schwammen und plätscherten sie mit uns wie die Kinder, die sie tatsächlich noch waren.

Ich war einigermaßen mit einer von ihnen namens Ayscha befreundet; sie brachte mir die arabische Methode des Waschens bei, die die Seife spart und die Wäsche am meisten schont: Man sucht sich einen runden Stein, der eben aus dem Wasser ragt, und schlägt unablässig das Kleidungsstück darauf nieder, wobei man hin und wieder ein bißchen Seifenwasser darauf gießt. Wie eine Waschmaschine entfernt das den gesamten Schmutz, während eine Bürste nur die Oberfläche schabt. Ayscha erledigte das Waschen mit ihren Füßen, aber so weit habe ich's nie gebracht.

Ich genoß es, am Fluß zu sitzen und meine Beine ins Wasser baumeln zu lassen, um kühl zu bleiben, während sie für ein paar Centimes mitten im Fluß auf ihrem Stein stehend meine Wäsche wusch. Nach ihrem Schwimmbad war sie sauber, und die Abendsonne, die hier unter den Palmen die wilde Glut verloren hatte, fiel leuchtend auf ihre noch nassen und glänzenden dunklen Brüste, während sie mit großer Energie meine Hemden knetete und stampfte. Und wenn sie ihre braunen Rehaugen auf mich richtete, die über dem Schleier groß und ergreifend waren, dann begann ich halb nach ihr Lust zu bekommen; aber sie brauchte nur den Schleier zu senken und mich anzulächeln, um die Versuchung zu vertreiben: ihr Mund war voller Goldzähne, auf die sie in der Tat sehr stolz war, denn sie würden ihr einen Mann mit mindestens zwei Ziegen mehr garantieren.

«Unerreichbare exotische Frauen, Hope.» Es war ein Glück, daß sie selten ihre Schleier lüfteten.

Unser Abendessen hatten wir an Tischen: Wir machten einen Graben, in den wir unsere Füße steckten, und ließen ein Viereck in der Mitte. Zum Anfang machten wir gewaltigen Lärm, indem wir unsere «gamelles» mit Löffeln und Gabeln bearbeiteten, um dem «homme de soupe» Beine zu machen, der wankend mit seinen Töpfen aus der Feldküche kam. So sehr er sich auch bemühte, jeden Löffel maßgerecht auszuteilen, gab es doch immer einen, der ihn beschimpfte, weil er zuwenig gekriegt hatte, und ihn bedrohte, um mehr zu kriegen; seine Methode funktionierte, weil der «homme de soupe» eins jener getretenen Exemplare war, das nicht imstande war, sein Tier pünktlich zu satteln, wenn das morgendliche Rennen stattfand; so kam es immer, daß einer drohend aufstand, seine «gamelle» dem «homme de soupe» unter die Nase hielt wie ein belastendes Beweisstück und schrie: «Das nennst du eine Portion? Ich ramme sie dir ins Gesicht!» Und dann gab der arme Wicht zitternd etwas von seiner Ration ab.

Darauf begann der Tausch mit dem Wein. Die wenigen und verachteten Abstinenzler erlangten eine kurzlebige Popularität, wenn sie bereit waren, ihren Liter Pinard gegen eine zweite Nachspeise einzutauschen.

Als ich meine Mahlzeit beendet hatte, spülte ich meine «gamelle» aus und begab mich fort von dem Camp zu einem Felsen, der von der inzwischen untergegangenen Sonne noch warm war. Nur die Erleichterung, die ich fühlte, weil ich allein war, brachte mir die Erkenntnis, daß die schlimmste Strapaze des Tages nicht die Hast, die Hitze des Marsches gewesen war, sondern die Unmöglichkeit, sich, wenn auch nur für fünfzig Meter, von den Männern und Maultieren abzusondern. Dort unter mir war der Platz der Zelte, ein wenig weiter entfernt die lange Reihe der Maultiere; aber die Dunkelheit verschlang das Ganze schnell, bis nur noch die Glut des Küchenfeuers, das Stampfen der Tiere und ein paar heisere Rufe und rauhe Gesangsfetzen mich erreichten. Ich konnte in eine andere Welt entrinnen. Die, die du, Hope, so eintönig gefunden hast: Spazierengehen, wo man schon gewesen ist – spazieren, nicht durch die Leere marschieren –, zu Menschen, die man bereits oft gesehen hat – aber Menschen, nicht erschöpfte Tiere. Und als ich da saß, zwischen zwei Welten, schien die Pfeife, die ich rauchte, ein solideres Verbindungsglied zwischen beiden Welten als ich selbst.

Aber nach einem achtzehnstündigen Tag war das Nachdenken notwendigerweise kurz, und um acht Uhr war ich wieder zurück unter meinem Zelt, in meine Decken gerollt und in möglichst großem Abstand von meinem doubleur, Auflader und Schlafgenossen, Julio Maria Meneghetti.

Wieso kann ich mich so genau an das erinnern, was am 15. Februar geschehen ist? Weil, liebe Hope, dies auch genau das war, was mit sehr geringen Abweichungen am 14. Februar und 16. Februar oder schließlich auch am 15. Januar oder 15. März geschehen ist. Das ist dein «aufregendes Leben». Und «Abenteuer»? Ich hatte nie ein Abenteuer in der Legion, bis ich versuchte, von ihr wegzukommen; aus dem einfachen Grunde, daß es kein Abenteuer ist, mehr Arbeit unter häßlicheren Bedingungen und mit weniger Lohn und weniger Anerkennung zu leisten als die meisten Arbeiter der Welt. Auch kann selbst das Kämpfen kein Abenteuer sein, wenn es zur Dauerbeschäftigung wird. Abenteuer bedeutet, aus der Routine rauszukommen, und nicht, sich in einer zu befinden, die besonders gräßlich ist.

4

Honneur et Fidelité?

«La guarde meurt, mais elle ne se rend pas.» – Die Garde stirbt, aber ergibt sich nicht, soll Cambronne gesagt haben, als er bei Waterloo aufgefordert wurde, sich zu ergeben; was er tatsächlich gesagt hat, war: «Merde!» (Scheiße) Aber Humbug erfordert hochgestochene Worte von Soldaten, zumindest für die Zeitungen und Geschichtsbücher. In der Praxis genügt es, daß sie kämpfen. Der Tommy, der mit einer Handgranate eine Maschinengewehrstellung stürmt, die unter seinen Kameraden schwer gewütet hat, denkt nicht: «Vorwärts für England, Heimat und Schönheit», sondern etwa: «Dir werd' ich's zeigen, du Hund!»

Die Gefühle für Ehre, Ruhm und «die gute Sache» werden meistens später und von Außenseitern fabriziert. Diese Kluft zwischen der Legende und der Wirklichkeit existiert selbst in Armeen, wenn sie für eine Sache eintreten, die im Licht der Geschichte gut ist. Vermutlich muß es diesen Mumpitz über eine Armee geben, sonst würden die Menschen ihr nicht einmal für die gerechteste Sache beitreten, zumindest nicht, solange das Niveau des politischen Bewußtseins nicht beträchtlich erhöht ist.

Aber um die Legion, deren einziger Zweck gewesen ist, die Araber und Annamiten für das französische Empire zu erobern und diese Eroberung zu verewigen, ist eine Humbuglegende aufgebaut worden, mit der sich keine andere Armee messen kann.

Der Humbug fängt an mit dem stolzen Motto: «Honneur et Fidelité», «Valeur et Disciplines», das auf jeder

Kneipe der Legion von Fez bis Saigon steht, an Wände aller möglichen und unmöglichen Orte geschmiert und in den Stein gemeißelt ist, wo sie gekämpft hat, über jedem Tunnel, den sie gebaut hat, und es wird von jedem Legionsoffizier bei jeder festlichen Gelegenheit nachgekaut. «Honneur et Fidelité»: Ehre und Treue.

Ehre: Dennoch ist der moralische Standard des Durchschnittslegionärs weit unter dem des Soldaten jeder Armee, der ich einmal angehört, die ich je gesehen, von der ich gehört oder gelesen habe. Und das nicht nur wegen des menschlichen Materials, sondern auch wegen des Systems. So wird in der Legion zum Beispiel der Diebstahl prämiert. Das Ideal eines «guten Legionärs» ist ein Mann, der Dinge «organisiert», was bedeutet: sie klaut. Das ist gewiß in allen Armeen der Fall, aber das Beklauen von Kameraden gehört nicht dazu. Wenn jedoch in der Legion ein Mann einen Gegenstand seiner Ausrüstung, einen Schlips, einen Zeltstab oder eine Gewehrschraube nicht vorweisen kann, sagt ihm der Unteroffizier: «Wenn du das Ding nicht innerhalb von vierundzwanzig Stunden vorweisen kannst, kommst du vier Tage in den Bau.»

Wenn dann der Mann jammert: «Aber wo soll ich das nur herkriegen?», dann lautet die Antwort:

«Debrouillez-vous.» (Organisiere es!)

Also geht er hin und klaut es von einem Kameraden, der seine Habseligkeiten nicht mit einem Adlerauge überwacht. Der klaut es dann seinerseits wahrscheinlich von einem anderen armen Schlucker; aber irgendwer kriegt unweigerlich die vier Tage: nämlich der Ehrliche; die anderen sind «bon debrouillard»: gute Organisierer. Gewiß würde einer, der auf frischer Tat ertappt wird, seine Prügel beziehen, aber ein «bon debrouillard» wird nie erwischt. Ich habe es mir zwar immer zur Regel gemacht, nur von den übelsten Burschen zu klauen, weil die jedoch wieder vom nächsten klauen und so weiter in einem Teufelskreis, kann ich mir nicht schmeicheln, daß ich dem Dilemma zwischen Dieb und Trottel entgangen bin.

Der moralische Standard im volkstümlichen Sinn ist noch niedriger. Es ist kein Zufall, daß in allen Garnisonen Nordafrikas die Frauen, ob weiß oder braun, dem Legionär aus dem Wege gehen wie der Pest. Vielleicht ist er eine romantische Figur in Hollywood oder sogar in Paris, wo kurz vor dem Kriege die Frauen bei der Parade zum 14. Juli wild wurden, als die Legionäre vorbeimarschierten, und ihnen die Knöpfe ihrer Uniform als Souvenirs abrissen, oder wo Lucienne Boyer am Klavier einen sentimentalen Song über «ihren Legionär, der *si bon* nach dem heißen Sand roch» schmelzend zum besten gab. (Schatten von Julio Maria!) Aber in Fez oder Algier durchschauen einen die Nutten, wenn man ein weißes Käppi zur Schau trägt: sie wissen schon, warum.

Die gewöhnlichste Form der Perversion ist zum Beispiel so verbreitet bei den Legionären, daß sie längst keine Ausnahme mehr ist. Die jüngeren Rekruten werden von «anciens» hergenommen, ihr Zustand der Verängstigung macht sie zur leichten Beute in den Worten eines deutschen Liedes der Legion:

> «Es war einmal einer Mutter Sohn,
> Der ging in die Fremdenlegion;
> Französisch lernt' er nicht verstehen,
> Aber Arschficken und Zigaretten drehen.»

Die übliche Erklärung und Entschuldigung für die Homosexualität gilt natürlich in erhöhtem Maße für eine so abgeschlossene Männergemeinschaft; aber das macht sie nicht erfreulicher, vor allem, da sie nicht so sehr ein verborgenes Laster als ein öffentliches Ärgernis ist, das mich in den Baracken oft am Schlafen gehindert hat. Wie der Diebstahl ist es selbstverständlich offiziell tabu, aber da einige der Offiziere ihre jungen Burschen ganz offen bei sich in ihren Zelten schlafen ließen, hat auch das nicht sehr viel Bedeutung.

Einige Formen der Perversion in der Legion wären komisch, wenn sie nicht so abstoßend wären. Mit den Ersatzmannschaften von einer anderen Kompanie bekamen wir einmal einen Legionär, der in seinem «livret militaire» – dem Soldbuch – einige sehr häßliche Vermerke trug. Sie besagten, daß er stets Kämpfe entfesselte, daß er übermäßig trank, daß er nicht vertrauenswürdig war, daß er offen gestanden ein «mediocre légionaire» war (etwa das schlechteste Zeugnis, das ein Mann bekommen kann, ohne zur Strafkompanie geschickt zu werden). Aber danach kam – und hier ist offenbar, daß sein früherer Kompanieführer etwas Positives aussagen wollte: «Er kann mit Tieren umgehen.» Man machte ihn daher prompt zum Maultierwärter, dem zwei Küchenmaultiere zugeteilt wurden. Genau eine Woche später schleifte ihn der Sergeant-chef für Lebensmittelversorgung, dem die Mannschaft völlig gleichgültig war, der aber die Maultiere betreute wie ein Vater, vor den Leutnant mit der Klage, man habe ihn dabei erwischt, wie er mit einem Maultier mit Hilfe eines Schemels verkehrt hätte. Sein «Umgang mit Tieren» kostete ihn acht Tage, da Napoléon einer der wenigen Kompanieführer war, die derartige Vorkommnisse ausmerzen wollten, wenn und wann immer sie zu seiner Kenntnis kamen.

Das war's mit der «Honneur». Und «Fidelité», der zweite Teil des Mottos? Schon der Gedanke einer Loyalität zur Legion wird durch die Anzahl der Deserteure ad absurdum geführt, die viel höher ist als bei anderen Armeen; und das trotz der Tatsache, daß die Chancen für eine erfolgreiche Desertion sehr gering sind; trotzdem haben die meisten Legionäre mit etwas Wagemut sie einmal versucht. Warum sollten sie einem Corps gegenüber loyal sein, das sie als billige Polizei oder Arbeitskraft, Kanonenfutter und Abschaum betrachtet? Oder konnten sie Frankreich gegenüber loyal sein, ihrem «adoptierten Vaterland», wie die Offiziere bei patriotischen Anlässen zu sagen pflegen? Sie sind keine Franzosen, und während der Eingeborene eines jeden Landes schließlich doch eine vernunftwidrige Loyalität fühlen mag, so schlecht es ihn auch behandelt hat, muß die Loyalität eines Ausländers zu einem Land notwendig in etwa der Dankbarkeit entsprechen, die er ihm gegenüber verspürt; das ist jedoch im Falle des durchschnittlichen Legionärs eine Minusquantität. Aber der Humbug geht noch weiter: Eine ansehnliche Anzahl der Offiziere, die in Saint Cyr ausgebildet worden sind, sind durchaus ehrlich, wenn sie über Ehre, Treue und die große Tradition der Legion salbadern. Es ist mir immer läppisch vorgekommen, wenn Napoléon in Begeisterung verfiel, während die Mannschaften nur daran dachten, wieviel länger sie noch in der Sonne stehen müßten, um sich diesen Erguß anzuhören.

Humbug in der Legion erstreckt sich auf die grundlegendsten soldatischen Eigenschaften, zum Beispiel schneidig aussehen; verglichen mit einem durchschnittlichen französischen Infanterieregiment sahen wir in der Tat schneidig aus: die Stiefel glänzten, die Waffen waren fleckenlos; ein Stäubchen im Gewehrlauf, und man war geliefert. Jedoch während meiner gesamten Dienstzeit bei der Legion ist mir nur ein einziges Paar Socken zugeteilt worden. Ich habe über hundert Gewehr- und Stiefelinspektionen mitgemacht, aber nicht eine einzige Inspektion der Füße: Schimmernde Schuhe, keine Socken und schmutzige Füße; das ist die Legion.

Welche Sorte Männer bilden die Legion? Die Legende will uns glauben machen, es seien «fröhliche Abenteurer», Kriminelle, die die Polizei mehrerer Länder hinters Licht geführt haben, indem sie anmusterten, Männer mit tragischen Liebesabenteuern, deren Vergangenheit ihnen ins

Gesicht geschrieben ist, obwohl sie sich weigern, davon zu sprechen. Quatsch. Die meisten Legionäre sprechen von ihrer Vergangenheit, bis man es gründlich satt hat, ihre mythischen Geschichten zu hören, die mit jeder Schilderung an Unwahrscheinlichkeit zunehmen. Und die Geschichte, die man oft in ihrem Gesicht geschrieben findet, ist die ihres Versagens: Versagen in der Politik, Versagen im Verbrechen und schlicht Versagen im alltäglichen Leben.

Um mit den Verbrechern anzufangen, so würde ich ihre Zahl auf nicht höher als zehn Prozent aller Rekruten veranschlagen. Weiß Gott keine Juwelendiebe, Fälscher und Mörder im großen Stil, sondern kleine Diebe, Zuhälter und Raufbolde, denen es nicht einmal gelungen ist, ihre Verbrecherlaufbahn erfolgreich zu gestalten. Wenn sie erfolgreiche Verbrecher wären, dann wären sie nicht in der Legion, denn ein erfolgreicher Verbrecher muß intelligent sein, und ein intelligenter Mann, selbst wenn er das Unglück hätte, erwischt zu werden, würde wissen, daß jedes europäische Gefängnis besser ist als die Legion.

Gewiß gibt es Ausnahmen; ich hatte mich mit einem riesigen Neger aus Texas angefreundet, der alle Aussichten auf eine große Laufbahn im Boxen hatte, bis er eines Nachts in Barcelona seine Freundin zu Tode prügelte. Er machte den Eindruck eines netten Burschen, der keiner Fliege etwas zuleide tun könnte. Als ich ihn fragte, warum er es getan hätte, antwortete er: «Junge, ich war vielleicht stinkbesoffen.»

«Als du das Mädchen umgebracht hast?»

«Nein, die hat's verdient, aber als ich hier für diese Einheit anmusterte, hätte ich bestimmt was Besseres finden können.»

Es gibt wahrscheinlich unter den Mitgliedern eines Nightclub in Wardour Street mehr Verbrecher, die diese

Bezeichnung verdienen, als in einer Kompanie der Fremdenlegion.

Auch ist enttäuschte Liebe nicht der erfolgreichste Werbeoffizier, sondern Suff und Faulheit. Mehr als die Hälfte aller Rekruten waren Männer, die nicht imstande waren, wegen Trunksucht oder Faulheit einen bürgerlichen Beruf auszuüben, Opfer der Depression, Kriegswracks, die nach der Demobilisation entdeckten, daß sie nicht mehr auf den eigenen Beinen stehen konnten, sondern das fortwährende Gebell eines Unteroffiziers hinter sich brauchten, um arbeiten zu können. Gewiß keine «fröhlichen Abenteurer».

Das beste Material ist unter den wie immer gearteten politischen Flüchtlingen zu finden; sie sind die einzigen mit einer Moral. Sie wechseln dauernd an Zahl und vorherrschender Nationalität; je nachdem, wie viele und welche Länder zuletzt eine Revolution oder eine Säuberungsaktion durchgemacht haben. Zu meiner Zeit gab es noch eine Menge Russen, aber mehr Spanier, Deutsche und Österreicher. Die Legion ist ein zuverlässiges Barometer für den allgemeinen Zustand der Welt. Je höher der Standard der Rekruten, das heißt, je mehr politische Flüchtlinge unter ihnen sind, desto schlimmer ist der Zustand von Unterdrückung und Intoleranz, in dem sich die Welt befindet. Natürlicherweise war sie kurz vor dem Krieg und während seiner Dauer höher als je zuvor.

Die übrigen fünf oder zehn Prozent, zu denen ich mich zähle, sind die Idioten, die sich durch den Nimbus der Legion haben locken lassen, um zu entdecken, daß ihre abenteuerliche Geste die pure Narrheit war.

Wenn das grob gesprochen der Menschenschlag ist, der das Rohmaterial der Legion bildet, dann bleiben die Kategorien doch nicht lange deutlich. Denn die Legion ist ein großer Gleichmacher und prägt in hohem Maße einen Typ. Da die normale Routine ein Übermaß an Marschieren und Arbeiten ist, der einem die Fähigkeit raubt, etwas anderes als Müdigkeit und Hoffnungslosigkeit zu fühlen, gefolgt von übermäßigem Trinken, um sich besser zu fühlen, gefolgt von einem betäubten Schlaf, aus dem einen nur die Trompete und die Furcht vor dem Sergeanten hochreißen kann; und da diese Routine wenig Platz für Lesen, Gespräche oder die eigentliche Voraussetzung der Individualität, Sauberkeit und Einsamkeit läßt, macht es bald wenig Unterschied, ob man zuvor ein neapolitanischer Kellner, ein russischer Aristokrat, ein polnischer Bauer oder schließlich auch ein Student in Oxford gewesen ist. Man ist Legionär geworden, ein Mann, der unendlich lange marschieren und arbeiten kann, der aber sonst kein anderes Interesse kennt, als Schwulitäten zu vermeiden und reichlich saufen zu können. Die Legion wird mit dem Suff betrieben, er wird befürwortet; Unregelmäßigkeiten, die auf den Suff zurückzuführen sind, werden von Offizieren und Unteroffizieren mit Nachsicht behandelt, und es gibt sogar eine geheime Anerkennung für den Mann, der säuft. Suff verhindert Meuterei und Selbstmord; er ist das einzige Mittel, mit dem man sich aus der gräßlichen Monotonie der folgenden Tage befreien kann. Aber der Suff ist auch ein großer Gleichmacher, und zwar nach unten.

Das Ausmaß, in dem das unerfreuliche Verhalten des Endprodukts, des Ancien, mehr auf das System als auf das Rohmaterial zurückzuführen ist, habe ich erst nach langer Zeit erkannt. Der Sprung, den ich von einer Welt in eine andere getan habe, von Oxford in die Fremdenlegion, war zu plötzlich gewesen und ohne irgendwelche Zwischenstufen, die mich befähigt hätten, diese beiden vorwiegend männlichen Gesellschaften miteinander in Beziehung zu setzen. Oxford betrachtete ich weiterhin als Teil der normalen, wirklichen Welt, wo eine Mehrheit von anständigen Menschen sich anständig betrug, und die

Legion als Alptraum verkommener Typen, die sich entsprechend aufführten. Selbst wenn ich mir einen Mann wie Alexandrowitsch ansah, der, wie ich wußte, ein geachteter Richter gewesen war und nun einem kujonierenden Korporal die Stiefel ableckte, dann konnte ich nur schließen, daß er immer unterwürfig und ohne Stolz gewesen war, und dachte bei mir, wenn ich ihn betrachtete: Wenn er doch wenigstens mal sein Hemd waschen würde! Es kam mir nie in den Sinn, daß er damals vielleicht nicht zweimal dasselbe Hemd getragen hätte.

Erst als ich mich dabei ertappte, daß ich selber unter Druck Dinge tat, die ich zuvor bei anderen verachtet und für mich selbst für unmöglich gehalten hatte, dämmerte es mir, daß vielleicht die Menschen der zwei Gesellschaften sich nicht grundlegend voneinander unterschieden; daß man nicht einmal in einer Verallgemeinerung die Menschheit in gute und böse, sondern lieber in starke und schwache Charaktere teilen sollte. Gewiß gibt es die positiv und aktiv Guten und die positiv und aktiv Bösen, und auf beide hat die Umgebung kaum eine Wirkung; aber diese beiden Kategorien moralisch unabhängiger Charaktere bilden eine kleine Minderheit; die meisten Menschen sind moralisch neutral: sie betragen sich anständig, solange das System, unter dem sie leben, sie erzieht, ermutigt, es von ihnen erwartet und sie vor allem dazu befähigt, so zu leben. Aber das ist kein moralisch aktiveres Verhalten als die Sauberkeit eines abgerichteten Hundes. Trotzdem gehen sie mit Stolz auf ihren Anstand und ihre Fairneß durch das Leben, ohne zu begreifen, daß sie sich unter Druck ganz anders verhalten würden. An einem Ort wie Oxford wird diese Tünche des anständigen Betragens selten abgekratzt; es besteht keine Notwendigkeit, sich anders als anständig zu betragen. Solange Sicherheit, Nahrung und Komfort garantiert sind, kann der Existenzkampf höchstens ein Kampf der Eitelkeit sein. Daher betragen sich nur die aktiv bösartigen Menschen schlecht, und die sind auch selten. In der Legion dagegen, wie in anderen Gesellschaften der Unterdrückung, Entbehrung und Armut, ist der Druck ungeheuer, und da es dort keine öffentliche Meinung gibt, der man nachleben muß, sacken die neutralen Persönlichkeiten mit ihrem Milieu ab. Wir wissen erst, wie wir wirklich sind, wenn wir unter Druck geraten, und nach meiner eigenen Erfahrung bin ich mit ganzem Herzen für eine Gesellschaft, wo ein solcher Druck nicht existiert.

Humbug und die sogenannte Zivilisation, die Menschen zu Maschinen erniedrigt, sind zugleich die beiden Hauptgründe für das Überleben der Legion. Warum stirbt die Legende der Abenteuer nie aus, und warum finden sich immer wieder Leichtgläubige, die darauf reinfallen? Wenn ein Legionär in sein früheres Leben zurückkehrt, würde man erwarten, daß er diesen Mythos hochgehen läßt, um die Wahrheit zu berichten, daß die Legion viel schwere Arbeit, wenig Löhnung und die miese, eintönige Existenz eines Paria bedeutet? Aber er tut es nie: Irgendein bewunderndes Mädchen in der Tschechoslowakei, in Italien oder New York sieht ihn mit glänzenden Augen an und sagt: «Du warst in der Legion! Was du für Abenteuer bestanden haben mußt!» Wer kann dem widerstehen und nicht prahlen? Armer Teufel, er wird die Sache nach Möglichkeit romantisieren, von Kämpfen bis zum letzten Graben reden, von unbekümmerten Abenteuern mit orientalischen Schönheiten, wobei er ausläßt, daß das besagte Abenteuer ihn fünf Francs gekostet und fünf Minuten gedauert hat. Ja, er wird diesen Humbug aufrechterhalten, so daß die nächste Schar von Leichtgläubigen ihm verfällt.

Aber Legionäre, die in ihr früheres Leben zurückkehren, sind selten. Manche mögen die Legion verflucht und verdammt und jeden Tag ihrer fünf Jahre auf dem Kalender ausgekreuzt haben; sie haben vielleicht für den Tag gelebt, an dem sie entlassen würden, und von den schönen Dingen geträumt, die sie unternehmen wollten. Man konnte sie sagen hören: «Oh, ich habe meine Lektion gelernt.»

Sie haben nichts gelernt, aber sie haben vergessen, auf den eigenen Füßen zu stehen. Wenn sie zurückkehren, schaffen sie es selten über Marseille hinaus. Dort kommen sie forsch in ihrer Zivilkleidung über die Brücke vom Fort St. Jean, ihr Abmusterungsgeld in der Tasche: Eintausend Francs erscheinen wie ein Vermögen, wenn sie fünf Jahre lang mit einem Höchstbetrag von zwei Francs pro Tag existiert haben. Daher stellen sie ein paar Tage lang eine – wie sie meinen – verdammt feine Figur dar. Wenn das Geld hin ist, sind sie verloren. Dann geraten sie in irgendeine Schlägerei, und da die Polizei von Marseille Ausländern nicht übermäßig freundlich gesinnt ist, sind Gefängnis oder die Legion die Alternative, der sie sich gegenübersehen. Woher sollten sie wissen, daß sie das Recht haben, den Transport an irgendeine Grenze zu verlangen? Und so kriechen sie denn ein oder zwei Wochen, nachdem sie ihr neues Leben begonnen haben, wieder zurück, ein wenig unrasiert und außerordentlich ernüchtert.

Andere, denen es gelingt, eine Stelle zu finden, können nur selten dabei bleiben. Es gibt keine Trompete mehr, die sie aus dem Bett reißt, keinen Sergeanten, der sie in Trab hält; für den Erfolg im Zivilleben müssen sie sich auf den eigenen Willen verlassen; und Willenskraft ist genau das, was die Legion ihnen genommen hat; zudem wird ein Vorgesetzter im bürgerlichen Leben keine Betrunkenheit dulden. Am besten suchen sie sich etwas, was nichts weiter erfordert als bloße Anwesenheit. Es ist kein Zufall, daß so viele von den altgedienten «Beaux Sabreurs» ihr Leben als Nachtwächter beschließen.

5

Bordellgedanken *oder* Es ist Krieg

Unsere Basis war Erfoud. Auf Landkarten ist es gerade noch dem Schicksal entgangen, von dem «S» in «Sahara» überdeckt zu werden, aber das hat die Landschaft nicht geändert; wenn unser Palmenhain und unsere Hirsefelder nicht von einem bloßen Wasserloch, sondern von einem Oued bewässert wurden, einem Rinnsal von Fluß, der sich irgendwie bis dahin vom Atlas heruntergekämpft hatte, so gelangte dieser doch nirgendwohin und verschwand schmählich im Sande; wenn wir eine Straßenkreuzung hatten und Wegweiser, die so großspurig waren wie nur je im Forst von Fontainebleau, schrumpfte diese asphaltierte Straße ein paar Meilen weiter draußen zu den üblichen ungleichmäßigen Verkehrsspuren, die periodisch von Sandverwehungen ausgelöscht wurden; und damit der südliche Arm des Wegweisers mit den Namen von mindestens drei bewohnten Orten gefüllt werden konnte, mußte der letzte Timbuktu sein, das ungefähr fünfzehnhundert Kilometer entfernt südlich der Sahara lag.

In Erfoud gab es ein großes Eingeborenendorf und ein Fort; im Fort befanden sich Schlafbaracken, eine Küche, eine Kantine und sogar ein Clubraum für Legionäre, mit Tischen, Stühlen und einem französischen Billard. Die Gebäude waren nur aus Kies, Schlamm und Wasser gebaut, wenn jedoch ein Wolkenbruch durch das Dach käme und die Wände halb fortspülte, würde das von keiner besonderen Wichtigkeit sein, da dies nur alle zwei bis drei Jahre passierte.

Nach Erfoud kehrten wir nach jeder tournée de police zurück, um uns zu erholen und neu auszustatten; das heißt, wir paradierten viermal am Tag, morgens, vor der «Suppe», nach der «Suppe» und nachts; wir hatten unzählige Inspektionen, bei denen wir Sättel oder Karabiner so auseinandernahmen, daß es sicher ihre Fabrikanten in Staunen versetzt hätte; wir rissen alte Kiesbaracken nieder und bauten sie wieder auf, wir bürsteten und striegelten die Maultiere in einer Weise, die Rennpferde hätte vor Neid erblassen lassen; wir unterzogen uns der Sisyphusarbeit, den Lagerbereich vom Sand zu säubern, die der letzte Schirokko hineingeblasen hatte, und wir schoben endlos Wache.

Wenn Napoléon ein Genie dafür besaß, Arbeit zu finden, die nicht vorhanden war, konnte man sich auch auf ihn verlassen, daß er genug Stellen für ein Fünftel der Kompanie ausfindig machte, wo sie zu gleicher Zeit Wache schieben mußten. Dann stand man für je zweimal zwei Stunden an irgendeiner Hintertür, die man ebensoleicht hätte verschließen können, bis die Sonne und die aus dem Dorf herüberwehenden Gerüche einem das Gefühl gaben, ohnmächtig zu werden; und dasselbe bei Nacht, wenn man auf den Fersen schaukelte und die weißen Kolonnaden des Dorfplatzes anstarrte, bis man unheimliche verkappte Figuren mit Messern zwischen den Zähnen zu sehen begann. Wenn man sich gegen die Mauer lehnte und das Kinn auf die Hände sinken ließ, die um die Bajonettspitze gefaltet waren, konnte man mit einem Ruck zu sich kommen und Napoléon vorfinden, der sich auf einer seiner Runden angeschlichen hatte; dann mußte das: «Keine besonderen Vorkommnisse, mon Lieutenant» sehr überzeugend klingen, sonst war man dran für ein paar Tage im Loch.

Zwei Soldaten der Wache waren immer dem B.C.M. zugeteilt. Wenn wir im Basiscamp waren, nahmen auch unsere Fatmas dauernden Wohnsitz im Dorf. Dieser Dienst war bei weitem der bequemste, da man nach Mitternacht zu Bett gehen durfte; daher herrschte ein großer Konkurrenzstreit bei den «anciens», und nur einmal ist es mir gelungen, dazu mit van den Eynden eingeteilt zu werden. Um halb sechs, als die Wache abgelöst wurde und die anderen ihren langen Dienst antraten, ihr Gewicht vom einen auf den anderen Fuß verlagerten, den Karabiner von der linken in die rechte Hand und wieder zurück wechselten, marschierten wir zwei mit dem Gefühl der Erleichterung aus dem Fort, unsere Bidons reichlich mit Pinard gefüllt, die beruhigend an unsere Hüften schlugen, durch die gewundenen Straßen des Dorfes, wo verhutzelte alte Araber, die auf den Hausstufen ihre Abendruhe pflegten, einen forschenden Blick auf das lächerliche Spektakel zweier im Gleichschritt marschierender Legionäre warfen, wobei der eine mit ernstem Gesicht dem anderen den Befehl gab, um einen im Weg stehenden Esel die Richtung zu wechseln. Schließlich gelangten wir zu der hohen Mauer des bei weitem imposantesten Gebäudes der Nachbarschaft. Da ich die ersten zwei Stunden «planton» am Tor war, konnte ich vom Inneren nichts weiter sehen als einen langen Hof mit einer vereinzelten Palme.

Ein Planton trägt keinen Karabiner, und ich konnte mich hinsetzen und rauchen. Ich hatte die Aufgabe, die Eingeborenen fernzuhalten, denn an den Legionstagen – Dienstag, Donnerstag und Samstag – waren keine Araber und Juden zugelassen, weniger aus Gründen der Hygiene, als um Streitigkeiten zu vermeiden.

Als die Kunden anrollten, mußte ich sie an van den Eynden verweisen, der im Wachzimmer gleich hinter dem Portal saß, ihre Namen in einem Buch notierte und, wenn sie wieder gingen, mir ein O. K. zuwinkte, was bedeutete, daß sie ärztlich behandelt worden waren. Sonderbarer

Heiliger, van den Eynden, einer der wenigen, die ich nie durchschauen konnte. Er trank mehr als wir alle, las aber dabei das Leben des Buddha, sein Haar war grau, seine Augen müde und sein Gesicht verbraucht, aber irgendwie saßen seine tiefen Runzeln eigentümlich in diesem gelassenen holländischen Gesicht, das für das Reißen gutmütiger Witze gemacht schien. Es wurde behauptet, er sei ein Kolonialbeamter in Westindien gewesen, bis ihm seine Frau mit einem Eingeborenen durchging; andere sagten, er hätte seinen Tod auf See vorgetäuscht, um seinen Kindern den Vorteil einer Lebensversicherung zu verschaffen. Niemand wußte wirklich Bescheid. Er hatte für alle ein freundliches Lächeln, aber wenn er eine Geschichte hatte, dann behielt er sie für sich.

Als die zwei Stunden vorüber waren, rief er mich, und ich ging nach drinnen, um zu essen. Der Mond war noch nicht aufgegangen, und der Hof war jetzt dunkel. Ich ging durch eine der niedrigen Türen zur Rechten in ein höhlenartiges Zimmer, wo eine einzige Öllampe einer Ansammlung von Menschen, die bei Tageslicht ganz besonders verkommen ausgesehen hätten, ein unheimliches Aussehen verlieh. Legionäre saßen, fläzten sich, standen rum, teilten sich einen Becher, die Käppis auf dem Hinterkopf oder auf dem dunklen Haar ihrer Gefährtin für eine Nacht. Einer warf Francstücke in die Luft, um zu seinem Vergnügen die Mädchen, die sie ergattern wollten, sich balgen, treten und kratzen zu sehen.

Ein großer watschelnder Berg von Frau brachte mir das Essen: Gemüsestew, eßbar, weil es so gewürzt war, daß es einem gleich war, woraus es bestand. Außerdem über dem Holzkohlenofen am Spieß gebratene Fleischstücke; die Brochettes paßten gut zu dem frischen Brot und dem starken afrikanischen Wein.

Es war allerdings eine Mahlzeit mit vielen Unterbrechungen. Die Fatmas wußten, daß die Wache mit ihnen keinen Verkehr haben durfte, und setzten daher alle ihre begrenzten weiblichen Lockungen ein, damit ich ihnen in ihr Zimmer folgte. Eine warf mir einen, wie sie meinte, verführerischen Blick zu, eine saß auf meinem Schoß, und eine dritte zupfte an meinem Ärmel; und als das alles nichts half, zogen sie mir das Bajonett aus der Scheide oder rissen mir das Käppi herunter; dann mußte ich sie in einer Weise um das Zimmer jagen, die dem Prestige der Legion höchst abträglich war.

Gelegentlich mußte ich sogar durch den Vorhang eines ihrer Schlafzimmer stürzen, wenn das Kreischen, das dahinter hervordrang, mich vermuten ließ, daß einer der Betrunkenen sich nicht an die Regeln hielt; das führte zu peinlichen Szenen, da es nicht einfach ist, auch im Arabischen zwischen Lust- und Schmerztönen zu unterscheiden.

Zu der Zeit, als van den Eynden mich ablöste, war ich einigermaßen durcheinander; ich konnte aber jetzt meine Pfeife füllen, und den Rauch, die Düsternis, den Geruch und den Wirrwarr hinter mir lassen und auf den Hof hinaustreten.

Ich habe selten meine Pfeife an einem schöneren Ort entzündet: Der Mond war jetzt am Himmel, riesig und unmittelbar über der vereinzelten Palme, er überflutete die hohe weiße Mauer mit Licht, während er die Seiten der Häuser, wo ich stand, im tiefen Schatten ließ. Darüber die übergroßen Sterne Afrikas. Das Geplapper und die Schreie der Lustbarkeiten hinter mir waren gedämpft, fast unhörbar.

Statt dessen hörte ich ein anderes Geräusch, das der Szene mehr entsprach: Eine Fatma, die ihre einsaitige Gitarre zupfte, dabei hin und wieder eine leise und klagende Melodie sang, leise, melancholisch und stets dieselbe. Ich konnte sie gerade eben erkennen, eine verwischte weiße Figur unter der Palme. Sie nahm von mir keine Notiz, und ich kam ihr nicht näher, denn ich hätte nur gesehen, daß ihr Kleid schmutzig, und gehört, daß ihre Stimme rauh war, sondern paffte zufrieden meine Pfeife und dachte an mancherlei.

Van den Eynden war herausgetreten und stand neben mir. «Changement de décor», sagte er.

«Ja, das ist da drinnen in Wahrheit ein schmieriger Ort, aber, verstehst du, irgendwie paßt er.»

«Du meinst, es sieht so aus, wie eine primitive Orgie aussehen sollte. Und als Erlebnis befriedigt es dich und berührt dich nicht persönlich.»

Ich nickte: «So ähnlich.»

«Aber ist dir klar, daß das nur deshalb so ist, weil du in Wirklichkeit überhaupt kein Legionär bist.»

Er winkte ab, als ich protestieren wollte.

«Ja, ich weiß, Napoléon würde dich einen guten Legionär nennen, und du bist ein guter Soldat, und du kannst weiter marschieren als die meisten von uns, aber all das macht dich nicht zum Legionär.»

«Was macht denn einen?»

«Ja, das weiß ich nicht: Zumeist hinter sich abgebrochene Brücken, kein Leben haben, zu dem man zurückkehren kann oder auch nur will, in der Legion sowohl geistig wie körperlich leben müssen; da liegt's: du spielst nur Legionär, weil du noch ein anderes Leben hast, zu dem du zurückkehren kannst und wirst. Das ist dein wahres Leben, und du wirst bei der geringsten Gelegenheit dahin zurückspringen. Das sieht man. Gerade eben, als ich rauskam, hast du gedacht: ‹Wie seltsam, daß der schönste Platz in Erfoud gleich neben dem Bordell liegt›; und du warst von der Szene da drinnen nicht angeekelt, weil du gedacht hast: ‹Welch eine Geschichte gibt das ab, wenn ich es einem Freund in England über einem Glas Ale vor dem Kaminfeuer erzähle.› Die Strapazen und die Gemeinheiten gleiten von dir ab, weil du sie als Erfahrung wertest. Wenn du erschöpft, durstig und wundgelaufen bist, denkst du wahrscheinlich: ‹Wie komisch, daß so etwas mir passiert.› Wenn du siehst, daß sich Männer benehmen wie Tiere, dann betrachtest du's als eine neue Lektion, die du gelernt hast. Aber nur, wenn man hier ohne Wiederkehr ist, wenn man die Erinnerung an ein anderes Leben und die Hoffnung darauf verloren hat, weil das verspielt und zerbrochen ist, nur dann sind Strapazen und Gemeinheit nicht mehr Erfahrungen, die man verdauen, oder Lektionen, die man lernen muß. Sie sind eine Wirklichkeit, der man nicht einmal im Geist entrinnen kann. Dann ist man Legionär. Wie du siehst, ist es nichts, worauf man sehr stolz sein kann.»

Er lächelte, und ich entdeckte, was mich an seinem Lächeln immer verwirrt hatte: es lag eine Güte für andere darin, aber keine Fröhlichkeit für sich selbst.

Ich hoffte, daß er fortfahren und von sich selbst reden würde, aber er brach unvermittelt ab, als hätte er bereits zu viel gesagt. «Es ist Mitternacht», erklärte er, «wir sollten lieber das Lokal hier abschließen und zu Bett gehen.»

Und er war fest eingeschlafen, fast unmittelbar, nachdem er sich auf seinem Lager im Wachraum ausgestreckt und die Decke bis zum Kinn hochgezogen hatte.

Ich hatte keine Lust zu schlafen, setzte mich daher auf mein Feldbett und trank in kleinen Schlucken den letzten Rest in meinem Bidon aus. In der Stille war sein Atmen das einzige Geräusch. Das Mondlicht, das zur offenen Tür hereinströmte, fiel auf sein Gesicht; im Schlaf hatte es seine Unbekümmertheit wiedergewonnen.

Bestimmt hatte er recht; ich war kein richtiger Legionär, weil ich geistig immer noch in einem anderen Leben steckte: in der Vergangenheit und in der Zukunft, allerdings nicht in der Gegenwart. Der einzige Unterschied zwischen uns war ein Glaube: meine Überzeugung, daß ich noch derselbe war, der vor einem Jahr in einem englischen Garten gesessen und sich entschlossen hatte, die rauhe Seite des Lebens kennenzulernen. Aber stimmte das wirklich? Vielleicht war dieser Glaube eine Illusion, die zusammenbrechen würde wie die Alexandrowitschs. Ich hatte der Legion etwas weniger als ein Jahr angehört; würde ich imstande sein, vier weitere Jahre durchzuhalten?

Ich hätte mich nicht zu fragen brauchen, denn der nächste Tag war der 10. Mai 1940.

Am Abend dieses Tages standen wir hinter der Küche und putzten Karotten; es gab stets Karotten zum Abendessen am Sonntag. Ein ganzer Haufen lag auf dem Erdboden und daneben ein großer leerer Bottich; drumherum stand der größte Teil der Kompanie, die mehr oder weniger eifrig die Messer benutzten und die geschabten Karotten mit einem hallenden Ton in den Blechbottich warfen. Einige der Unteroffiziere schwärmten in den Baracken umher, um die Drückeberger, die glaubten, daß sie «pluche» schwänzen könnten, aus ihren Verstecken aufzustöbern. Andere hielten sich außerhalb der Gruppe auf und schrien hin und wieder einen an, dessen Backenmuskeln beschäftigt schienen: «He, du da, pfeife mal!», und da es seine Schwierigkeiten hat, mit einer Karotte im Mund zu pfeifen, wurde auf diese Weise verhindert, daß zu viele von ihnen vor dem Abendessen verschwanden.

Der Bottich war jedoch noch fast leer, als wir Uhl, den Federfuchser, mit einem wichtigtuerischen Gesichtsausdruck aus seinem Büro stürzen sahen; im Vorbeirennen warf er uns nur ein auf die Folter spannendes: «Ah, ça comme nouvelle! Ich muß den Leutnant finden.»

Was konnte das sein? Sollten wir wieder auf eine tournée de police geschickt werden, oder war Napoléon zum Hauptmann befördert worden?

«Alors, weniger Worte und mehr Karotten», brüllte der diensthabende Sergeant.

Die Trompete blies Versammlung.

«Muß was Wichtiges sein; Napoléon trägt seinen blauen Burnus.»

«Legionäre», sagte er und reckte das Kinn nach vorn, «der Boche ist in die Niederlande einmarschiert; jetzt hat der Krieg richtig begonnen. Im Büro liegt eine von mir als erstem unterzeichnete Liste: wer den Wunsch hat, sich freiwillig an die Front zu melden, kann das jetzt tun. Ich sage nicht mehr. Je me fie à votre honneur.»

Er war sehr bewegt, der kleine Mann, und wir auch. Mit wenigen Ausnahmen drängten wir uns zum Büro und unterschrieben ein Stück Papier, das irgendein Oberst in Fez zur Kenntnis nehmen und in einer Schublade verschwinden lassen würde. Dann gingen wir mit dem Gefühl, bereits die erste Schlacht gekämpft und gewonnen zu haben, zurück zu unseren Karotten.

Das war der Tag, an dem die Deutschen in den Niederlanden einmarschierten.

Zwei Tage später, als sie den holländischen Häfen entgegendrängten, saßen wir in unserer Kantine und ließen einen Vortrag über moderne Waffen über uns ergehen. Die erste Aufgabe, hatte Napoléon entschieden, bestand darin, unser Training auf einen modernen Stand zu bringen. Aber es war sehr heiß in der Kantine, und es war viel einfacher, die Fliegen zu beobachten, die um den Kahlkopf des Sergeant-chef summten, als seiner dröhnenden Stimme zuzuhören.

«Und jetzt, Uhl», sagte er, «was kannst du mir über den Panzer mitteilen?»

«Der Panzer wird in diesem Krieg die entscheidende Waffe sein», begann Uhl, der stets hellwach war.

Er wurde durch ein scharfes: «Keine großen Sprüche!»

unterbrochen. «Was sagt das Reglement? Du, Meneghetti?»

«Der Panzer ist eine Unterstützungswaffe der Infanterie», rasselte Julio Maria runter, «die imstande ist, in günstigem Gelände eine Höchstgeschwindigkeit von acht bis zwölf Kilometern pro Stunde zu erreichen.»

«Aber...», widersprach Uhl.

«Das sind die genauen Worte des Reglements», sagte der Chef abschließend.

An jenem Tag schafften die deutschen Panzer siebzig Kilometer bei ihrem Vorstoß nach Tilburg.

Sie hatten viel mehr geschafft, als ich ein paar Tage später die Wache am guardesecteur übernahm, um nach den Maultieren zu sehen, die am Hügel außerhalb des Fort an ihre Trossen verankert waren.

«Behalte unser großes Packmaultier, Camille, im Auge», hatte mir der Chef gesagt, «irgendwas ist da radikal nicht in Ordnung; ich hoffe nur, daß es keine Kolik ist.»

«Was sagt der Tierarzt?» hatte ich gefragt.

«Das ist die Misere, der ist nach Norden verreist. Aber wenn das Tier wirklich ernstlich krank ist, könnte er auch nicht viel tun. Versuche, mit ihr auf und ab zu gehen, wenn sie unruhig wird.»

Arme Camille, sie schien in schlimmer Verfassung; ihr Atem ging stoßweise, und sie ruckte den Kopf in alle Richtungen wie ein fieberkranker Mensch. Ich machte sie von der Trosse los und ging mit ihr runter zur Oued. Die Oase erstreckte sich nicht auf diese Seite des Forts, und beim Flußbett gab es nur ein paar Büsche und Kakteen, dahinter nichts. Ich mußte Camille über die Kieselsteine zerren, ihre Beine zitterten. Jetzt konnte ich sehen, daß ihr Bauch gebläht war, dann knickten die Knie ein, und sie legte sich stöhnend nieder.

Muß sehen, daß sie sich bewegt, dachte ich. Ich holte einen Eimer Wasser vom Fluß und begoß sie damit; das schien ihr Erleichterung zu verschaffen, und sie kämpfte sich wieder auf die Beine, aber nur kurz; ihr Bauch schwoll vor meinen Augen an, und bevor ich sie zum secteur zurückbringen konnte, brach sie wieder zusammen, diesmal endgültig. Sie lag da, wand sich in Krämpfen und schlug gegen den Schmerz mit den Hufen; sie stöhnte und richtete die angstvollen Augen auf mich, als wolle sie sagen: Kannst du mir nicht helfen? Sie lag jetzt offenbar im Sterben; das Weiße ihrer Augen kam zum Vorschein, daher rannte ich zum Fort, um den Chef zu rufen. Nur er hatte die Erlaubnis, sie zu erschießen. Er saß in seinem Zimmer neben dem Radio.

«Hör mal», sagte er, «die haben gerade erzählt, wie eine französische Batterie in Belgien...»

Ich unterbrach ihn: «Camille liegt im Sterben», sagte ich.

Er sprang auf, wobei er den Stuhl umwarf. «Verdammt, sie war unser bestes Packmaultier. Warte, ich hole mein Gewehr.»

Aber das Gewehr war nicht nötig. Als wir zum secteur zurückkamen, war alles vorbei. Das Maultier war buchstäblich geplatzt; sein Bauch war ein klaffendes Loch, über dessen Rand die Gedärme hingen, und seine Beine waren steif nach oben gestreckt.

Später am Abend begegnete ich wieder dem Chef und erinnerte mich, daß er angefangen hatte, mir etwas von einer Batterie zu erzählen.

«Was ist mit dieser Batterie geschehen?» fragte ich ihn.

«Oh, die haben eine Straße gegen deutsche Panzer verteidigt; sie sind bis zum letzten Mann gefallen.»

Aber nicht die Schützen, die tot neben ihren Waffen lagen, spukten mir in jener Nacht im Kopf herum, sondern Camille, die auf dem Geröll lag und die vier Hufe anklagend zum Himmel reckte.

Liège war gefallen, Amsterdam, Den Haag.

Wir hatten den ganzen Abend im Foyer gesessen und gewartet, daß die Bar aufmachen würde. Es war schwül, aber die Fenster mußten gegen den draußen wehenden Schirokko fest geschlossen bleiben; selbst das nur zwanzig Meter entfernte Arsenal war zeitweise von Sandwolken eingehüllt. Wir redeten nicht viel, nur die einsilbigen Knurrtöne von Männern, die ein Jahr lang zusammengewesen waren und alles, was sie zu sagen hatten, schon in den ersten vierzehn Tagen von sich gegeben hatten.

Die Tür öffnete sich mit einem Windstoß, und Sanchez kam reingeweht. «Was gibt's Neues, hombre?» fragte einer träge. Sanchez war unser Funker. Er rieb sich die Augen, und als er sich schüttelte, war auf dem Fußboden ein Sandring.

«Sie haben Sedan genommen», sagte er.

«Und wo ist Sedan?» fragte Meneghetti, der nie etwas wußte.

«In Frankreich, Glied der Maginot-Linie», stieß Uhl hervor, der alles wußte.

«Die Deutschen», sagte van den Eynden, «haben da vor zwei Kriegen eine Schlacht gewonnen; sie werden da wahrscheinlich in diesem Krieg eine verlieren.»

«Diese Uhr muß nachgehen», sagte Sanchez, «die Bar müßte schon auf sein.»

«Aber was geschieht nun?» fragte ich. «Jetzt, wo die Maginot-Linie überflügelt ist?»

«Nichts», sagte van den Eynden. «Sie müssen die nächste Schlacht woanders schlagen.»

«Und was passiert mit uns?» fragte ihn Uhl.

«Nichts. Vielleicht unterzeichnen wir noch eine Liste für Freiwillige.»

«Was ist geschehen, als wir die letzte unterschrieben? Und die davor? Nichts. Na ja, auch diesmal wird nichts passieren. Nichts passiert ja bei uns.»

«Ça y est», sagte Meneghetti, er war jäh voller Geschäftigkeit: der Corporal-chef hatte die Bar geöffnet.

«Wenigstens kann ich den ganzen Sand runterspülen», knurrte Sanchez.

«Kein Pinard heute», verkündete der Corporal-chef.

«Was?» schrien wir alle. «Kein Pinard?»

«Kein Pinard», wiederholte der Corporal-chef und klopfte an das leere Faß, «die Vorräte für diese Woche sind irgendwo aufgehalten worden. Ihr könnt zwei Flaschen Weißen haben.» Er stellte sie auf die Bar.

«Dieses Zeug macht mir nur Kopfschmerzen», sagte van den Eynden.

«Muß irgendwas trinken», sagte Meneghetti.

«Zwei Flaschen sind auf alle Fälle nicht genug», fügte ich hinzu.

«Magen Gottes», sagte Sanchez, «da sitzen wir und verfaulen auf diesem Arsch der Welt, und dann gibt es noch nicht mal Pinard.» Das war in der Tat das Letzte.

Dünkirchen war gefallen, aber die Ligne Weygand schien standzuhalten.

Als ich zur «infirmerie» hinüberging, konnte ich von weither das Radio dröhnen hören. Ich beeilte mich, aber bevor ich so nahe war, daß ich die Worte verstehen konnte, wurde es abgestellt.

«Was war jetzt gerade in den Nachrichten?» fragte ich den Infirmier, der mir eine heiße Säure auf die Hand schmierte – jeder kleine Kratzer fing hier an zu schwären.

«Nicht viel», sagte er. «Die Boches haben Neuchâtel und ein paar Straßenkreuzungen und Brücken an der Aisne mit Bomben belegt, Cusy-le-Château ... nichts, was einer kennt.»

Aber Cusy-le-Château – ich kannte das; ich hatte dort als Junge einen Sommer verbracht, um Französisch zu lernen; in einem quadratischen kleinen Haus unter Pappeln, bei einer Familie namens Michaud. Der Vater war Postmeister, und die beiden Kinder waren in meinem Alter: Jean Louis und Jacqueline; wir rannten zusammen um die Wette hinunter zum Fluß und sprangen hinein durch eine Lücke in den Weiden. Jean Louis war langgewachsen und ungelenk, und seine Arme peitschten das Wasser wie Dreschflegel, ohne daß er dabei viel vorwärts kam.

Ja, da gab es eine Brücke, eine alte solide Steinbrücke, die an beiden Enden breit und in der Mitte schmal war. Jacqueline, die schon mit ihren dreizehn Jahren kokett war, saß oft auf dem Brückengeländer und kämmte sich das Haar, während Jean Louis und ich unten im Schatten im Schilf standen, bis wir vor Kälte blau waren, und versuchten, zu ihr raufzuspucken. Und jetzt hatten sie die Brücke bombardiert, und es gab große Löcher im Steinkopfpflaster, das so glatt war, daß es unseren bloßen Füßen nicht weh tat; vielleicht sogar den verschlafenen Kirchhof, wo wir Versteck gespielt hatten, bis uns Madame Michaud auf die Ungehörigkeit hinwies.

Mein Gott, da trampelten sie etwas zuschanden, was mir selbst gehörte; sie zerstörten Frankreich und taten es ungestraft; demnächst würden sie England zerstören. Und was trieb ich hier? Spielte den Gendarmen und analysierte meine Reaktionen unter widrigen Umständen.

Es war Cusy-le-Château, das mich den Krieg begreifen ließ, nicht Liège, Rotterdam, Sedan oder Dünkirchen. Wir können die Erschütterungen der Welt nur durch das Medium des Kleinen und Persönlichen begreifen; wir werden nicht durch den Tod von Tausenden von Soldaten aufgerüttelt, sondern durch den Tod eines Menschen, den wir kennen. Es war diese unwichtige Brücke in dieser kleinen Stadt in Frankreich, die mich wachrüttelte und die Illusion zerstörte, die sich aus Entfernung und Vereinsamung gebildet hatte, durch die stereotypen Phrasen von Radio und Kommuniqué: die Illusion, daß der Krieg ein historisches Spiel war, das ich von den Rängen aus beobachten und das mich nicht in Mitleidenschaft ziehen könnte und würde.

Und es war Cusy-le-Château, das in mir zum ersten Mal den Gedanken weckte: Wenn die Legion nicht in den Krieg ging, sei es vielleicht an der Zeit, die Legion zu verlassen.

6

Erster Fluchtversuch

Eine Zeitlang sah es tatsächlich so aus, als hätte die Kielwelle des Krieges schließlich auch die Montée erreicht: Am Tag, an dem Italien den Krieg erklärte, erhielten wir neue Uniformen, und neue Uniformen in der Legion konnten nur zweierlei bedeuten: entweder eine zeremonielle Parade – dazu waren weder die Zeit noch der Ort geeignet – oder Dienst an der Front. In den nächsten Tagen wurden wir eilends an die tunesische Grenze verlegt: eilends zumindest, soweit die Montée sich überhaupt eilen konnte. Um zwei Uhr früh packten wir Waffen, Zelte und Munition auf die Maulesel und begannen den langen Treck nach Norden; erst durch die Wüste, dann dem Lauf der Ziz folgend durch grüne Cañons, die sich in die kahlen südlichen Hänge des Atlas gefressen hatten; und kaum daß wir den letzten Sand von unseren Stiefeln geschüttelt hatten, marschierten wir durch Schnee.

Um die nächste Bahnlinie zu erreichen, brauchten wir fast zwei Wochen, und hätten wir Tunis erreicht, so weiß ich nicht, was wir mit unseren Maultieren und acht Maschinengewehren gegen die italienische Armee hätten ausrichten können. Aber lange bevor wir die siebenhundert Kilometer nach Fez hinter uns gebracht hatten, marschierten wir eines Nachmittags in einen gottverlassenen französischen Posten hoch oben im Atlas ein, wo wir die Trikolore auf Halbmast flattern sahen: der Waffenstillstand war unterzeichnet worden. Beim Abendappell hatte Napoléon Tränen in den Augen und nicht einmal das Herz, eine Ansprache zu halten. Vor allem fühlten wir uns hintergangen, persönlich um unsere kleine Chance, zu kämpfen, betrogen.

Aber am nächsten Tag marschierten wir wieder, und am übernächsten, und jede weitere Etappe war nicht viel kürzer oder länger als die, die der niederschmetternden Nachricht vorangegangen waren; wir ritten auf denselben Maultieren, schliefen unter denselben Zelten, wurden von denselben Unteroffizieren angeblafft. Alles war in überraschender Weise gleichgeblieben.

In Fez lagen wir zwei Wochen lang, und auch dort schien sich nichts verändert zu haben; die Araber verkauften immer noch ihre Erzeugnisse im mattenbedeckten Markt, die Bars servierten dieselben Aperitifs, und die Kinos zeigten dieselben amerikanischen Filme. So sehr spürten wir die Unstimmigkeit unserer Lage, daß die plötzliche Furcht, Franco könne in Marokko einfallen, bewirkte, daß wir zusammen mit einem Infanteriebataillon zum Rif geschickt wurden, um die Grenze zu verteidigen. Das war wie eine Erlösung: also war noch nicht alles vorüber.

Wir marschierten in das zerklüftete Gebirge, bis auf siebzig Kilometer von der Grenze entfernt, und errichteten am Abhang eines Hügels ein Lager unter Feigenbäumen, um uns gegen Fliegerangriffe zu tarnen; wir gruben Splittergräben und bauten Maschinengewehrstellungen.

Aber Franco marschierte nicht ein. Nichts geschah. Wir blieben dort; und während die Alte Welt zusammenbrach, fuhren wir fort, unsere Waffen zu putzen, Erkundungsmärsche zu unternehmen und unsere Maultiere zu tränken. Wir waren wie die komischen Gestalten im Film, die auf der Luft weiterwandern, wenn das Brett unter ihren Füßen entfernt worden ist. Als mir daher der Gedanke kam, daß ich jetzt versuchen müsse, auf irgendeine Weise nach England zu gelangen, war es nicht so sehr aus Pflicht. Es war, als wenn ein Schiffbrüchiger, der in den

Wellen treibt und plötzlich den Lichtkegel eines Leuchtturms erblickt; er mochte zu weit entfernt sein, er war vielleicht nicht zu erreichen, aber er gibt neue Entschlußkraft und eine Richtung.

Mumm und Glück, meinte ich, waren die Hauptsache, wenn ich mit Erfolg von der Legion desertieren wollte. Aber ich fand, daß Entschlußkraft, Selbstdisziplin und Geduld noch wichtiger waren, und von den drei Männern, die den ersten Fluchtversuch nach dem Waffenstillstand unternahmen, mangelte es jedem an einer dieser Eigenschaften.

Wenn es darauf ankam, mir einen Gefährten bei der Desertion auszusuchen, kam mir Marek zuerst in den Sinn, weil ich wußte, daß er Mumm hatte. Ein tschechischer Metallarbeiter aus Brünn, der nach dem Einmarsch der Deutschen in Prag seine Flucht bewerkstelligt hatte, indem er sich auf die Achse eines Mitropa-Speisewagens legte, sich mühsam durch ganz Deutschland in dieser Stellung hielt und schließlich in Straßburg mehr tot als lebendig fallen ließ.

«Wollte eigentlich nach Paris, aber der von oben kommende Geruch des Frühstückskaffees war zu verlockend.»

Das war der richtige Mann für mich; mit seiner mächtigen Brust und seinem derben Gesicht erinnerte er mich an eine Dampfmaschine: Wenn er einmal in Gang war, dann gab es kein Halten mehr.

Als ich bei ihm anklopfte, ob er mit mir türmen wolle, hatte er gesagt: «Na ja, das wäre bestimmt die einzige Möglichkeit, jemals einen Nazi vor das richtige Ende eines Gewehrs zu kriegen, aber wie denkst du dir die Flucht?»

Das schien mir ganz einfach; ich hatte es mir alles ausklamüsert: «Wir sind jetzt etwa siebzig Kilometer vom spanischen Gebiet entfernt; es ist unwahrscheinlich, daß wir eine bessere Gelegenheit finden; wir packen uns genug Lebensmittel für ein paar Tage ein und stoßen nach Norden vor. Die können nicht die ganze Länge der Grenze patrouillieren; es wäre schon großes Pech, wenn wir einem Posten begegneten. Wenn wir dann in Spanisch-Marokko sind, beschaffen wir uns Zivilkleidung, schlagen uns nach Tanger durch und lassen uns vom britischen Konsul nach Gibraltar bringen.»

«Klingt recht einfach», erwiderte er, «aber um erst mal zur Grenze zu gelangen, müssen wir durch eine Zone, wo nur Eingeborene leben; jeder Europäer ist verdächtig, und die halten scharfe Wacht, weil ihnen die Regierung fünfzig Francs für einen lebendigen und fünfundzwanzig für einen toten Legionär zahlt. Und», fügte er zur Krönung seiner Einwände hinzu, «dort oben gibt es Chleughs. Was willst du mit denen anfangen? Sie dir kaufen?»

Chleugh nennen die Berber sich selbst. Sie waren die Ureinwohner von ganz Marokko, bevor die arabischen Eroberer sie in die entlegeneren Gebiete vertrieben. Ich wußte über ihre Gerissenheit und ihre Habgier genau Bescheid: Als ich einmal einem alten Chleugh Melonen für die Kompanie abkaufen mußte und versuchte, ihm den Preis runterzuhandeln, hatte er mich nur mitleidig angesehen und gesagt: «Chuya [Bruder], du bist bloß ein Roumi [Ungläubiger]; weißt du denn nicht, daß jeder Araber einen Roumi betrügen kann und jeder Jude einen Araber, aber daß man fünf Juden braucht, um einen Chleugh übers Ohr zu hauen?»

«Nein», sagte ich, «einen Chleugh könnte man nicht kaufen, selbst wenn man ihm hundert Francs gäbe, daß er dich ziehen ließe; das würde nur bedeuten, daß er hundertfünfzig Francs verdient statt nur fünfzig, denn er würde dein Geld nehmen und dich doch ausliefern. Wir würden jedoch auf alle Fälle nur nachts unterwegs sein; während des Tages müssen wir uns verstecken.»

«Ja, so könnten wir sie wohl vermeiden», gab Marek

widerwillig zu und kratzte sich mit seiner Riesenpranke hinterm Ohr. «Aber laß uns auf alle Fälle ein paar Tage warten; vielleicht rücken wir noch näher an die Grenze.»

Wir rückten nicht näher, und es folgten ein paar verschwörerische Treffen bei Nacht, bei denen er stets mehr Einwände vorbrachte; einmal meinte er, daß Franco wieder zu den Waffen greifen könnte, ein andermal, daß wir zu spät kommen würden, weil England die Waffen strecken würde. Ich konnte ihn nicht verstehen: er war offensichtlich ein guter Tscheche, ein guter Sozialist, und sein derbes Gesicht erschien wie die Stärke in Person. Trotzdem schien er nicht imstande, einen Entschluß zu fassen.

«Wenn du nicht fort willst», sagte ich zu ihm, «dann sage es doch.»

«Nein», erwiderte er, «ich will fort; ich mache mir nur die Schwierigkeiten klar.»

«Wenn du dir aber nur die Schwierigkeiten klarmachst, dann kommst du nie fort. Du hast nicht an die Schwierigkeiten gedacht, als du aus Prag geflohen bist. Sag mir», forderte ich ihn heraus, «was hat dich veranlaßt, aus Prag zu fliehen?»

«Mein Parteiführer», sagte er. «Ich habe von der Partei den Befehl bekommen, auszubüxen.»

Ich gab ihn auf. Ich konnte seinen Motor nicht anwerfen.

Carson dagegen hatte sofort gesagt: «Yes, chum, du kannst auf mich zählen.»

Ich hatte ihn mir als nächsten vorgenommen, weil er Engländer war, und außerdem, weil ich ihn in Fez, gleich nach dem Waffenstillstand hatte boxen sehen, als er einem Italiener, der sowohl stärker und zudem noch Sergeant war, eine gute Tracht Prügel verpaßte. Abgesehen davon, wußte ich nur wenig von ihm, da er nicht zur Montée gehörte, sondern zu dem Infanterie-Bataillon. Er war in der britischen Armee Berufssoldat gewesen und stammte aus Brighton, obgleich er mit seinem langen, eckigen Körperbau, seinem Nußknackergesicht unter einer schwarzen Haarmähne und seiner stets roten und vom Pinard glänzenden Nase mehr wie ein Schotte aussah.

Das war das einzige, was mir bei ihm Sorge machte: er trank zuviel. Auf alle Fälle, dachte ich jedoch, wird es im Riff nicht allzuviel zu trinken geben. Als wir uns an die Vorbereitung machten, war ich sicher, daß ich den richtigen Mann gefunden hatte. Er löste zum Beispiel das Proviantproblem in einer herrlich einfachen Manier: Die eisernen Rationen, die wir alle in einer großen Büchse mit uns führten, vierundzwanzig Hundekuchen, eine Dose Sardinen und eine mit Rinderpökelfleisch, ein paar Riegel Schokolade und ein kleines Päckchen Kaffee hätten für mehrere Tage nicht ausgereicht. Carson schlug vor, daß wir die Büchsen unserer Kameraden leeren und, um ihnen Schwierigkeiten zu ersparen, statt des Inhalts einen Zettel reinlegen sollten mit den Worten: «Ich, der Unterzeichnete, bestätige hiermit, daß ich die eisernen Rationen des Legionärs Meneghetti ohne dessen Wissen genommen habe.»

Carson besorgte uns auch eine Landkarte von einem seiner Offiziere, die wir zwei Stunden lang gründlich studieren und unserem Gedächtnis einprägen konnten. Eine Landkarte sieht so einfach und ermutigend aus: Die Berge nur ein bißchen schattiert, die Flüsse von Fußpfaden nicht zu unterscheiden und die Grenze eine dünne punktierte Linie: ein Schritt, und man war drüben. Gewiß mußten wir in der ersten Nacht behutsam gehen, weil auf der Karte eine ganze Anzahl kleiner Quadrate mit einem Halbmond darüber erschienen, die Eingeborenendörfer anzeigten. Aber danach kam eine leere Fläche mit fast gar keinen schwarzen Linien, die hindurchführten und Fußwege anzeigten. Menschenleeres Land. Gegen Ende eine blaue Linie: der Oued Sebou. Es mußte ein großer Fluß sein, weil er blau gezeichnet war. Gesetzt, daß wir fünfundzwanzig Kilometer pro Nacht schaffen konnten, sollten wir in der zweiten Nacht die Hälfte geschafft haben. Dann wieder Berge, höhere Berge mit verstreuten Bergfarmen bis zu einem zweiten Fluß, dem Ouergla. Zehn Kilometer dahinter die punktierte Linie. Ein Schritt und adieu, légion.

«Wann willst du fort?» fragte mich Carson.

«Oh, so bald wie möglich, also möglichst morgen, da wir jetzt unsere Route kennen und unseren Proviant haben.»

Aber Carson war dagegen: «Überstürze lieber nichts, chum, ich bin für Sonntag. Am Sonntag gibt die Bataillonskapelle ein Konzert, und wenn die damit angefangen haben, können wir uns davonmachen. Dann vermißt man uns erst am Montag morgen. Für so ein Vorhaben muß man Geduld haben», fügte er hinzu.

Ich versicherte ihm, daß ich Geduld üben würde.

Er hatte durchaus recht mit Sonntag, dachte ich, als ich am Nachmittag des vereinbarten Tages auf ihn wartete. Über der ganzen Kompanie lag ein Gefühl der Ruhe, das seltsam von meiner eigenen Erregung abstach; selbst den Maultieren war das tägliche Striegeln erspart geblieben. Als das Sonntagmittagsmahl, aus Schweinefleisch und Sauerkraut gekocht, gegessen und abgeräumt war, standen alle Schlange vor dem großen Zelt, das wir großspurig das Foyer nannten. Es enthielt haufenweise Zigaretten und Streichhölzer, ein Faß Wein und den Corporal-chef, der immer mißmutiger wurde, je dringender die Burschen nach ihren zwei Litern verlangten, bis er zuletzt mit erkennbarem Vergnügen verkünden konnte: «Ça y est; das Faß ist leer.»

Nun ja, das war das letzte Mal, daß ich seine saure Fratze würde sehen müssen: denn um vier Uhr wollten wir fort.

Carson kam vom Tal hoch, wo das Bataillon sein Lager

hatte. Er klopfte auf seinen Bidon: «Ich habe meinen mit Pinard gefüllt», sagte er. «Der wird uns die Kraft erhalten.»

Zusammen schlenderten wir zum Gipfel des Hügels, wo die Band sich redlich mit Liszts Ungarischer Rhapsodie zu schaffen machte.

Es war kühl, wenn man dort oben unter den Feigenbäumen saß.

Ich blickte immer wieder zu den Bergen im Norden hinüber, hinter denen unser Fluchtweg lag.

«Trinken wir einen Abschiedstoast auf die Legion», schlug Carson vor.

«O. K.», sagte ich. «Lange lebe die Legion, aber von vier Uhr an ohne uns.»

Meneghetti schlenderte an uns vorbei, mit dem seligen Ausdruck, den er stets nach dem ersten Liter zur Schau trug.

«Alors, les English», redete er uns an. «Warum so ernst? Ist es euch nicht gelungen, genug Wein zu ergattern?»

Man merkte es also.

«Wie lange noch, Carson?»

«Eine Viertelstunde.»

Die Kapelle hatte sich inzwischen durch die Rhapsodie gequält und spielte verschiedene nationale Lieder. Ich betrachtete die Szene zum letzten Mal. Alle hatten sich um die Band geschart, aber die verschiedenen Nationalitäten hatten sich in Häufchen getrennt; und wenn die Band ein Lied ihres Landes spielte, sang die entsprechende Gruppe mit. Erst die Russen mit «Duna, Duna...», die Deutschen mit «Heimat, deine Sterne...», dann sangen die Spanier «Linda barcarola...» Die Legionäre, die im Lauf der Woche nur Soldaten gewesen waren, wurden wieder Russen, Deutsche, Spanier. Aber ob sie nun mit den rauhen Stimmen Andalusiens oder den tiefmelodiösen der Wolga sangen, ihre Gesichter drückten doch nur den einen Gedanken aus: «Nie wieder.» Nie wieder die Heimat sehen, ein bekanntes Gesicht, einen Baum oder einen Fluß, das war schlimmer als der Tod, die ins Unendliche gezogene Vergeblichkeit.

Wieder blickte ich auf die blaue Bergkette, hinter der unser Weg lag, der Weg zurück zu «Englands green and pleasant land».

«Gehen wir», sagte Carson.

Und während die Band noch spielte und die üblichen Sonntagabendraufereien anfingen, gingen wir aus dem Lager, als ob wir einen Spaziergang vor dem Abendessen machten.

Wir gingen nicht sehr weit. Etwa eine halbe Meile vor dem Lager krochen wir in ein Gehölz, um den Einbruch der Nacht abzuwarten. Das war wie eine Ernüchterung, daß wir stilliegen mußten, während wir noch frisch und ungeduldig waren, weiterzukommen. Wir konnten noch die Maultiere schnauben und stampfen hören und waren sogar noch so nahe, daß wir das Klappern der «gamelles» vernahmen, als die Abendsuppe ausgegeben wurde. Aber die Geräusche schienen bereits der Vergangenheit anzugehören.

Als die Schatten länger wurden, brachen wir endlich auf und waren bald allein mit den kahlen Hügeln. Ich hatte fast vergessen, wie es war, wenn man niemanden vor sich hatte; statt eines Leutnants in Führung gab es jetzt nur noch den Nordstern. Wenn wir ihm folgten, dann würden uns siebzig Kilometer über die Grenze bringen. Das klang nach so wenig, siebzig Kilometer, die Montée hätte sie im Gewaltmarsch eines einzigen Tages bewältigt. Aber wir mußten bald entdecken, daß siebzig Kilometer Luftlinie etwas ganz anderes sind als siebzig Kilometer auf der Straße. Es schien kein Mond, und wir mußten über Berge und durch Schluchten gehen, deren Herannahen wir in der Dunkelheit nicht sehen konnten. Wenn wir versuchten, einen Berg zu umgehen und einen Paß suchten, fanden wir uns oft am Ende vor höheren Hindernissen, die wir dann raufklettern mußten, um nicht zu sehr von unserem Kurs abzukommen. Wenn wir versuchten, einem Bergkamm zu folgen, um nicht an Höhe zu verlieren, fanden wir am Ende einen Absturz und mußten wieder zurück. Daher hielten wir uns das nächste Mal stur nach Norden, nur um zu entdecken, daß wir uns eine halbe Stunde auf- und abwärts kraxeln hätten sparen können, wenn wir einem etwas seitlich gelegenen Höhenzug gefolgt wären. Das waren nicht die Cotswold Hills mit Löwenzahn und Kaninchenlöchern als einzigen Hindernissen; die Flora bestand fast ausschließlich aus einer besonders aggressiven Distel, die so zäh war, daß ihre Stacheln unsere Spahihosen durchbohrten. Bald waren die Beine aufgescheuert und blutig, die Hände zerfetzt und vom dauernden Fallen über Felsen und Löcher im Boden, die wir nicht sahen, verstaucht, und wir begannen zu merken, worauf wir uns eingelassen hatten. Fußpfade mußten wir vermeiden, weil sie zu Eingeborenendörfern führten. Mehrmals gerieten wir in Schrecken, wenn wir in der Ferne einen weißgekleideten Schäfer erblickten; wir ließen uns fallen und horchten, aber er rührte sich nicht; vielleicht schlief er. Schließlich schlugen wir einen vorsichtigen Kreis um ihn; es stellte sich dann heraus, daß es ein weißer Stein gewesen war.

Als sich der erste graue Streifen im Osten zeigte, sahen wir ihn mit Freude; er bedeutete, daß wir anhalten konnten.

«Wie wär's mit einem Frühstück?» schlug Carson vor.

«Gewiß», sagte ich, «Speck und Eier zu Befehl, Sir.»

Wir ließen uns beim nächsten Busche fallen.

«Nein, aber trotzdem können wir feiern, indem wir den Wein verputzen; wir müssen mehr als fünfundzwanzig Kilometer geschafft haben.»

Das schien mir gar nicht sicher, aber ich hatte trotzdem ein gutes Gefühl. Die Montée war weit weg, wir hatten unsere erste Nacht hinter uns gebracht und waren noch richtig in Fahrt. Die Hundekuchen waren köstlich. Wir wagten nicht, uns die Pfeifen anzuzünden, weil ein Chleugh es sehen könnte. Aber schließlich wollten wir nichts weiter als schlafen; sicher würde uns keine Sonne wecken können. Wir überredeten uns zu dem Glauben, daß diese Büsche ein ausgezeichnetes Versteck seien, und schliefen fast schon ein, bevor wir noch hineingekrochen waren.

Es hätte sich gelohnt, wenn wir uns noch etwas weitergeschleppt hätten, denn lange vor Mittag wurde ich durch das unverkennbare Geplapper arabischer Stimmen aufgeweckt: Wir waren nicht mehr als dreißig Meter von einem Fußpfad gelandet, auf dem ein unablässiger Strom von eingeborenen Frauen mit ihren Eseln vorbeiging, die Mais und andere landwirtschaftliche Produkte zum Markt trugen. Lebendige Chleughs, das war ein harter Schlag nach einer Nacht, in der wir steinerne Hirten umgangen hatten. Glücklicherweise blies der Wind auf uns zu, sonst hätten die begleitenden Hunde der Fatmas uns bald gewittert. Es war in jeder Hinsicht ein klägliches Versteck: Da wir in einer Mulde lagen, kriegten wir fast keinen Luftzug, und unser Busch spendete nicht den geringsten Schatten. Da wir die unfreiwilligen und unvermuteten Beschauer der Fatmas waren, konnten wir nicht mal unsere Schals aufspannen, um uns gegen die Sonne zu schützen; wir wagten kaum, uns zu bewegen, um die Fliegen wegzuscheuchen. Eine Bemerkung, die ich über die Relativität der Dinge anbrachte, daß unser Unbehagen doch einen beträchtlichen Lustgewinn für die Fliegen bedeutete, wurde von Carson mit der Verachtung gestraft, die sie verdiente. Seine gute Laune war mit dem letzten Rest Pinard geschwunden. Immer wenn wir nach einer

Weile, die eine Ewigkeit schien, uns einen weiteren Schluck aus unserer Feldflasche genehmigten und nach der Sonne schauten, hatte sie sich nicht gerührt. Auf diese Weise war unser Wasservorrat bald erschöpft, und bis zum Einbruch der Nacht würde sich keine Gelegenheit bieten, mehr Wasser zu finden.

Gegen Mittag ließ der Strom der Fatmas nach; wir rannten zum nächsten Hügel und stiegen bis zu seiner Spitze. Hier konnten wir wenigstens aufrecht sitzen und uns bewegen; zudem war die Luft frischer, obwohl es keinen Schatten gab. Gesprächsversuche waren von kurzer Dauer und drehten sich zumeist um das Trinken.

«Ich wüßte gern, ob ich mich in England wieder ans Bier gewöhnen kann», sagte Carson. Und: «Erinnerst du dich an die Sorten Eis, die es am Pier von Brighton gibt; seit meiner Kindheit keins mehr gehabt, könnte jetzt eins brauchen.»

Wir waren nicht verzweifelt durstig, aber die Tatsache, daß etwa fünfhundert Meter unter uns und zwei Meilen entfernt ein hübscher runder glitzernder Teich lag, gab dem Problem des Trinkens Vorrang in unserem Denken; wir konnten sogar das Vieh sehen, das gemächlich dorthinwandelte, hineinwatete und in langen Zügen trank, die wir beinahe in den Kehlen gurgeln hörten. Aber wo es Vieh gibt, gibt es auch Chleughs, und wir mußten bis zum Einbruch der Nacht ausharren. Als endlich die verwünschte Sonne zögernd hinter die Berge versunken und die Dunkelheit rasch aus den Tälern aufgestiegen war, gingen wir runter zu dem Wasserloch, aber zu unserer bisher bittersten Enttäuschung: der Teich war zwar unzweifelhaft da, aber das Wasser stank zwanzig Meilen gegen den Wind. Wir zogen unsere Stiefel aus und wateten wie das Vieh in seine Mitte, aber dort war es auch nicht besser.

«Wir wollen lieber weiter, bevor wir uns versucht fühlen, davon zu trinken», sagte ich zu Carson.

Aber er hatte einen glänzenden Einfall: «Wir kochen es ab und machen Kaffee davon.»

Nachdem wir unsere Bidons gefüllt hatten, fanden wir ein paar dürre Zweige und bauten ein winziges Feuer, indem wir die Flammen mit unseren Jacken verdeckten; darauf brachten wir zwei Becher mit Kaffee gefüllten Wassers zum Kochen. Wir mußten uns noch die Nasen zuhalten, während wir tranken. Dann leerte ich den Rest von meinem Bidon; ich traute mich nicht, etwas von diesem Wasser zu behalten. Carson kippte das seine auch langsam aus; das Wasser, das ausfloß, sah klar aus.

«Zum Teufel», sagte er, «was für diese Kühe taugt, taugt auch für mich.»

Und er nahm einen langen Zug.

Das sollte ein kostspieliges Getränk werden. Wir kletterten an der kahlen Bergseite hoch, aber wir waren noch keine halbe Stunde gegangen, als Carson sich fürchterlich erbrach. Vielleicht war es so am besten, dachte ich: das könnte ihn davor retten, richtig krank zu werden. Als er sich besser fühlte, gingen wir weiter, aber nicht lange. Nach einer Viertelstunde mußte er wieder brechen. Danach wurde ihm in immer kürzeren Zeiträumen übel. Wir kamen fast gar nicht mehr voran. Kaum daß wir uns wieder in Bewegung gesetzt hatten, hörte ich, wie sein Atem schwerer ging, danach Schlucken, Aufstoßen, Stöhnen, bis ich hörte, daß er stehenblieb. Es hatte keinen Zweck, auf diese Weise weiterzugehen; ich sollte ihn lieber versuchen lassen, seine Krankheit auszuschlafen. Ich fand einige Büsche, die wie Rhododendron aussahen; und nach sorgfältiger Erkundung ringsum, um mich zu versichern, daß sich in der Nähe keine Fußpfade befanden, ließen wir uns nieder. Carson fiel sogleich in einen unruhigen Schlaf. Ich fühlte mich nicht müde – wir waren nicht viel mehr als zwei Stunden unterwegs gewesen –, aber fürchterlich beunruhigt bei dem Gedanken, daß wir eine ganze Nacht vergeudet und einen ganzen Tag des Wartens in der Sonnenglut vor uns hatten. Ich fing an zu begreifen, daß der schwierigere Teil nicht der Marsch bei Nacht, das Stolpern über Steine und das Stürzen in Disteln war, sondern daß man den ganzen Tag in der Sonne untätig warten mußte.

Gegen Mittag hatten Carsons krampfartige Anfälle von Übelkeit aufgehört, aber er schien jetzt, da wir kein Wasser mehr hatten, Fieber zu haben. Er wollte weiter: «Mir geht's besser, wenn wir wieder in Bewegung sind», sagte er, «aber wenn ich noch weiter in dieser Hitze liegen muß, dann hakt's bei mir aus.»

Das würde den Bruch unserer Sicherheitsregel bedeuten, aber das Land war absolut vereinsamt; ich meinte, wir könnten es riskieren. Nach mehreren Stunden sahen wir von einem Berggipfel den Oued Sebou am fernen Ende einer langen, leeren Ebene. Das bedeutete gutes Wasser in Sicht; es bedeutete, daß wir die richtige Richtung eingehalten und etwa die Hälfte geschafft hatten. Carsons Augen wurden regelrecht gierig, als er den Fluß betrachtete.

«Da wollen wir hin», sagte er.

Wir stiegen hinunter von den Bergen und begaben uns auf den fünf Meilen langen Treck über die Ebene. Diese hatte weder Busch noch Pfad. Wir mußten uns an einer Erhebung jenseits des Flusses orientieren. Ich ging voraus und beobachtete diese Erhebung mit gesenkten Augenlidern. Die Sonne war wie ein Bohrer in unserem Genick. Ich sah mich nach Carson um.

«Wie geht's?»

Er antwortete nicht, sah nur gerade vor sich hin. Aber er konnte wieder richtig gehen, trat mir fast auf die Hacken. Ich wußte, daß Carson den Fluß schaffen würde; fragte mich nur, ob er sich wieder von ihm losreißen könnte.

Als wir nur noch ein paar hundert Meter vom Fluß entfernt waren, hielt ich an und sagte ihm, wenn wir zum

Fluß kämen, dürften wir darin nur das Gesicht waschen und sehr wenig trinken, zugleich aber ein Biskuit essen; dann wäre wieder alles O. K.

Er versprach alles, aber mehr wie ein Kind, das alles verspricht, nur um weglaufen und spielen zu dürfen. Mein Gott, wie er aussah mit seinen hohlblickenden fiebrigen Augen, schwarzen Stoppeln und eingefallenen Wangen. Nur seine Nase war so rot wie eh und je.

Als wir zum Ufer kamen, blieb ich wieder stehen, aber er ging geradewegs an mir vorbei, und bevor ich etwas sagen oder tun konnte, um ihn aufzuhalten, war er mitten hineingesprungen mit allen seinen Kleidern und sog das Wasser gierig in sich hinein. Ich setzte mich hin und hätte fast geweint; vielleicht habe ich geweint. Ich wußte, was das bedeutete: keine Eiswaffeln für ihn.

Als er rauskam, war er fast wieder normal. Er sagte mir, daß er sich jetzt prima fühle, daß er gleich weitermachen könne, aber ich war absolut sicher, daß dieser Energieausbruch nicht andauern würde.

Der Oued Sebou war dort, wo wir standen, etwa fünfzig Meter breit und ziemlich reißend.

«Wie kommen wir rüber?» fragte Carson.

«Schwimmen, natürlich.»

«Wer hat gesagt, daß ich schwimmen kann?»

Ich sah ihn ratlos an. Hier war ein Hindernis, das ich nicht einmal erwogen hatte. Es gab fünfzig Kilometer im Umkreis keine Brücke, und wenn es eine gegeben hätte, dann hätten wir ihr nicht nahe kommen dürfen.

«Vielleicht kannst du mich rüberziehen?» schlug Carson vor.

«Wärst du bereit, das zu riskieren?»

«Warum nicht», erwiderte er. «Wenn du ein kräftiger Schwimmer bist.»

Ich hatte nicht erwartet, daß er zustimmen würde; ich glaube nicht, daß ich es an seiner Stelle getan hätte. Aber er tat es. Wir banden alle unsere Papiere und den noch übrigen Proviant mit einem Halstuch um unsere Köpfe und machten uns an die Arbeit. Es war ein schwieriges Unternehmen, und sobald wir in der Strömung waren und das Ufer an uns vorbeischoß, merkte ich, wie seine Hände meine Schultern fester umklammerten, aber er machte keine falsche Bewegung; und obwohl wir weit unterhalb unseres Ausgangspunktes an Land kamen, überquerten wir den Fluß ohne Zwischenfall.

Nach dieser Mutprobe hatte ich fast die Hoffnung, daß er auch seine Trinkorgien bezähmen könne, aber um sicher zu sein, trug ich jetzt beide Bidons. Wir ließen den Fluß hinter uns und gingen wieder auf die Berge zu, die hier kahler waren als je zuvor. Noch ein Fluß, der Ouergla, und nicht weit dahinter war Spanien. Nach zehn Minuten verlangte Caron zu trinken; ich verweigerte es ihm; wir gingen weiter. Bei ihm mußten etwa fünf Liter im Magen schwappen, aber sein Durst war inzwischen der «soif maladif», der Durst der Kehle und nicht des Körpers. Fünf Minuten später: «Kann ich jetzt zu trinken haben?» knurrte er.

Ich versuchte es ihm auszureden, versuchte diesen unbezähmbaren Durst, der ihn völlig beherrschte, zu bezwingen. Ich sprach von England, Bier und Sicherheit; ich sagte ihm, daß er sich besser fühlen würde, wenn er einmal dieses Wasser ausgeschwitzt hätte: «Schau mich an; ich habe kein Wasser getrunken und fühle mich wohl.» Und ich fühlte mich wie ein Rennpferd, das gezügelt wird.

Carson ließ sich wieder hinfallen: «Entweder gibst du mir meinen Bidon wieder, oder ich stehe nicht mehr auf.» Widerwillig überließ ich ihm den Bidon, und es bereitete mir fast Übelkeit, zu sehen, wie das Wasser durch seine Gurgel strömte. Ich fing an, ihn zu verwünschen.

Danach setzte sich Carson fast alle fünf Minuten hin. Zuerst stand er von selbst wieder auf, danach nur, wenn ich ihn anfuhr: «Komm jetzt!» Schließlich war er nicht mehr willens, sich überhaupt zu rühren. Er wolle nach Sonnenuntergang weitermachen, sagte er und rollte sich auf dem Boden zusammen. Es war jetzt etwa sechs Uhr; die Sonne würde erst in zwei Stunden untergehen. Ich saß da und sah ihr ungeduldig zu, wobei ich hin und wieder ihre Entfernung vom Rand der Berge mit dem Finger maß. Diese Berge hatten etwas Prähistorisches in ihrem Aussehen, sie waren nackt bis auf ein paar niedrige verkümmerte Palmbüsche, die, aus der Entfernung gesehen, auch Heidekraut hätten sein können; ein wenig waren sie wie das schottische Hochland, diese kahlen Berge, die über den unten fließenden Fluß ihren langen Schatten warfen. Ich hatte keinen rechten Blick für sie; ich brannte darauf, weiterzukommen, und hoffte gegen meine Überzeugung, daß Carson es schaffen würde. Er rührte sich nicht, seine lange Gestalt war zusammengekrümmt, und sein Gesicht lag auf seinem Bidon wie auf einem Kissen. Ich wartete, bis das letzte Stückchen Sonne verschwunden war, dann sagte ich mit einer Stimme, die unnatürlich klang, weil ich so lange darauf gewartet hatte. «Die Sonne ist jetzt untergegangen. Kommst du?» Und wartete voller Spannung.

«Gib mir noch eine Stunde», sagte er.

Ich biß mir auf die Zunge, um ihn nicht mit Beschimpfungen zu überschütten.

«Ich glaube nicht, daß du dich aufraffst, ob ich dir nun eine oder fünf Stunden gebe.»

«Dann mach allein weiter und laß mich in Ruhe.»

Allein weitermachen: Das war mir nicht in den Sinn gekommen. Ihn hierlassen hätte für ihn vielleicht den Tod bedeutet. Selbst wenn es mir gelingen sollte, ihn in die Nähe eines Eingeborenendorfes zu schleppen, konnte ich mir nicht vorstellen, daß ich weitergehen würde; ich war mit ihm zu dieser Expedition aufgebrochen und stellte mir das Gelingen zusammen mit ihm vor: das Überqueren der

Grenze, das Stehlen von Kleidungsstücken, das Betreten des britischen Konsulats in Tanger. Trotzdem hatte es keinen Sinn, daß ich aufgab, weil er zu viel Wasser getrunken hatte. Aber allein weiterzugehen erforderte einen völlig neuen Entschluß, und zwar einen, der viel schwerer zu fassen war als der zu desertieren.

Erst mußte ich Carson in Sicherheit bringen, an einen bewohnten Ort. Wie? Er hatte sich ganz in sein Schicksal ergeben. Ich sagte ihm, wenn er sich zu sehr hätte volllaufen lassen, sollten wir lieber ein Eingeborenendorf aufsuchen.

Keine Antwort.

Ich sagte ihm, wenn er sich nicht in Bewegung setzte, würde er hier sterben. Die einzige Antwort war: «Laß mich in Ruhe.»

Ich versuchte ihn zu zerren, ihn zu treten; o ja, ich trat ihn hart, wütend, aber es war zwecklos. Mir fiel nichts weiter ein, um ihn hochzustacheln, als ich plötzlich das Bidon unter seiner Wange bemerkte; das brachte mich auf einen Gedanken. Ich zog es weg und sagte ganz langsam, fast in sein Ohr: «Hör zu, Carson, ich gehe jetzt, und da du hier sowieso sterben wirst, nehme ich deine Wasserflasche mit. Verstehst du mich? Deine Wasserflasche, die noch halbvoll ist.»

Ich schüttelte sie, um das Wasser drinnen plätschern zu lassen. Dann ging ich davon. Der Bluff wirkte: Als ich mich umsah, folgte er mir. Er muß gedacht haben: Der läßt mich wirklich im Stich!

Solange ich noch bei ihm war, meinte er, ich würde irgendwie mit allem fertig werden. Oder vielleicht machte ihm das Sterben nichts aus, solange er wenigstens Wasser hatte. Man hängt nicht am Leben in solchen Situationen, sondern stets an etwas Bestimmtem: Wasser, Schlaf oder Essen. Man macht sich um den Tod nur Gedanken, wenn man keine Schmerzen fühlt.

Glücklicherweise erblickten wir eine Schäferhütte, bevor es ganz dunkel war. Eine halbe Meile davor trennte ich mich von ihm und sagte ihm, er solle warten, bis ich verschwunden sei, und sich erst dann ergeben.

«Hier ist dein Wasser», und ich gab ihm seinen Bidon zurück.

In dem Augenblick hatte er einen lichten Moment: «Sorry, chum», sagte er. Wir gaben uns die Hand.

Nachdem dieser Schritt getan war, schritt ich in gewaltigem Tempo durch die Dämmerung. Ich fühlte mich los von der Leine, frisch; ich hatte das Gefühl, ich würde es schaffen. Von da an schien alles zu klappen. Ich fand sogar Wasser, um meinen Bidon zu füllen; es war nur ein Rinnsal und auf dem Grund einer kleinen Bodenspalte; ich konnte meinen Bidon nicht unter das Wasser kriegen, also legte ich mich flach hin, steckte meinen Kopf in den Spalt, sog das Wasser ein, wobei ich versuchte, nicht mehr als fünfzig Prozent Sand in den Mund zu kriegen, und spie es in den Bidon. Damit muß ich etwa eine halbe Stunde verbracht haben.

Es war unheimlich allein in den Bergen, aber wunderbar. Abgesehen davon, daß ich meinen Kurs nach dem Nordstern ausrichtete und nach den Geländeformationen, mußte ich jetzt auch auf das Hundegebell achten; ich gelangte in bewohntes Gebiet. Diese Chleugh-Hunde hören einen von ferne und scheinen auf irgendeine Weise imstande, einen Europäer von einem Eingeborenen zu unterscheiden. Sobald daher einer anfing, hielt ich an und lauschte; durch die Antwort eines anderen Hundes auf den ersten konnte ich feststellen, wo die Dörfer lagen und wie man zwischen ihnen hindurchgelangte. Ich ging jetzt schnell und ohne anzuhalten, denn das Ende lag nahe, und ich spürte nicht, daß ich schon drei Nächte mit einem Minimum an Schlaf und Nahrung unterwegs war. Wenn ich mich nicht länger wachhalten konnte, ließ ich mich fallen und schlief ein, sobald ich den Boden berührte. Nach einiger Zeit weckte mich dann die Kälte, und ich machte mich wieder auf den Weg. Wenn ich Schlaf brauchte, schlief ich, und wenn ich Wärme brauchte, lief ich. Gegen sieben Uhr am nächsten Morgen fühlte ich die Erschöpfung und sann auf eine neue Methode, um weitermachen zu können. Ich wußte, daß ich bald den Ouergla erreichen mußte, den letzten Fluß vor der spanischen Grenze; daher suchte ich mir einen am Horizont sichtbaren Gipfel aus und sagte mir: «Von dort wirst du wahrscheinlich den Fluß erblicken, und wenn nicht, kannst du deine Tagessiesta halten.»

Ich gelangte zu dem Gipfel, aber natürlich: kein Fluß. Also trieb ich mich an, mir einen neuen Gipfel auszusuchen, und ging weiter. Ich hatte nicht gewußt, daß man sich so sehr selbst bluffen kann. Beim dritten Mal fiel ich allerdings auf meine eigenen Tricks nicht mehr herein, denn als ich diesmal die letzten zwanzig Meter aufwärtskeuchte, suchte ich mir einen guten Baum. Ich fand einen, der genau richtig war, um den Tag darunter zu verbringen. Ich weiß nicht, was für ein Baum es war und ob er einen exotisch klingenden Namen trug. Ich kann mich nur erinnern, daß er einen Stamm hatte, an den man sich lehnen konnte, und daß er echten Schatten spendete. Als ich ihn jedoch erreichte, war zweihundert Meter unter mir der Fluß, und die dahinter liegenden Berge waren in Spanien. Ich setzte mich nieder, und der Wind war kühl, und über mein Gesicht strömte der Schweiß.

Ich erinnere mich an diese halbe Stunde. Es war einer jener Augenblicke, wo man den fälschlichen Eindruck hat, Herr seines Geschicks zu sein.

Ich bereitete mir eine Mahlzeit aus der noch übrigen halben Dose mit Rindfleisch, drei Hundekuchen und einem Riegel Schokolade; und als ich meine Pfeife angezündet hatte, war mein Glück vollkommen; meine Beine fühlten sich zwar an wie Sülze, aber selbst das war befriedigend, da ich nicht nur saß, sondern im richtigen Schatten saß.

Das sah ich unter mir: ein Tal, das grün und fruchtbar war und im schimmernden, blendenden Sonnenlicht träumte; dahinter die Felder, der Fluß und die Berge; fast unmittelbar zu meinen Füßen zwei fast eine Meile voneinander getrennt liegende Dörfer. Sie waren die üblichen typischen Berberdörfer; ein Klumpen kleiner, aus Schlamm und Palmstroh gebauter Hütten. Von meinem Aussichtspunkt konnte ich direkt in sie hineinsehen. In einem Hof zerstampfte eine Frau die Hirse in einem Steintopf für die Mittagsmahlzeit; im nächsten verprügelte eine andere einen kleinen Jungen, im dritten räkelte sich eine Fatma genüßlich und faul gegen den Brunnen; ihr Mann arbeitete im benachbarten Feld, und sie meinte, daß niemand sie sehen könne. Vor dem Haus des Caid balgten sich zwei Pariahunde, und auf dem kleinen Pfad, der zum zweiten Dorf führte, bewegte sich eine seltsame Prozession: ein Mann, ein Kamel, ein Hund und als Nachzügler ein kleiner Junge. Es ist ein sonderbares Gefühl, wenn man unmittelbar in das Leben von Menschen schaut, die von der Existenz des Beschauers nicht die geringste Ahnung haben. Man nimmt nicht teil an ihren Bewegungen und hat daher keinen Anteil an der Trivialität ihres Lebens. Der Ausgestoßene aus der Gesellschaft steht in gewisser Weise darüber, etwa so, wie sich Menschen auf dem Gipfel eines Berges sauber und frei fühlen. Wenn das jedoch erhebend ist, so ist es zugleich auch beängstigend, und wir streben eilends wieder zurück zur menschlichen Bequemlichkeit; wir sind nicht stark genug, mit unseren Köpfen längere Zeit in den Wolken zu sein.

Insgesamt hatte diese halbe Stunde etwas Traumhaftes, und zu träumen gab es genug. Denn hinter dem Fluß erstreckten sich die Berge, anfänglich grün, dann grau, wo die Büsche auf den höheren Hängen spärlicher wurden, und in der Ferne dunstig blau; wo sie blau wurden, lag die Freiheit. Für einen Mann, der dort saß, nachdem er ein Jahr sein Leben gefristet hatte wie ein Tier, und es immer schwerer fand, sich zu überzeugen, daß er keins war, bedeutete das England, grünes Laub und Wiesen, das ganze Zeug, von dem die Dichter schwärmen und das keiner richtig würdigen kann, der es nie verloren hat, der es nicht nur räumlich verlassen, sondern verloren hat; denn es gibt zwei Arten des Heimwehs: dasjenige des Menschen, der von dem, was er liebt, durch Zeit und Raum getrennt ist, und das eines Menschen, der nicht nur durch Zeit und Raum getrennt ist, sondern auch durch die Unmöglichkeit, diese jemals wieder zu überwinden; und das ist etwas ganz anderes.

An die Vergangenheit zurückzudenken ist eine der wenigen Freuden, die einem nur der physische Schmerz rauben kann. Seltsam, wie sich die Erinnerungen aussondern: Es sind nicht so sehr die Höhepunkte des vergangenen Lebens, die am häufigsten im Gedächtnis auftauchen, sondern oft ganz triviale, wenn auch typische Dinge: ein Stuhl, eine Biegung im Fluß oder die besondere Art, wie ein Freund seinen Löffel hält. Das besagt, daß wir Menschen um der kleinen Dinge willen lieben und nicht so sehr wegen ihrer hervorstechenden Eigenschaften; wir geben es nicht gern zu, aber die Art, wie ein Mädchen die Augenbrauen hochzieht, bedeutet in unserer Zuneigung mehr als ihre ganze Brillanz.

Als ich auf die Berge starrte, fuhren mir die Bilder der Vergangenheit durch den Kopf, aber jetzt waren sie nicht mehr bloße Erinnerungen, nicht mehr in der Vergangenheit und nicht mehr jenseits des Flusses. Ich wußte nicht einmal, daß ich aufstand und fast rennend den Abhang runtereilte. Wie ein Mann unter Narkose von weitem eine Stimme hört, höre ich mich in meiner Erinnerung sagen:

«Halt, du bist wahnsinnig. Du solltest bis zum Sonnenuntergang im Versteck bleiben. Wie, zum Teufel, erwartest du, bei Tageslicht zwischen diesen Dörfern durchzukommen?»

Aber diese Stimme war schwach und unwirklich. Ich hörte Carson sagen: «Du brauchst Geduld. Versuche nichts zu übereilen.» Bah, Carson! Ich rannte weiter.

Anfänglich ging alles gut. Ich hielt mich sorgfältig in Deckung und war schon fast an den Dörfern vorbei und wieder im Freien, als ich von weit weg einen Chleugh hörte, der mich anschrie: «Ho, Chuya, Chuya!»

Ich ging weiter und dachte wie ein Vogel Strauß: «Wenn ich ihn nicht beachte, wird mir nichts passieren.»

Welch eine Hoffnung! Er stieß einen schrillen, langanhaltenden Schrei aus, der in der Ferne beantwortet wurde, und innerhalb von fünf Minuten war ich von fünfundzwanzig dieser Halunken umringt, und zwar an einer Stelle, die bisher fast verlassen gewesen war. Sie waren bis auf die Sicheln, mit denen sie das Korn geschnitten hatten, nicht bewaffnet, und sie kamen mir nicht nahe. Sobald ich mich einem drohend näherte, wich dieser zurück, aber die anderen rückten mir von hinten nach. Ich war jetzt hellwach. Noch bestand Hoffnung: Ich konnte den Fluß sehen und dort, wo er am schmalsten war, eine Palme; auf der anderen Seite war zerklüftetes Land. Ich schob mich näher und näher, bis ich dicht genug dran war, um plötzlich dahin auszubrechen, den Kreis zu durchstoßen und mich in den Felsen des anderen Ufers zu verlieren, bevor sich die Berber von ihrer Überraschung erholt hatten.

Ich weiß noch, daß ich sinnlos das Lied wiederholte:

> One more river and that's the river of Jordan
> One more river and that's the river to cross.

Aber als ich gerade meine gesamte noch vorhandene Kraft sammelte, erschienen zwei bewaffnete Reiter der eingeborenen Polizei auf der Szene. Man kann nicht mit einem Pferd um die Wette laufen; als sie daher ihre Waffen auf mich richteten, fand ich, es sei an der Zeit, aufzugeben. Es gab eine letzte Chance: Einer der Mochrasni stieg von seinem Pferd, durchsuchte mich nach Waffen und begann mich mit Fragen zu überschütten. Aber sein Pferd stand da; er hatte die Zügel losgelassen. Ich war zu schwach, um, ohne den Steigbügel zu gebrauchen, aufzuspringen, und was mich zur Strecke brachte, war eine Kleinigkeit: Die Eingeborenen reiten in Mokassins, und ihre Steigbügel sind zwar lang und massiv, aber schmal. Ich kam mit meinem Stiefel nicht rein. Daher gelang es ihnen, mich runterzuzerren und mir die Hände zu binden. Ich setzte mich nicht einmal zur Wehr. Es war hoffnungslos.

7

Zurück

So wurde ich im Triumph in das Dorf zurückgetrieben, das ich noch am selben Morgen wie ein Zwergenland von oben erblickt hatte. Einen Deserteur zu fangen ist nicht nur eine Sensation für die Eingeborenen, sondern auch ein kleines Fest, weil sie, abgesehen von den fünfzig Francs von dem nächsten ansässigen Beamten, auch eine Belobigung für ihre Loyalität erhalten. Frauen und Kinder folgten uns zum Haus des Kadi, um einen Blick auf den großen bösen Legionär zu erhaschen, aber nur die beiden Mochrasni und die Würdenträger durften dort eintreten. Ich war zu benommen, um viel zu merken, und alles, was mir an der Umgebung auffiel, war, daß es lieblich war und kühl; nur ein weißgetünchtes Zimmer, sehr sauber, und in der Ecke ein Kissen, das gleich darauf und in angemessener Weise von einem, wie mir dunkel vorschwebte, wohlwollenden alten Chleugh vereinnahmt wurde. Dieser machte es sich erst bequem, indem er seine Pantoffeln auszog und seine Djellabah über den Knien glattstrich. Dann sprach er ein einziges Wort, und daher muß mein Eindruck stammen, daß er wohlwollend war, denn es war «H'allma»: Wasser; und mir wurde ein großer irdener Krug gereicht. Noch heute denke ich an diesen Krug! Das angenehme Gefühl des kühlen Äußeren und das köstliche Naß, das mir dann Schluck für Schluck durch die Kehle rann. Es kam nicht darauf an, daß ich gefangen war, daß England wieder außer Reichweite lag, und mir Schlimmes bevorstand! Diese Orgie des Wassertrinkens war höchste Seligkeit.

Inzwischen hatte man einen Dolmetscher geholt, und ich wurde befragt: Etwa, zu welcher Kompanie ich gehörte, wo ich sie verlassen hätte; ich sah keinen Grund, diese Fragen nicht zu beantworten. Wäre es ein Jahr später geschehen, wäre ich nicht so töricht gewesen, ich hätte mich krank gestellt, alles getan, um im Dorf zu bleiben, bis ich mich erholt hätte und imstande gewesen wäre, einen weiteren Versuch zu unternehmen: die Grenze war so nah. Aber ich erzählte ihnen bereitwillig alles, zwischen langen Zügen aus dem Krug; als sie mich fragten, warum ich desertiert sei, da «France fini la guerre», versuchte ich ihnen zu erklären: «Ingles baroud makainch fini» (England Kampf nix Ende), jedoch ach! der Ruhm Albions war noch nicht bis in dieses Dorf im Rif gedrungen. Die Eingeborenen haben im allgemeinen keine Vorstellung davon, daß die Legion sich aus Ausländern zusammensetzt; für sie sind sie einfach Legionäre, zum Unterschied von den Franzosen; soweit sie in Frage kommen, existieren nur die Gläubigen, die Franzosen und die Legionäre, die die meisten von ihnen herzlich, und nicht ohne Grund, verabscheuen.

Auf diese Weise nahm mein Interview mit dem Kadi ein sehr schnelles Ende, und ich wurde einem der Mochrasni übergeben, der mich mit zu seinem Haus nahm, wo er mir ein Gemüseragout und knuspriges arabisches Brot vorsetzte – meine erste warme Mahlzeit seit vier Tagen. Er war ein gutmütiger Bursche, und als er sah, wie ich trübselig meine Pfeife betrachtete, deren Stiel gebrochen war, schnitt er ein Stück aus der Tür, das heißt aus der Bambusmatte vor dem Eingang, und versah sie mit einem neuen Stiel. Da mein Magen voller Speise und Wasser war und ich die ersten und besten Züge aus meiner Pfeife nahm, kam mir der Gedanke, daß zumindest vorläufig alles zum besten stand; als die Mittagshitze durch die Tür zu dringen begann, ließ ich meine Augen zufallen. Endlich, dachte ich, kann ich mich jetzt gehenlassen. Ich brauche nicht mehr zu kämpfen, um mir das Trinken zu verwehren, um mir nicht meine Chancen zu verderben, oder das Essen, um noch etwas übrig zu behalten, das Schlafen, um nicht gefangen zu werden.

Ich konnte noch keine Viertelstunde eingenickt sein, als ich durch ein unsanftes Rütteln und eine unangenehme Stimme ins Bewußtsein zurückgeholt wurde, die schnarrte: «Fissa!» (Schnell!) Ich blickte zu meinem Gastgeber hinüber, der mitleidig die Schultern zuckte. Der Neuankömmling war ebenfalls ein Mochrasni, aber sein pockennarbiges Gesicht entsprach seiner Stimme. Da dämmerte es mir, daß er von mir verlangte, *jetzt gleich* zum nächsten Posten zu marschieren. Ich erklärte verzweifelt, daß ich «crevé» sei, daß ich bereits an diesem Tage dreißig Kilometer marschiert sei; zitternd und ohne alle Würde zog ich mir die Stiefel aus, um ihm meine Füße zu zeigen, die schlimm genug aussahen, um sogar einen Rekrutensergeanten zu überzeugen. Aber er begegnete allem, was ich sagte, mit einem: «Karia, shuya, shuya, el djebel.» (Der Posten Karia, wo wir hingehen, ist gleich hinter dem Hügel.) Der andere Mochrasni versuchte, zu meinen Gunsten zu intervenieren, aber es half nichts. Schließlich riß ich mich zusammen, sagte, was hoffentlich bedeutete: «Ich kann's aushalten», dankte ihm für seine Freundlichkeit, gab ihm ein Päckchen Tabak und etwas Schokolade, und hinaus ging's in die Hitze.

Draußen wartete ein weiterer bewaffneter Eingeborener mit zwei Pferden; die waren selbstverständlich nicht für mich; für mich gab es einen Strick, dessen eines Ende man an den Sattel und dessen anderes man um meine Handgelenke band. Als wir uns in Bewegung setzten, wurden meine Hände immer nach vorn gerissen, wenn ich hinter den unnachsichtigen Schritten der Pferde zurückblieb; ich hatte das höchst unangenehme Gefühl, ein

Schauspieler in einem schlechten Melodrama zu sein. Ein Deserteur, der à la Ben Hur zurückgeschleppt wird. Ganz sicher sah ich mir «Beau Geste» in einem Kino am Haymarket an und konnte jede Minute hinaus auf den Picadilly treten. Aber körperliche Qualen vertrieben bald alle anderen Gedanken; kleinere, wie zum Beispiel die Fliegen, die das Pferd mit dem Schwanz vertrieben hatte und die sich auf mir niedersetzten, wo sie eine angenehm übelriechende Atmosphäre fanden. Zudem hatte ich keinen Schweif, mit dem ich sie vertreiben konnte; ich konnte nur kräftig mit dem Kopf schütteln und fühlte mich zudem nicht eben kräftig; dann lief mir der Schweiß runter, und das Wasser schwappte in meinem Innern wie in einer halbleeren Tonne; all das herrliche kühle Wasser, das ich nie getrunken hätte, hätte ich gewußt, daß ich noch einen Schritt gehen mußte. Aber das waren kleinere Leiden; das große war der Schmerz in meinen Beinen und Füßen; und das hat mein Bewußtsein so tief beeindruckt, daß ich immer noch davon träume. Vor einem Hintergrund äußerster Erschöpfung das Gefühl, daß «nach ein paar weiteren Schritten ganz sicher deine Beine – unabhängig von deinem Willen – einknicken werden»; und dann noch der Schmerz, der von dem Schweiß zwischen den Beinen kam; jedesmal, wenn ein Bein an dem anderen vorbeischwang, durchschoß mich ein brennender, rotglühender Schmerz.

Als wir die Bergspitze erreichten, wehte eine etwas kühlere Luft. «Dort unten Karia?» fragte ich den Araber.

«Nein, dort über die Berge», und er deutete auf etwas Verschwommenes in der Ferne. «Shuya, shuya, Karia.»

Er hatte also gelogen, und als wir auf die nächste Hügelkette kamen, war «Karia» immer noch nicht in Sicht. Ich hätte da zusammenbrechen und weinen können; was mich aufrecht hielt, waren die Wut und der Haß auf dieses Schwein; ich wäre eher gestorben, als ihm die Genugtuung zu gönnen, daß ich zusammenbrach; Haß ist oft ein viel besserer Stachel als Mut und hält viel länger an.

Ich gelangte nach Einbruch der Dunkelheit nach Karia, in einem Fieberwahn; später wurde mir klar, daß es einunddreißig Kilometer vom Dorf gewesen waren; als wir dort aufbrachen, glaubte ich, ich könne kaum eine Meile weit laufen.

Alles, was ich von diesem Posten noch weiß, sind ein paar Eingeborene, die sich heiser schrien, und eine kultivierte französische Stimme, die von der Veranda her sagte: «Bringt ihn her!»

Als ich im Zimmer war, warf er einen Blick auf mich und fragte: «Warum sind Sie desertiert?», worauf ich antwortete:

»Weil ich zurück nach England wollte.»

Er sagte: «Ah so!», schenkte mir einen weiteren langen Blick, vergewisserte sich von dem Zustand, in dem ich mich befand, sagte mir, ich solle mich setzen, und ging hinaus, wo ich hörte, wie er seine Mochrasnis auf arabisch herunterputzte. Er kam zurück, rief seinen Diener und befahl ihm, etwas zu kochen. Als dieser die Augenbrauen hochzog, als wolle er sagen: «Was? Für einen schmutzigen Legionär, einen Deserteur?», fügte er hinzu: «Und lege ein sauberes Tischtuch auf.» Das war das erste Mal seit meinem Eintritt in die Legion, daß ich von einem gedeckten Tisch aß. Wir sprachen lange vom Krieg und dem Waffenstillstand, als sei ein solches Mahl ganz normal. Er hatte durchaus Verständnis für meine Motive und bedauerte, daß ich nicht durchgekommen war. «Aber», fügte er hinzu, «ich kann für Sie nichts tun, mon pauvre gars. Wenn Sie sich erholt haben, muß ich Sie zu Ihrer Kompanie zurückschicken, oder ich riskiere meine Stellung.» Ich sollte diese Worte noch oft in den nächsten zwei Jahren von Franzosen hören. Wir sprachen von Paris und den alten Tagen, und dann muß ich ganz still das Bewußtsein verloren haben, denn das nächste, was ich noch weiß, war, daß ich auf einer Matratze lag und die Sterne durch eine Tür schimmerten. Ich fühlte, daß meine Füße verbunden waren.

Drei Tage lang vegetierte ich in dieser Zelle; ich hatte keine schlimmen Leiden und erholte mich bald. Hin und wieder besuchte mich der Kontrolleur und ließ mir stets sein Essen hereinbringen, mit einer Flasche Toulal-Wein. Als es mir besser ging, sprach ich mit den Mochrasnis dieses Postens, die mich jetzt mit erstaunter Ehrerbietung behandelten, da sie sahen, daß ihr Herr mit dem Gefangenen fast wie mit einem Gleichgestellten verkehrte. Sie konnten das überhaupt nicht begreifen. Nach fünf Tagen wurde ich mit einem Mochrasni zur Kompanie zurückgeschickt, der den strengen Befehl hatte, mich einen Teil des Weges reiten zu lassen. Nach dem, was vorangegangen war, war das ein wahrer Spazierritt.

8

Unruhe in der Montée

Wir trafen auf die Kompanie bei Kela Fichtela, einem Ort, der ironischerweise einen Tag näher an der Grenze lag als unser Ausgangspunkt. Rauch, der von einem kleinen Gehölz von Feigenbäumen aufstieg, war das erste Zeichen der hundertvierzig Mann und hundert Maultiere, die sich drinnen befanden. Als wir näher kamen, konnte ich die Maultiere erkennen, die stampften, ausschlugen und einander bissen; dann die heisere Stimme eines Sergeanten und zuletzt vom Berggipfel das Geräusch von vielen Spitzhacken, die ziellos auf den steinigen Boden einhackten. Die Mannschaft war offensichtlich angewiesen worden, in der Hitze eine weitere nutzlose Umfriedung zu ziehen. Es war sonderbar, von außen zu sehen, was sechs Monate mein Universum gewesen war und was ich vermeintlich weit hinter mir gelassen hatte.

Ich glaube, es war Marco, unser Schmied, der uns zuerst erblickte und die Kunde in Lauf setzte. Sie elektrisierte das gesamte Lager. Meine Desertion war so etwas wie ein Probefall gewesen. Viele hatten gehofft, daß ich inzwischen die Grenze erreicht hätte. Manche, wie Uhl, der hatte desertieren wollen, dann aber im letzten Moment kalte Füße gekriegt hatte, konnten jetzt gescheite Sprüche klopfen wie: «Du hättest warten sollen», und: «Wenn ich gehe, dann mache ich keine Fehler.»

Was die Vorgesetzten anlangt, so waren sie erleichtert, daß der Versuch fehlgeschlagen war. Der erste auf der Szene, der mich von dem Mochrasni in Empfang nahm, war der Adjutant-chef Le Breton, dessen häßliches Gesicht ein einziger Triumph war. «Ah, Monsieur n'est pas parti en Angleterre», und dann wartete er, bis sich eine genügende Anzahl von der Kompanie um uns geschart hatte. Da er überdies kleiner war als ich, stellte er sich sehr betont auf eine kleine Erhebung, bevor er mit einer Rede anhob, die so alt ist wie die Legion: «Ich werfe dir nicht vor, daß du desertiert bist, sondern daß du dich hast fangen lassen; du wirst bestraft werden, nicht weil du weg warst, sondern weil du zurückgekommen bist. – Du siehst diese Berge», fügte er hinzu, «und dachtest, wenn du einmal darüber hinaus bist, könntest du entkommen. Laß dir gesagt sein, aus der Legion entkommt niemand. Du hast gedacht, jenseits der Berge sei die Freiheit. Laß dir gesagt sein, daß die Freiheit nur jenseits der fünf Jahre treuen Dienstes zu finden ist.»

Ich dankte den Mächten, die einem zuweilen das rechte Wort in den Mund legen, und als er innehielt, um die Worte wirken zu lassen, sagte ich sehr hörbar: «Treuer Dienst für Hitler.»

Ihm fiel keine Antwort ein, er lief blaurot an und schrie schließlich nur: «Führt den Hund zum Leutnant!» Der «Hund» ging einigermaßen zufrieden.

Leutnant Ragot war dagegen aufrichtig betrübt, daß einer seiner hoffnungsvollen Jungen sich, wie er fand, dem Bösen ergeben hatte. Es kam ihm nie in den Sinn, warum ich desertiert war. Er schrieb es lediglich einem, wie die Franzosen sagen, «coup de tête» zu. Politik bedeutete ihm, wie vielen französischen Offizieren, wenig; sie gehorchten einfach ihren Vorgesetzten: Frankreich hatte Frieden gemacht, daher machte auch er Frieden. Diese beschränkte Loyalität war auch der Grund, weshalb sich anfänglich verhältnismäßig wenige Offiziere de Gaulle anschlossen; nicht aus Mangel an Ehrgefühl, sondern aus Mangel an Durchblick. Ich versuchte, ihm meine Motive zu erklären, aber er unterbrach mich mit: «Erzähl mir nichts, was dir schaden kann, denn ich will dich nur wegen unerlaubter Abwesenheit von der Truppe bestrafen.»

Ich war darüber selbstverständlich froh, nicht nur, weil es mir eine große Menge Härten ersparte, sondern weil sich mir auf diese Weise viel eher eine neue Chance bot; aber um seinetwillen tat es mir leid, weil er nur eine weitere Enttäuschung erleben würde. Die ganze Strafe, die ich erhielt, waren schließlich nur zwei Wochen Gefängnis. Gefängnis bedeutete aktiven Dienst, die Einbuße von Nachspeise und Wein und die Nächte in einem «tombeau». «Tombeaux» (Gräber) sind die Gefängniszellen, wo kein Gefängnis zur Verfügung steht; und das ist der Fall, wenn die Kompanie auf dem Marsch ist oder auf alle Fälle unter Zelten. Sobald die Kompanie anhält, um ein Lager aufzuschlagen, versammeln sich sämtliche Gefangene unter der Fahnenstange, jeder mit nur einer Zeltbahn und zwei Zeltstäben; die Zeltbahn wird über die zwei Stäbe gespannt, woraus sich ein Zelt ergibt, das etwa dreißig Zentimeter hoch und an beiden Enden offen ist. Der Gefangene muß die ganze Zeit, während der er nicht arbeitet, darunter liegen. Über der Reihe dieser tombeaux steht eine bewaffnete Wache mit dem Befehl zu schießen, wenn ein Gefangener versucht, herauszukommen. Während des Tages ist es sehr beengt und heiß, da man kaum genügend Platz hat, sich umzudrehen. Es ist schlimmer bei Nacht, besonders, wenn es kalt ist oder regnet, da entweder der Kopf oder die Füße herausragen; wenn jedoch der wachhabende Sergeant keinen besonderen Pik auf einen hat, läßt er ihn ein Loch unter der Zeltbahn graben, wodurch das Zelt weniger beengt und zur Tageszeit kühler ist, da man nicht so nahe am Zelttuch liegt, und nachts ist man geschützter. Während der ersten tombeau-Phase war ich recht glücklich. Ich lag tief in meinem Loch und las ein Buch, das mir jemand eingeschmuggelt hatte.

Nach zwei Wochen war ich wieder bei meiner Abteilung, sehr zum Ärger von Le Breton, und die Eskapade könnte einfach nicht stattgefunden haben.

Als ich jedoch zurück war, begann ich in der Kompanie eine Atmosphäre der Ruhelosigkeit zu spüren; Desertion lag in der Luft. Abgesehen von den Flüchtlingen, die keine Loyalität für das Vichy-Regime fühlten, gab es auch einige Deutsche, denen es zuwider war, in einer geschlagenen französischen Armee Dienst zu tun, und die sofort in ihr Vaterland zurückkehren wollten. Die alten Legionäre entwickelten insgesamt einen gewissen Groll gegen «Napoléon», der glaubte, daß immer härterer Dienst das einzige Mittel sei, um das Gefühl der Ruhelosigkeit an der Verbreitung zu hindern. Es war, als hätte mein Versuch, obwohl er mißlungen war, dieses Übel an die Oberfläche gebracht; dafür gab es kleine Zeichen: Gruppen von Legionären, selbst Unteroffiziere, die sich getrennt unterhielten und deren Gespräch jäh abbrach, wenn sich ein anderer zu ihnen gesellte; Befehle, die widerwillig ausgeführt wurden. Einmal, als wir einen langen und sinnlosen Erkundungsmarsch durchgeführt hatten, angeblich, um Wasser aufzuspüren, verlief sich der Leutnant, und ich bemerkte einen Sergeant-chef, der sich seiner Mannschaft zuwandte und ihr zuraunte: «Das einzige Wasser, das er finden wird, ist in seinem Hirn.» Unteroffiziere, die ihr Urteil über ihre Vorgesetzten der Mannschaft mitteilen, sind stets das sicherste Gefahrenzeichen in einer Einheit.

Die nächsten Vorfälle wurden nicht einmal vertuscht. Der Proviant war merklich schlechter geworden; wir wurden durch das Bataillon von Moulay Bouchta beliefert; und nachdem sich alle Kompanien das Beste ausgesucht hatten, war für die Montée nicht viel übrig; wir mußten sogar unsere Rationen mit arabischen Couscous strecken. Infolgedessen «organisierte» eines Morgens ein Österreicher namens Neuhaus eine Ziege von einem benachbarten Dorf; die Araber kamen jammernd zum Leutnant. Ragot kriegte einen Wutanfall und übergab Neuhaus unseren zwei übelsten Schindern unter den Unteroffizieren für eine sogenannte «nettoyage»; das heißt, die beiden Sergeanten nahmen den Übeltäter hinter einen Hügel und verprügelten ihn; im Gesicht blutend, wurde er dann bis auf die Haut ausgezogen, mit einem langen Strick angebunden und stöhnend in der Sonne liegengelassen; dies geschah nicht auf Ragots Befehl, sondern war eine kleine zusätzliche Aufmerksamkeit der zwei Sergeanten. «Nettoyage» ist selbstverständlich nicht offiziell gestattet, aber dieser alte Legionsbrauch besteht noch in einzelnen Kompanien, in denen es keinen übergeordneten Offizier gibt, bei dem man Einspruch einlegen kann.

Die Wache, die mit einem geladenen Gewehr bei dem Gefangenen aufgestellt war, war ein junger Pole namens Duchinski. Eine Anzahl von Männern standen herum und murmelten Flüche gegen den Leutnant, der in sein Zelt gegangen war. Aber die Dinge schienen sich beruhigt zu haben, und ich überprüfte gerade Maschinengewehrmunition, als ich ein Geräusch hörte, das mich zittern ließ. Irgendwie muß Neuhaus sich von seinen Fesseln befreit haben, die in der Erregung schlecht geknüpft waren. Duchinski merkte das erst, als Neuhaus bereits auf den Füßen war. Duchinski war verdattert – er hatte sich nicht vorgestellt, daß er würde schießen müssen –, und Neuhaus kam mit entsetzlichem Gebrüll direkt auf mich zu; ich traf Anstalten, mich mit meinem Bajonett zu verteidigen, wobei ich ein grauenhaftes Gefühl hatte, denn der Bursche bot einen scheußlichen Anblick mit dem verklebten Schweiß, dem blutverschmierten Gesicht und der Wut in seinen Augen. Aber er hatte es nicht auf mich abgesehen, sondern auf eine Axt, die in der Nähe lag und die er aufhob; dann ging er auf Ragots Zelt zu, wobei er krächzte: «Jetzt kriege ich dich!»

Wir waren alle wie versteinert, als unser Chef-comptable ihm in den Weg trat, ihn an der Schulter herumdrehte und, als der andere die Axt hob, ruhig zu ihm sagte – ich höre noch seine Stimme, als sei er von all diesem Quatsch ein wenig verstimmt: «Sei kein Narr, Neuhaus», und ihm die Axt abnahm, ohne daß der andere sich wehrte. Es war ein so kühles Vorgehen, wie ich es selten erlebt habe. Dann gab er ihm die Axt zurück und sagte ganz freundlich: «Jetzt bringe sie wieder hin, wo du sie gefunden hast, geh zurück in dein Zelt und schätze dich glücklich. Ich gebe dir mein Wort, daß man dich nicht bestrafen wird.»

Er wurde dann auch nicht bestraft, nicht einmal für die gestohlene Ziege. Das Ganze wurde vertuscht, da eine Untersuchung durch das Regiment auch ein Kriegsgerichtsverfahren gegen Ragot und seine zwei Sergeanten zur Folge gehabt haben könnte.

Dieses Zwischenspiel erleichterte den Druck eine Zeitlang; zudem wurden uns ein paar leichte Tage zum Tränken der Maultiere zugestanden. Der Fluß war nur einen halbstündigen Ritt entfernt, und nachdem wir uns am Ufer ausgezogen hatten, ritten wir die Tiere ins Wasser. Die hundert nackten Männer, die ihre Tiere ohne Sattel durch das Wasser ritten, erinnerten mich an Böcklins Bild «Barbaren auf dem Weg nach Rom». Wir stiegen ab und schrubbten, bis zu den Hüften im Wasser stehend, die ausnahmsweise geduldigen Maultiere energisch ab. Ihnen gefiel das und uns auch; es war gut, die Sonne auf einem nassen und kühlen Leib zu fühlen; Wasser wäscht für die, die es mögen, nicht nur Schmutz, Schweiß und Müdigkeit ab, sondern auch Verstimmung und Depression, und als wir zum Lager zurückritten, hörte ich die Männer wieder scherzen: zum erstenmal seit Wochen.

Das dauerte nicht lange. Ragot, dem niemals klar wurde, daß Überanstrengung der Mannschaft ebenso gefährlich ist wie Verweichlichung, hatte plötzlich den brillanten Einfall, daß wir den Saumpfad in der Nähe des Lagers zu einer regelrechten Straße verbreitern sollten. Straßenbau ist für die Legion eine durchaus übliche Beschäftigung – die meisten Straßen im Süden sind von ihr gebaut –, aber in diesem Fall wußten wir, daß er für diese zusätzliche Arbeit nicht einmal einen Befehl erhalten hatte. Wir mußten jetzt acht Stunden lang die Straße bauen, dann anfangen, die Maultiere zu striegeln, zu füttern und zu tränken; und nachdem wir die Arbeiten im Lager beendet hatten, hatten wir noch Gewehrdrill und eine lächerliche «exercise de combat»; am meisten störte uns, daß wir genau das Training absolvierten, daß gerade Frankreich den Krieg verloren hatte. Und auch der letzte Strohhalm, die Versorgung mit Wein, war unregelmäßig geworden, so daß wir nicht einmal abends unsere Sorgen ertränken konnten.

Dann ereignete sich der Zwischenfall Springer-Blanco. Blanco war Ragots Pferd, ein fleckenlos weißer arabischer Hengst, der an der Spitze unserer plumpen, ohrschlenkernden Maultiere nur noch edler aussah. Blanco war Ragots Stolz; wenn er auf dem Pferd saß und sich aufgerichtet umdrehte, um seine Mannschaft zu mustern, fühlte er sich jeden Zoll als Führer – obwohl die Maultiere hinter ihm seiner Erscheinung einen etwas närrischen Anstrich gaben. Aber Blanco war ein schönes Tier mit seinem kleinen arabischen Kopf und erinnerte an die Rosse der Heraldik.

Springer war unser zweiter Küchenchef, ein junger, kraushaariger, hübscher und gutherziger Deutscher. Er war der ideale Legionär: stark im Arm und schwach im Kopf. Nicht daß er dumm gewesen wäre, aber er fragte nie nach dem Warum und Wieso der Dinge und tat einfach das, was man ihm auftrug. Und tat es gut. Man konnte sich stets darauf verlassen, daß er die schweren Küchengeräte seinen zwei Packmaultieren schon aufgeladen hatte, bevor der Rest der Kompanie gesattelt hatte. Und wenn man hungrig war, fand er immer irgend etwas Eßbares. Nachts saß er gewöhnlich mit seinen Landsleuten, trank und sang sentimentale Lieder über Burgen am Rhein und daß er sein Mädel nie wiedersehen würde. Tatsächlich war Springer der letzte, von dem ich vermutet hätte, daß er ausbrechen würde.

Aber eines Morgens war er fort, und Blanco auch. Der Gedanke war phantastisch, denn auf Blanco konnte er die Grenze innerhalb einer Nacht erreichen, und die Mochrasnis würden ihn vor Staub nicht zu sehen kriegen. Gewöhnlich ließ Blanco niemanden in seine Nähe, außer Ragot und seine ordonnance de cheval, aber wir erinnerten uns jetzt, daß in letzter Zeit Springer dem Pferd oft Zucker und Brot gegeben hatte. Was wir uns nicht vorstellen konnten, war, wie er aus dem Lager gelangt war, ohne daß die Wache ihn bemerkte. Wir haben es nie erfahren, denn als wir das nächste Mal von Springer hörten, war er tot. Er war zu weit nach Süden geritten und erreichte den Ouergla – den Fluß, den ich nicht mehr überquert habe – bei Tageslicht. Dort wurde er von einer Patrouille von Mochrasnis gesichtet; statt sie jedoch erst abzuschütteln, versuchte er, den Fluß zu durchqueren. Dabei bot er ihnen ein fast unbewegliches Ziel, und sie erwischten ihn mit drei Kugeln. Seine Leiche wurde nicht zur Kompanie zurückgebracht, sondern in der Nähe des Flusses begraben. Blanco wurde ein paar Tage später zurückgebracht. Er war nicht getroffen, aber in jener Nacht zuschanden geritten worden. Er war wochenlang lahm und fand nie wieder seine frühere Kondition.

«Napoléon» zeigte sich dieser Gelegenheit würdig, wie einer jeden sich bietenden Chance, dramatisch zu werden. Bevor wir an jenem Abend die Fahne einholten, hielt er eine Gedächtnisrede auf Springer: Was für ein guter Legionär und hilfsbereiter Kamerad er gewesen sei.

Blanco erwähnte er nicht, obwohl der Anblick seines geliebten Pferdes in diesem Zustand ihm schwer zusetzte. Er sagte, er betrachte Springer nicht als Deserteur, sondern als einen, der zeitweilig seinen Verstand verloren habe (coup de tête); der Zapfenstreich würde daher ihm zu Ehren geblasen. Das französische «aux Morts» ist ein eindrucksvolles Signal; es war doppelt eindrucksvoll, als es in dieser Einöde und über diese einsamen Männer hinweghallte. Wir dachten an Springer und die rheinischen Mädels, denen er noch den Kopf verdrehen könnte, wenn er nicht dieser Truppe aus irgendeinem hirnverbrannten Grund beigetreten wäre; und wir haben uns alle in dieser Nacht sehr betrunken.

9

Der zweite Versuch

Für kurze Zeit nahm Springers Tod allen, die mit dem Gedanken spielten, den Mut zu desertieren. Aber die Grenze war zu nahe. Bei unseren Erkundungsmärschen konnten wir oft von einem Berggipfel den Ouergla sehen, und Le Breton ließ es sich nie nehmen, mich höhnisch darauf hinzuweisen. Ich bemerkte, daß sogar einige der jüngeren Unteroffiziere mit dem Gedanken spielten, sich davonzumachen; sie stellten mir eine Menge pseudo-harmloser Fragen über die landschaftlichen Beschaffenheiten.

Ich kam daher zu dem Schluß, es sei höchste Zeit, in einem zweiten Versuch die spanisch-marokkanische Grenze zu erreichen, bevor es zu einer Massendesertion kam und die Kompanie von der Grenze zurückgezogen wurde – was tatsächlich einen Monat später der Fall war.

Mein zweiter Versuch war übereilt und verdiente, so zu enden, wie es dann auch geschah. Diesmal waren wir zu dritt, ein holländischer Jude namens de Vriess, Krickel, ein junger Österreicher, und ich. Wir fingen an, uns einen Lebensmittelvorrat anzulegen, den wir unter einem Busch außerhalb des Lagers verstecken mußten, weil die Zelte jetzt ziemlich genau beobachtet wurden; in mein Zelt hatte man sogar einen Mann von einer anderen Abteilung verlegt; und da ich wußte, daß es sich um einen von Le Bretons Günstlingen handelte, war nicht sehr viel Scharfsinn vonnöten, um zu ahnen, daß man ihn dorthin versetzt hatte, damit er über irgendwelche Vorbereitungen meinerseits berichten sollte. Als wir genügend Proviant gesammelt hatten, warteten wir die erste mondlose Nacht ab und verabredeten uns an der Stelle, wo der Proviant versteckt war. Als die Zeit gekommen war, gelang es mir, in meine Hose zu schlüpfen und die Stiefel anzuziehen, ohne meinen Aufpasser zu wecken; ich kroch aus dem Zelt und durch einen Hain von Feigenbäumen. Als ich mich dem Streifen näherte, der von Wachen patrouilliert wurde, nahm ich eine Handvoll Steine und warf sie zwischen die Maultiere. Die machten daraufhin einen solchen Radau, daß die Wache zu ihnen rüberschaute. Auf diese Weise konnte ich unbemerkt durchschlüpfen. Am Treffpunkt war de Vriess schon angelangt, nicht aber Krickel. Wir warteten fünf, zehn Minuten, aber noch immer war keine Spur von ihm zu entdecken; wie ein vollkommener Trottel ging ich zurück, um nachzusehen, was mit ihm los war. Ich kam zu seinem Zelt, nur um festzustellen, daß er im letzten Moment kalte Füße bekommen hatte. Es war dies das letztemal, daß ich, für wen auch immer, zurückgegangen bin. Denn als ich zum zweitenmal aus dem Lager kroch, hörte ich Stimmen; die Wache mußte gemerkt haben, daß etwas im Gange war, und hatte den Corporalchef Haeuser aufgeweckt. Die beiden müssen gehört haben, wie ich über das Geröll robbte. Als Haeuser schrie: «Halte, ou je tire!», klang seine Stimme beängstigend nahe. Ich rannte zurück zu meinem Zelt; und als Haeuser mit seiner Taschenlampe hineinleuchtete, tat ich, als ob ich schliefe; ich war froh, wenigstens wieder zurückgelangt zu sein.

De Vriess war ohne uns gegangen – er wurde ein paar Tage später gefangen, da er sich verlaufen hatte; ich sollte ja die Wegführung übernehmen. Aber er hatte etwas von unserem Proviant zurückgelassen. Am nächsten Morgen wurden diese eisernen Rationen gefunden, bevor wir Gelegenheit hatten, sie wieder an uns zu nehmen. Eine «revue de detail» wurde sofort anberaumt, und natürlich waren Krickels und meine Dosen die einzigen, die fehlten.

Diese Tatsache verriet uns. Ich hatte es redlich verdient, weil ich einen so blöden Versuch unternommen hatte. Krickel kam mit einer Woche davon, da er im letzten Augenblick «bereut» hatte. Ich wurde jedoch unverzüglich von zwei Wachen zum Leutnant geschleppt. Seiner Miene konnte ich ansehen, daß es abermals zu einer dramatischen Szene kommen sollte. Ich fragte mich, welche Maske er sich diesmal einfallen lassen würde.

Er ließ mich erklären, daß meine Loyalität Frankreich nur so lange gehörte, als es an der Seite Englands Krieg führte. Darauf versuchte er mir einzureden, daß die Deutschen ehrenwerte Gegner waren, während die Engländer «Krämer sind, die andere für sich kämpfen lassen»; es war die uralte, von allen Quislingen wiederholte Geschichte, durch die sie sich rechtfertigen wollen. Aber Ragot war kein Verräter; wie so viele andere hatte er nur den Köder samt Angelhaken und Schnur geschluckt.

Als das nichts fruchtete, versuchte er es auf andere Weise: Ich würdige deine Motive und bedaure, so handeln zu müssen, aber da du hauptsächlich für die Unruhe in der Kompanie verantwortlich bist, werde ich dich als abschreckendes Beispiel hart bestrafen und dich für die «Compagnie Discipline» vorschlagen (das Glashaus der Legion). Es schmerzt mich besonders, dich zur «Discipline» schicken zu müssen, weil ich große Hoffnungen auf dich gesetzt habe (das bedeutete, daß ich wahrscheinlich mein Leben als Sergeant-chef beenden sollte). Etwa zwanzig Minuten lang debattierte er auf diese Weise, während der Adjutant vor dem Zelt darauf wartete, die Geschäfte der Kompanie weiterzubringen. Wenn ich sage «debattierte», meine ich, daß er mit sich selbst debattierte. Ich hatte nicht übel Lust, ihn mit einer Formel zu unterbrechen, die mein Französischlehrer in einer der höheren Klassen gebrauchte: Corneille – Le Cid – Auseinandersetzung zwischen Liebe und Pflicht. Die Sache setzte ihm so zu, daß ich ihm beinahe gesagt hätte: «Aber bitte, es macht mir wirklich nichts aus, wenn ich zur ‹Discipline› gehe.» Schließlich reichte er mir die Hand, was wirklich rührend und anständig war. «Ich sage Ihnen hiermit adieu», fügte er hinzu, «da ich Sie wahrscheinlich nicht wiedersehen werde.» Dann streckte er die Brust raus und rief: «Wache – zum ‹tombeau› mit ihm, und bewache ihn gut, oder du gehst mit ihm.»

Diesmal überwachte Le Breton persönlich die Anlage meines «tombeau». Mir war nicht gestattet, ein Loch zu graben, und er suchte einen Abhang aus, der ein paar Buckel hatte. Das Liegen auf abschüssigem Boden ist die Hölle, weil sich die Muskeln nie entspannen können. Am nächsten Tag ging ich mit meinen zwei bewaffneten Wachen an die traditionelle Arbeit für Gefangene: Ich mußte alte Latrinen zuschütten und neue graben. Man hatte mir als ebenso schlaue wie einfache Sicherheitsmaßregel gegen die Flucht meine Stiefel weggenommen, und ich mußte bei der Arbeit vorsichtig zwischen den beiden Wachen entlanghopsen.

Zwei Tage später geschah etwas, was die Lage verschlimmerte: ich kriegte die Ruhr. Immer wenn ich wohin mußte, war eine Wache verpflichtet, ihre gesamte Ausrüstung anzulegen und ihr Gewehr zu holen. Das bedeutete zusätzliche Arbeit für den Mann; er haßte mich deswegen, und er machte deshalb alles so langsam wie möglich. Es war eine derartige Qual, in der Hitze unter meinem «tombeau» zu liegen und zu warten, daß ich mehrmals drauf und dran war, aufzuspringen und zu riskieren, daß die Wache auf mich schoß. Van Diemen, der holländische Korporal im Bureau, erlöste mich schließlich. Das Zelt, in dem die Akten der Kompanie aufbewahrt wurden, befand sich unmittelbar oberhalb des «tombeau», und er konnte sehen, was los war. Gerade um diese Zeit lagen eine Menge Wassermelonen in der Gegend herum. Ich sah am

Nachmittag, wie er mir mit einer zuwinkte. Zuerst glaubte ich, er sei verrückt geworden – Wassermelonen für einen von der Ruhr befallenen Mann –, aber dann verstand ich, was er meinte. Als die Wache nicht hinsah, ließ er eine Melone den Abhang in mein «tombeau» herunterrollen. Ich höhlte sie aus und ... ich kann mir Einzelheiten ersparen. Aber dieser Einfall setzte einigen der schlimmsten Augenblicke meines Lebens ein Ende.

Eine Woche später traf ein Befehl aus Fez ein, ich solle in das dortige Gefängnis Süd eingeliefert werden, um den Prozeß des Disziplinargerichts abzuwarten – eines Offiziersgremiums, das entscheidet, ob und wie lange man in die «Compagnie Discipline» versetzt wird. Die «Compagnie» befindet sich in Colomb Bechar in der algerischen Wüste, und allein der Name Colomb Bechar hat für jeden Legionär einen bösen Klang. Die Mindeststrafe beträgt neun Monate. Wenige sind von dort ohne Dauerschaden zurückgekommen. Einige der Schreckensgeschichten sind natürlich übertrieben. Nach den Angaben eines Engländers, der dort elf Monate verbracht und alle seine Zähne bis auf zwei verloren hatte, kann man die Sache überleben, wenn man auch bei Provokationen die Schnauze hält. Aber wenn man sich von einem der eigens ausgesuchten Unteroffiziere auch nur zu einem gemurmelten Protest hinreißen läßt, gibt es wenig Chancen. Der Willkommensgruß in diesem Lager hat Tradition. Sobald man dort ankommt, wird man im Laufschritt aus dem Lager hinausgeführt (es geschieht alles im Laufschritt, wie im englischen Glashaus, nur ist es in der Wüste noch ein bißchen heißer). An einem Kreuzweg wird man angehalten. «Es gibt nur zwei Wege, die nach draußen führen», brüllt der diensthabende Sergeant, «der, auf dem du gekommen bist, und der andere dort», und er deutet in die Richtung zum Friedhof. Eine weitere Spezialität ist eine disziplinarische Rasur; man muß sich auf spitzen Steinen niederknien, während einem der Haarschnitt verpaßt wird, und der diensthabende Unteroffizier fragt immer wieder mit einem Lächeln: «Vielleicht noch ein bißchen kürzer im Nacken, Monsieur?» Und er befiehlt dem Friseur, nichts zu übereilen.

Ich hatte daher reichlich gemischte Gefühle, als ich dem Fourier meine Klamotten abgab: meine Spahi-Hose, für die ich dem Schneider ein Bidon bezahlt hatte, damit er sie besonders weit und kühl zum Reiten machte, meinen neuen blauen Gürtel und die Stiefel, die über tausend Meilen hinter sich gebracht hatten. Statt dessen erhielt ich die ältesten Lumpen, die er finden konnte – gut genug für die «Discipline».

Bis nach Moulay Bouchtah sollte ich von Le Breton selbst und zehn anderen Unteroffizieren und Mannschaften, die auf Urlaub gingen, begleitet werden. Sie ritten alle auf Maultieren, außer mir, daher war es einigermaßen schwierig, mitzuhalten, aber ich war froh, dem «tombeau» entronnen zu sein. Le Breton drehte sich dauernd um und knurrte «allez, marchez», obwohl ich sehr gut mit den Maultieren mithielt. Als abschließende Demütigung höhnte er noch: «Aha, der Herr kann zwar davonlaufen, aber er kann nicht marschieren», und sah sich beifallheischend um. Le Breton war noch nicht bei der Kompanie, als wir von Erfoud kamen, und wußte nicht, daß ich jedoch recht gut marschieren konnte. Ich sah Sergeant Eyvel mir zugrinsen und zuzwinkern, daher entgegnete ich: «Mon Adjutant-chef, ich wette mit Ihnen um drei Bier, daß ich vor Ihnen nach Moulay Bouchtah komme, wenn Sie nicht traben.» Das konnte er nicht abschlagen, und mir machte es richtig Freude, einmal auszugreifen. Zwei der Sergeanten, Eyvel und Decoq, ließen ihre Maultiere ab und zu traben, um mich unter Aufsicht zu halten, und wir erreichten Moulay etwa vier Minuten vor Le Breton. Wir warteten unmittelbar vor dem Bierzelt auf ihn; er war wütend, mußte aber das Bier berappen. In Moulay wurde ich Decoq und Eyvel übergeben, die mit ihrem Dienstrang dafür einstehen mußten, daß sie mich im Gefängnis Sud in Fez ablieferten.

Dies war eine höchst außergewöhnliche Reise zum Gefängnis. Erst tranken wir unzählige Glas Bier – in der Montée ein unerhörter Luxus. Während wir tranken, traten eine ganze Anzahl Kameraden vom Bataillon an uns heran, darunter auch zwei, X und Y, die ein Jahr später eine bedeutende Rolle in meinem Leben spielen sollten. Beide wollten, wie ich wußte, auf und davon; sie hatten ihr Geld, ihre Mädchen und sogar ihre Ideale in England. Sie brauchten fast drei Jahre, um nach England zu gelangen, aber in diesen Jahren hatten sie einen großen Anteil daran, daß England selbst nach Nordafrika gelangte. Um diese Zeit waren sie allerdings noch einfache Legionäre.

Als der Bus nach Fez abfuhr, waren wir alle recht fröhlich und für die Fahrt mit Flaschen bewaffnet. Zwei Sergeanten und ein für die «Discipline» bestimmter Gefangener, die sich gemeinsam betranken – das gibt's nur in der Legion. Wir durchquerten den Sebou, den ich mit so hochgespannten Hoffnungen durchschwommen hatte, und kamen am Kilometerstein 37 vorbei, von dem aus ich mit Carson, der jetzt sicher ebenfalls unter einem «tombeau» hauste, gestartet war. Auf halbem Weg nach Fez hielt der Bus an einem Café; wir stiegen aus, um etwas zu trinken – diesmal Anisette, da wir uns der Zivilisation näherten. Eyvel und Decoq waren jetzt recht unsicher auf den Beinen, und ich dachte an meine Zukunft in der «Discipline» in einer Hol-mich-der-Teufel-Stimmung, die nur aus der Flasche stammte. Als der Bus hupte, stolperten die beiden Sergeanten gehorsam hinaus, wobei sie lediglich einen Karabiner und mich zurückließen. Ich stürzte hinaus, als der Bus schon in Bewegung war, und konnte ihnen gerade noch ihren Karabiner und ihren Gefangenen nachbringen. In Fez nahmen wir eine improvisierte Mahlzeit ein, worauf Eyvel vorschlug: «Sehen wir uns den ersten Film seit langem an, und deinen letzten Film für ... lange.» Ein letztes Glas, und dann ab zum «Quartier de la Légion». Um 10 Uhr abends wurde ich dem Prison Sud übergeben. Durch ein Tor, einen schmalen Gang entlang, dann das dumpfe Dröhnen einer Eisentür, die hinter mir zuschlug, das Rasseln eines Schlosses, und ich war in der finsteren Zelle allein. Zu betrunken, um viel über die Einleitung dieses neuen Kapitels nachzudenken, legte ich mich auf dem Betonfußboden nieder und schlief ganz zufrieden ein.

10

Erholung im Gefängnis

Ein paar Tage lang bekam ich von meiner neuen Umgebung nicht viel zu sehen, weil ich mich in Einzelhaft befand. Ich durfte morgens nur fünf Minuten auf den Korridor hinaus, um mich zu waschen und die Zelle zu reinigen, aber mir war erlaubt zu lesen, und die Verpflegung war genießbar. Ich war damit einverstanden, dies als Ruhepause zu betrachten. Nach ein paar Tagen durfte ich an den organisierten Aktivitäten des Gefängnisses teilnehmen und wurde in eine große Zelle mit anderen Gefangenen verschiedener Regimenter verlegt. Auf welche Weise wir unsere Tage verbrachten, klingt nicht eben verlockend. Aber nach dem Leben in der Montée empfand ich das Fehlen von Eile und Hast und dem Drei-Dinge-auf-einmal-Tun wohltuend. Die erste Bekanntschaft mit dem Gefängnis ist mir eher als friedliche Periode der Erholung in Erinnerung geblieben. Wenn wir um sechs Uhr geweckt wurden, mußten wir uns nicht in die Hosen stürzen und die Wickelgamaschen anlegen, denn unsere Hosen behielten wir in der Nacht an, und Gefangene tragen keine Wickelgamaschen. Wir brauchten uns nicht einmal die Schnürsenkel zuzumachen, da den Gefangenen Schnürsenkel nicht gestattet sind, damit sie sich nicht daran aufhängen können. Wer sich kämmen und waschen wollte, tat es; die anderen ließen es bleiben. Um sieben Uhr ertönte eine Pfeife, und etwa dreißig von uns – alle, die nicht in Einzelhaft waren – gingen durch die Doppeltüren und den Stacheldrahtzaun ins Freie. Außerhalb des Gefängnistors wurden wir von Arabertruppen übernommen: drei vorneweg, drei hinterher und fünf an beiden Seiten; so eingekreist marschierten oder, besser, trotteten wir durch Fez zu unserer Arbeitsstätte – einem Friedhof. Zunächst war es etwas überraschend, zum Totengräber und Leichenbestatter befördert zu sein, aber was die Arbeit selber angeht, so war sie recht bequem. Wir mußten nicht nur Gräber schaufeln, sondern auch die Pfade vom Unkraut säubern und Zement für Hunderte von Grabsteinen mischen, die die Inschrift trugen: SOUVENIR FRANÇAIS. Die Gräber waren alle gleich, ob es sich nun um einen Franzosen, einen Chleugh vom Rif, einen Beduinen aus der Wüste, einen heiteren Neger aus dem Senegal, um einen Syrer, einen Libanesen oder Anamiten handelte. Sofern er ein Soldat Frankreichs gewesen und in der Gegend von Fez gestorben war, erhielt er ein von uns geschaufeltes Grab und einen Souvenir-Français-Stein. Die Individualität wurde nur insoweit berücksichtigt, als Christen ein Kreuz erhielten, Moslems einen Halbmond und Heiden – glaube ich – einen Kreis. Immer wenn eine Beerdigung stattfand, wurde dies von uns mit großer Freude begrüßt, weil es bedeutete, daß wir uns in den Werkzeugschuppen zurückziehen und hinlegen konnten. Stets war eine Kapelle zugegen, die zumeist aus Anfängern bestand, außer – selbstverständlich – wenn der Verstorbene ein Unteroffizier gewesen war. Dann erschien eine Delegation von jedem Regiment der Garnison: will sagen ein gelangweilter Unteroffizier, der die ganze Chose als höllisch langweilige «corvée» betrachtete. Dann kam der Sarg, gezogen von gleichermaßen gelangweilten Pferden, herbeigerollt und wurde ordnungsgemäß in das dafür bestimmte Grab versenkt; die Trompete blies ein wenig zittrig den Zapfenstreich, und alle gingen nach Hause – außer uns, die aufstanden und sich ans nächste Grab machten. «Souvenir Français.» Ein einförmiges Leben und ein einförmiges Grab für alle diese Rassen.

In eine Ecke abgedrängt waren sieben Gräber, die nicht einmal diese Inschrift trugen. Kein Souvenir, keine militärischen Ehren, nicht einmal ein verschossener Kranz vom Regiment; und doch handelte es sich um die Gräber von sieben tapferen Burschen, sieben Fähnrichen der Luftwaffe, die nach dem Waffenstillstand versucht hatten, nach Gibraltar zu fliehen. Es war ihnen gelungen, ein Flugzeug heimlich mit Treibstoff zu füllen, die Wache zu überwältigen und zu starten. Da aber der Motor nicht richtig warmgelaufen war, stürzten sie im Gebirge nördlich von Fez ab. Viel war von ihnen nicht übriggeblieben, das man zurückbringen konnte. Niemand hieß sie als Helden willkommen, ließ sie mit Champagner im Savoy hochleben und mit verwegen schiefem Casquette den Strand entlangstolzieren. Ich wette, daß sie gesagt hätten: «On ira voir les girls, hein?» Und jetzt durfte sie irgendein blöder Oberst, der lieber seine sichere Stellung hütete, als weiterzukämpfen, Verräter nennen und ihnen ein Begräbnis mit militärischen Ehren verweigern. Heldentum ohne Erfolg ist eine traurige und unwirkliche Angelegenheit. Wenn man unter widrigen Umständen für eine Sache eintritt und schließlich gewinnt, ist man ein Held; auch wenn man durch den eigenen Tod etwas zustande bringt, kann man der Nachwelt so erscheinen. Aber wenn die Taten unbekannt bleiben und scheitern, dann erscheint man keinem Menschen als Held, nicht einmal sich selbst; man fühlt sich, so gut die Absicht auch gewesen sein mag, als Narr, obwohl man es sich vielleicht nicht gern eingesteht. Was diese sieben Gräber betrifft, so nahmen wir, halb aus Spaß, halb als Geste, alle Kränze vom Grab eines Adjutanten, der an seiner fünftausendsten Flasche gestorben war, und legten sie auf die Gräber der Fähnriche; sie fanden so wenig Beachtung, daß sie dort verblieben.

Um Mittag begaben wir uns zum Essen zurück ins

Gefängnis. Es gab stets einen großen Wettstreit, «corvée soupe» zu sein und das Essen in der Barackenküche zu fassen: Wenn wir uns dort befanden, erhielten wir mit einiger Sicherheit ein paar Zigaretten oder sogar ein Glas Wein, denn jeder Legionär hat insgeheim Respekt vor einem Gefangenen; man ist erst ein «vieux légionaire», wenn man mindestens acht Tage im Gefängnis gesessen hat. Wir erhielten das gleiche Essen wie das übrige Regiment, allerdings ohne Wein und Nachtisch. Nach dem Mittagessen war Siesta bis vier Uhr. Zuerst hatten wir viel Spaß, indem wir alle Fliegen mit unseren Handtüchern aus der Zelle vertrieben, und dann legten wir uns auf unsere Zementpritschen und bedeckten unser Gesicht mit dem Handtuch, denn die Fliegen kamen bald durch die Gitter wieder zurück. Um vier wachten wir, in Schweiß gebadet, wieder auf und wurden wieder zu unserem Friedhof geführt. Die Arbeit ging dann noch schlapper vor sich; wir stocherten lustlos nach ein paar Büscheln Unkraut, und selbst die arabischen Wachen hatten nicht genügend Energie, uns zu größerer Leistung anzutreiben: sie zogen sich unter einige Zypressen zurück. Es befanden sich auch Burschen aus den Gefängnissen anderer Einheiten bei uns, die ebenfalls Gräber schaufelten. Ich erinnere mich an welche, die zwei Neger aus dem Senegal verprügelten. Das waren nette Jungen, die immer grinsten. Einer von ihnen sprach ein bißchen Englisch und stammte aus einem Gebiet in der Nähe von Gambia; er muß sehr schöne Erinnerungen an diese Zeit bewahrt haben, denn er freundete sich mit mir an und bestand darauf, mir die schwereren Arbeiten abzunehmen, wie zum Beispiel einen Schubkarren voller Sand auf einem abschüssigen Brett hochzuschieben und ihn dort zu leeren, wo der Zement gemischt wurde, während ich den Karren füllte und mich, wenn er unterwegs war, nur auf die Schaufel stützte. Er wollte auch immer seine Zigaretten mit mir teilen;

und wenn er den ersten Zug tat, grinste er ekstatisch und sagte: «Very pretty.» Als ich ihn fragte, was er angestellt hätte, um ins Gefängnis zu kommen, sagte er nur ein unwiederholbares Wort, das bedeutete: Dummheit. Ich fragte dann seinen Gefährten, der mir ungerührt mitteilte, daß dieser Junge, wenn er zwei Flaschen getrunken hatte, mit großer Wahrscheinlichkeit irgendwem in der Nähe mit der dritten den Schädel einschlug: auf diese Weise hatte er einen anderen Neger ins Krankenhaus gebracht. Aber er war ein ganz besonders lieber Bursche, dieser «Schneeweiß», wie wir ihn liebevoll nannten.

Um sieben marschierten wir wieder, noch verschlampter als zuvor, ins Gefängnis zurück zu unserer Abendmahlzeit und wurden dann für die Nacht in unsere Zellen gesperrt.

Die Abende waren endlos lang: Wir konnten nicht lesen, da das durch die vergitterten Fenster fallende Licht dazu nicht ausreichte. Wir konnten nichts weiter tun als reden oder eigentlich zuhören, denn wir hatten glücklicherweise einen Typ bei uns, der, mit gelegentlichen Zwischenrufen unsererseits wie «na sag mal» oder «mein Gott, wirklich?» die Unterhaltung allein bestritt. Es war ein hochgeschossener, leichenhaft aussehender Deutscher namens Müller und, nach seinen Erzählungen zu urteilen, früher einigermaßen wohlhabend und materiell gut ausgestattet. Er war der geborene Erzähler, das heißt, er besaß die Gabe, selbst von dem Drama, dem Humor, der Spannung und der Bildkraft seiner Geschichten überzeugt zu sein, so daß seine Zuhörer nicht umhin konnten, sie in demselben Licht zu sehen. Tatsächlich waren die meisten Geschichten schmierige Abenteuer mit Mädchen, die er in transkontinentalen Schlafwagen aufgesammelt hatte; aber wir waren nie gelangweilt, wenn wir auf unseren Matten lagen, Fliegen klatschten, durch die vergitterten Fenster spuckten, in der Hoffnung, eine der Wachen zu treffen. Wir lauschten auf seine Stimme, die aus einer Ecke erklang.

Eine seiner Geschichten habe ich im Gedächtnis behalten, weil ich ihren Helden kannte. Sie war ausgefallen, aber typisch für die traditionelle Einschätzung des Legionärs. Sie handelte von einem Burschen im Bataillon, den Müller gut kannte: nennen wir ihn de la Vigne. Ich wußte, daß er während des «Scheinkriegs» in Frankreich das «Croix de Guerre» erhalten hatte, und ich erfuhr von einem Kameraden, was in seinen Akten stand: «Guter Legionär, trinkt, sollte keine Vertrauensstellung erhalten und ist wegen einer Vorstrafe zur Beförderung nicht geeignet.» Müllers Geschichte schien dieses krasse Urteil glänzend zu bestätigen. Anscheinend hatte Müller de la Vigne ein paar Jahre vor Kriegsausbruch in Paris in der Bar Pam Pam kennengelernt. De la Vigne war damals Pilot in der französischen Luftwaffe, eingebildet, gut aussehend, mit einem kräftigen Kinn und einem schmalen Mund. Einer jener kecken, dunklen französischen Typen, die man sich am besten vorstellen kann, wie sie aus dem Fenster der Frau eines anderen Mannes klettern.

Müller konnte sich nur deshalb an ihn erinnern, weil de la Vigne innerhalb von zehn Minuten und unter Aufwendung einiger Runden Pernod mit seinem Mädchen durchgegangen war; und als er diese am nächsten Morgen anrief, hatte sie die wohlbekannte vorherige Verabredung. De la Vigne besaß in der Tat jene verhängnisvolle Gabe der Götter, «wie man Mädchen aufreißt». Er glaubte stets, das sei darauf zurückzuführen, daß er gut aussah und klug und charmant war; aber tatsächlich lag es daran, daß er ein sublimes Selbstvertrauen besaß und alle Frauen ihm völlig schnuppe waren. Der Weg des Mannes mit der Maid ähnelt etwa jenem Petrus, der auf den Wassern wandelte; solange man nicht nachdenkt, gelingen einem die verrücktesten Dinge, und man wirkt überzeugend.

Sobald man jedoch anfängt, unsicher zu werden, haben sie dich an der Kehle; und eines Tages hatte es auch de la Vigne erwischt. Ein Mädchen, das einen chinesischen Einschlag hatte – gerade genug, um exotisch zu wirken, aber nicht genug, um abzuschrecken –, saß allein an einem Tisch in einem Nightclub unter freiem Himmel in Juan-les-Pins. Der Nachtclub hieß «Hollywood» und sah auch so aus. Da sie das hübscheste Mädchen war, forderte de la Vigne sie zu gleicher Zeit mit einem reichen Amerikaner zum Tanz auf. Das Mädchen nahm den Amerikaner, was de la Vigne ärgerte, denn sie war offenbar keine Nutte. Er fragte sie daher: «Warum hast du den Yank genommen? Verdammt noch mal, der hat ja einen Bauch!»

Sie erwiderte darauf, indem sie ihn von sich weghielt und ihn prüfend aus ihren geschlitzten Augen musterte: «Na, und was hast du zu bieten? Eine Uniform, Sonnenbräune, etwas Charme, mehr Einbildung und einen Durchschnitt von drei Mädchen pro Woche; wo bleibe ich dabei?»

So nahm de la Vignes Abstieg seinen Anfang. Alles, was er den Mädchen so oft angetan hatte, wurde ihm jetzt heimgezahlt: nicht eingehaltene Verabredungen, Geschenke und Vorwürfe wurden mit gleicher Nichtachtung behandelt. Wie ein verzogenes Kind konnte er nicht davon loskommen. Er wandte alle Tricks an, sprach wehklagend von seiner Liebe, als läge darin ein Verdienst. Er wurde griesgrämig, fing an zu trinken und mehr Geld auszugeben, als seine Einkünfte erlaubten; sein Kredit im Dienst verschlechterte sich. Schließlich warf er alles in die Waagschale, da er wußte, daß das Mädchen den Luxus liebte; er sagte ihr, daß er Geld geerbt und einen dreiwöchigen Urlaub erhalten hätte; könnten sie nicht eine Jacht mieten und nach Korsika reisen? Sie willigte ein, aber in Marseille erhielt er ein Telegramm, in dem stand: «Bedaure, Reise jetzt unmöglich.» Den Grund erfuhr er nie, aber seine Erbschaft war ein gefälschter Scheck, und den Urlaub hatte er sich selbst genehmigt. So kam er in die Legion.

Auf jeden Fall war de la Vigne ein guter und tüchtiger Soldat, und um das Vorleben eines Mannes kümmert sich die Legion nicht. Daher kam de la Vigne auch voran; er wurde schnell Korporal, zeichnete sich in Kursen aus, bewährte sich in Kämpfen und gab sich sogar dazu her, Straßen zu bauen. Nach einem Jahr war er Sergeant und für große Dinge ausersehen, wenn es etwas Großes ist, Adjutant in der Fremdenlegion zu sein. Seine Sorgen schien er durch unablässige Aktivität vergessen zu haben. Dann beging man einen Fehler und ernannte ihn zum Chef comptable (Oberzahlmeister) seiner Kompanie. Jetzt brauchte er nichts weiter zu tun, als das Bargeld einzunehmen und es für Lebensmittel und am Zahltag wieder auszugeben. Dieses Geld muß Visionen seiner Vergangenheit erweckt haben; jedenfalls waren eines schönen Morgens de la Vigne und mit ihm annähernd vierzigtausend Francs verschwunden.

Vierzigtausend Francs sind eine hübsche Summe; mit ihnen begab er sich nach Tangiers. Er wollte wieder die Lichter erleben, Kellner, die seinen Tisch umschwirrten, und betörende Frauen, die ihn durch den Rauch anlächelten, wenn ihre Begleiter nicht hinsahen; er wollte mit einem Mädchen im Arm tanzen, das kühl und aufregend zu sein schien, weil er ihr gerade erst begegnet war; ein Saxophonspieler sollte ihm zuzwinkern, so daß er sich als Teufelskerl fühlen konnte.

Aber vierzigtausend Francs reichen nicht weit. Jacques de la Vigne kam nur knapp vier Wochen mit ihnen aus. In gewisser Weise blieb ihm das Glück treu, denn gerade, als ihm das Geld ausging, brach der Krieg aus und bot ihm Gelegenheit, weiterhin in dramatischem Stil zu leben. Als er im *Tangiers Echo* las: «La France en guerre», ließ er die lackierten Finger eines Mädchens fallen, leerte sein Glas und bestieg den Zug zurück nach Französisch-Marokko. Als er in Fez zu seiner Baracke gelangte und um ein Gespräch mit seinem Obersten bat, hatte er so sehr das Aussehen eines Gentleman, daß die Wache ihn passieren ließ, weil sie ihn für einen bedeutenden Zivilisten hielt. Es war einer seiner großen Momente, als er in seinem eleganten Anzug vor dem Oberst strammstand und sagte: «Sergeant de la Vigne meldet sich zum Dienst.» Der Oberst zeigte sich des großen Augenblicks würdig, er grüßte, reichte ihm die Hand und sagte: «Sie sind trotz allem ein tapferer Mann ... Légionaire de la Vigne.» Als einfacher Legionär durchlebte de la Vigne dann den Krieg. Wenn dieser für Frankreich kurz und ruhmlos war, so war das nicht de la Vignes Schuld; als die Deutschen an der Somme Stukas einsetzten und seine Kompanie ängstlich in einem Graben kauerte, sprang er auf die Straße, zündete sich eine Zigarette an und ging in aller Ruhe auf und ab; zweifellos war das eine törichte dramatische Geste, aber eine, die Nutzen stiften konnte. Er erhielt das «Croix de Guerre», als er einen Panzer aus nächster Nähe mit einer Petroleumflasche im besten Stil des Spanischen Bürgerkriegs zerstörte, ohne auch nur einen Kratzer abzubekommen. Später wurde er gefangengenommen. Die Deutschen nahmen ihn fest, zerbrachen ihm das Gewehr und zeigten ihm den Weg zum Gefangenenlager. Aber er fand den Weg zurück nach Nordafrika. Allerdings ließ ihn von da an sein Elan im Stich. Irgendwie wurde ihm klar, daß weder er noch Frankreich sich von dem Schlamassel erholen konnten, in den sie hineingeraten waren. Er tat nur seinen «Dienst» und trank.

«Wäre er bei der Sprengung des Panzers getötet worden, dann würde er eine gute Geschichte abgeben», sagte Müller, als er seinen Bericht beendete.» Aber ich glaube, daß sie gerade das bestätigt, was als Nachsatz in seinem

Soldbuch steht: «De la Vigne, Jacques, guter Legionär, trinkt, sollte keine Vertrauensstellungen bekleiden.»

Als Müller schließlich seine nächtliche Erzählung beendete, war es in der Zelle erträglich kühl geworden. Die Fliegen an den Wänden begaben sich zur Ruhe und wir auch.

Ich war drei Wochen im Gefängnis und hatte mich während dieser Zeit körperlich einigermaßen erholt. Zugleich war ich entschlossen, noch einen Fluchtversuch zu unternehmen, bevor ich nach Süden zur «Compagnie Discipline» geschickt wurde, der man nur in Büchern wieder entkommt. Aber die «Discipline» sollte ich nur vom Hörensagen kennenlernen; als ich zum Vorverhör vor Gericht erschien, stellte mir zum Glück ein einigermaßen gutwilliger Kommandant die üblichen Fragen. Gutwillig, weil er offenbar pro-englisch war; zudem hatte er eine gute Rechtfertigung, mich leichten Kaufs davonzulassen, weil Ragot, gepaart mit seiner Empfehlung der «Discipline» mir über Gebühr gute Zensuren erteilt hatte. So gute, daß der Kommandant sagte: «Ist Ihr Leutnant vielleicht ein bißchen gaga? Will er Sie nach Colomb Bechar schicken oder zur Beförderung empfehlen? Ich werde Sie zur neunten Infanteriekompanie versetzen. Gehen Sie hin und demoralisieren Sie die. Aber», fügte er mit einem Grinsen hinzu, «lassen Sie sich nicht wieder erwischen.» (Die Betonung lag auf «erwischen».) Dies geschah knapp drei Monate nach dem Waffenstillstand, aber ich sollte in dem folgenden Jahr viele ähnliche Erfahrungen machen. Die Behandlung, die man erhielt, hing in sehr geringem Maße von den Vorschriften, Gesetzen und Regeln ab, sondern fast ausschließlich von den politischen Überzeugungen der jeweiligen Richter. Nur nahmen mit jedem Monat die proalliierten Offiziere und Verwaltungsbeamten ab, und die verbleibenden lernten mehr Vorsicht.

So zog ich denn, wieder als freier Legionär, meine weiten Spahi-Reithosen aus und legte die verachteten Kniehosen und Wickelgamaschen der Infanterie an. Ohne es zu wünschen, hatte ich erreicht, was so viele in der Montée mit allen Mitteln versuchten: davon wieder loszukommen. Als erstes suchte ich mir nach der langen weinlosen Zeit ein paar Kumpane, um in der Stadt mit ihnen ein paar Flaschen zu trinken. In der Stadt zu sein und wieder Gesichter von Zivilisten zu sehen war ein tolles Erlebnis, ebenso wieder mit einer Frau zu sprechen, selbst wenn es nur ein Barmädchen war. Nicht viele andere Frauen in Fez würden sich mit einem Mann abgeben, der das weiße Käppi trägt.

Am nächsten Tag fuhr ich nach Moulay Boushta, um mich bei meiner neuen Kompanie zu melden.

11

Casablanca olé

Die zwei Monate, die ich in der Infanterie gedient habe, bevor ich meinen dritten Fluchtversuch unternahm, waren leicht, verglichen mit der Montée. Wir sind recht viel marschiert: zurück nach Fez, als unser Feldzug gegen Franco nicht stattfand, aber wir marschierten in leichten Etappen von fünfundzwanzig bis dreißig Kilometern. Wir arbeiteten an Straßen und Brücken, aber wenn wir abends aufhörten, waren keine Maultiere zu striegeln. Verglichen mit der Montée, war es ein Kinderspiel, und ich hatte reichlich Zeit, meinen nächsten Versuch vorzubereiten. Dies wäre dann der dritte, der einfach gelingen mußte; wenn ich diesmal wieder geschnappt wurde, wäre mir die «Discipline» sicher. Bevor ich mir die Mittel und Wege überlegte, entschloß ich mich zu dreierlei: nichts zu übereilen, den richtigen Kumpel auszusuchen und auf dem Fluchtweg einen der Häfen zu benutzen.

Das Wichtigste aber war Geld. Ich sparte die ganze Löhnung, aber das war jämmerlich wenig. Ich verkaufte alle Wertsachen, die ich noch hatte, aber da sie nicht sehr wertvoll waren, kamen nur etwa achthundert Francs dabei raus. Schließlich erhielt ich genügend Geld durch die Nettigkeit eines alten Polen in der Kompanie. Er sah mich eines Tages, als ich wehmütig mein altes Scheckbuch der Barclay's Bank betrachtete, das ich immer noch mit mir rumtrug. «Hast du da drüben Geld?» wollte er wissen.

«Ein bißchen», erwiderte ich ihm.

«Nun», sagte er, «ich hätte gern ein bißchen Geld in

England. Ich nehme den Scheck über zehn Pfund und gebe dir dreitausend Franc.»

Das war von seiner Seite reine Freundlichkeit, da er von mir nichts wußte, außer daß ich schon mal desertiert war. Vermutlich ahnte er, daß ich das Geld für einen neuen Versuch brauchte. Ich hatte jetzt beinahe viertausend Francs, die mir wie ein Vermögen vorkamen. Ein Jahr lang hatte ich nicht mehr als zwei Franc fünfzig pro Tag verdient.

Schwieriger war es, einen Gefährten zu finden. Theoretisch ist es am besten, allein zu gehen; ein Mann allein ist weniger auffällig und kann sich besser der Umgebung anpassen. Andererseits fühlt man sich allein sehr leicht niedergedrückt. Wenn man zu zweit ist, kann man immer die Lage durchsprechen, bis sie einem weniger verzweifelt erscheint. Ich habe viele Männer in Erwägung gezogen; gute Männer, die nach England wollten, um zu kämpfen, aber ich habe sie dann doch abgelehnt, weil ich sie mir in der Bar eines guten Hotels nicht als normale Gäste vorstellen konnte; und das hatte ich mir zum Kriterium gemacht. Der Mann, für den ich mich schließlich entschied, war ein kleiner Wiener; er hatte keine erhabenen Motive für das Desertieren, er wollte nur aus der Legion weg und wieder Zivilkluft tragen; wie und wo, war ihm ziemlich einerlei. «Ich möchte unter Bäumen schlafen und kein Soldat mehr sein», sagt Li Tai-po. Johann Brandt hatte keine Schwachstellen. In Wien hatte er auch in schlechten Tagen einige anrüchige Berufe ausgeübt und sich nicht gescheut, ein oder zwei Frauen unter seinen «Schutz» zu nehmen. Aber ohne Zweifel würde er in der Bar eines jeden Hotels absolut normal aussehen, und was noch mehr zählte, er war im Besitz von siebentausend Francs.

Keine Durchhalterekorde dieses Mal; wir wollten uns unsere Flucht durch Betrug und Bestechung erkaufen. Mit tausend Francs sollten wir imstande sein, bis zur Küste zu gelangen und dort einen Fischer oder Seemann dafür bezahlen, daß er uns aus Französisch-Marokko rausschaffte.

Als erstes mußten wir uns Zivilkleidung verschaffen, anständige, gutgeschneiderte Kleidung. Das bedeutete, daß wir zweimal nach Fez mußten: einmal für die Bestellung von zwei Anzügen und ein zweites Mal für die Anprobe. Obwohl wir in Immouzer nur vierzig Kilometer von Fez entfernt waren, war es in jenen Tagen sehr schwer, ohne besonderen Grund Urlaub zu bekommen. Doch einen Grund hatten wir: Brandt war ein Jude mit katholischem und ich ein Katholik mit einem meist jüdischen Namen. Als während des Laubhüttenfests alle Juden Urlaub erbaten und auch erhielten, um zu ihrem hohen Feiertag die Synagoge zu besuchen, suchten wir zwei auch darum nach. Nur Brandts Glaube wurde angezweifelt, aber er war imstande, über jeden Zweifel hinaus zu beweisen, daß er ein Angehöriger des auserwählten Volkes war. Sowie wir in Fez waren, gingen wir statt zur Synagoge zu einem Schneider und bestellten zwei Anzüge. Einige Wochen später erhielten alle Katholiken zum Allerheiligentag Urlaub, um zur Kirche zu gehen, und wir beide ersuchten wieder darum. Diesmal wurde ich verdächtigt, mir den Urlaub zu erschleichen, da ich jedoch durchaus bereit war, den körperlichen Beweis zu erbringen, daß ich Christ sei, beharrte der Adjutant nicht auf seinem Zweifel. So gingen wir zwei denn wieder nach Fez zu unserer Anprobe.

Schließlich mußten wir uns noch falsche Urlaubsscheine beschaffen, um uns durchzumogeln, wenn wir auf unserem Weg nach Casablanca überprüft wurden. Brandt, der einen Mann im Büro bestach, gelang es, zwei Leerformulare zu ergattern; einer lautete über einen Urlaub von zwei Wochen, der andere war gut für eine Abwesenheit von 48 Stunden; es war nur fair, ihm den längeren

Urlaubsschein zu überlassen. Wir füllten die Einzelheiten aus, fälschten die Unterschrift des Hauptmanns und waren nun zu allem bereit. An einem Montagnachmittag Anfang November verließen wir das Lager und trampten nach Fez.

In Fez stellten wir sorgfältige Untersuchungen an und erfuhren, daß am nächsten Morgen ein Fernbus nach Casablanca fuhr. Die Polizei überprüfte nur selten die darin reisenden Menschen, der Fahrer jedoch zeigte verdächtig aussehende Passagiere an. Daher bestand unser nächster Schritt darin, eben das loszuwerden, was uns verdächtig machen könnte, nämlich unsere schäbige und übelriechende Uniform. Wir holten uns die Anzüge ab, kauften Schuhe, Socken, Hemden, Krawatten und einen Handkoffer. Brandt verschaffte sich sogar einen Spazierstock, weil er stets einen in Wien getragen hatte und er ihm das Gefühl der Normalität verlieh. Dann ließen wir uns die Haare schneiden und rasieren, wobei wir dem Barbier beim Gebrauch von allerlei Toilettenwässern freie Hand ließen. Zum ersten und, wie ich hoffe, auch zum letzten Mal in meinem Leben ließ ich mich manikuren; das arme Mädchen warf einen Blick auf meine Hand und hätte fast die Arbeit abgelehnt, aber es gelang ihr, meinen Erdarbeiterpratzen zumindest den Anschein zu geben, als sei ich ein Arbeiter, der plötzlich zu Reichtum gelangt war. Unsere nächste Station war eine Badeanstalt. Als wir sie betraten, bezahlten wir noch den verbilligten Preis für Militärs, aber in den Kabinen zogen wir uns um und kamen als zwei elegante junge Männer heraus. Unsere Uniform packten wir sorgfältig zusammen und schickten sie an die persönliche Adresse unseres Hauptmanns. Falls wir wieder eingefangen wurden, sollten sie uns nicht auch noch eine Anklage wegen «Diebstahl militärischen Eigentums» anhängen können. Um die Wirkung unserer verwandelten Erscheinung auszuprobieren, gingen wir in eine

Kneipe, wo wir immer als Legionäre rumgelungert hatten. Die Wirtin erkannte uns nicht. Nach einer guten Mahlzeit begaben wir uns in ein Hotel, um in einem Zimmer und einem Bett zu schwelgen. Davon hatten wir schon lange geträumt: ein richtiges ziviles Bett, in dem man sich zweimal umdrehen konnte, ohne über die Kante zu fallen; ein weiches Kissen, das die Wange streichelte, statt der zusammengesetzten Kopfstütze des Legionärs, statt der Stiefel und dem rauhen, langen Mantel – in der Legion haben selbst die Unterhosen ein Gewebe wie Sandpapier. Aber wie es meistens kommt bei Leuten, die lange Zeit daran gewöhnt sind, im Freien zu schlafen, erwies sich das Bett als Niete. Wir konnten nicht einschlafen, obwohl wir Fenster und Türen aufrissen. Es ist dieselbe Art der Klaustrophobie, die Tiere in Gefangenschaft befällt.

Wir fühlten uns allerdings gleich am Morgen besser, als wir in unsere saubere Kleidung schlüpften und frühstückten. Allein die Schuhe fühlten sich nach den schweren Stiefeln an, als wandelten wir auf Luft. In der Omnibusstation zwinkerte das Mädchen, das unsere Fahrkarten ausgab, Brandt zu; er drehte sich unwillkürlich um, weil er sehen wollte, wem dieses Zwinkern galt: anständige Mädchen zwinkern einem Legionär nicht zu. Außerdem fanden wir es schwierig, die Hände unten zu behalten, wenn wir auf der Straße an einem Offizier oder Legionssergeanten vorbeigingen.

Die Busfahrt nach Casablanca verlief ohne Störung; der Zivilverkehr wurde immer noch recht lässig kontrolliert, und niemand schenkte uns einen zweiten Blick. Wir fuhren durch Meknes, wo wir einen Blick auf die berühmten Festungsmauern werfen konnten, aber wir waren zur Zeit nicht an maurischer Architektur interessiert.

Was uns erregte, war die meergeschwängerte Luft, als wir uns Rabat näherten. Ich hatte den Atlantik seit meinem Bad in St. Jean de Luz – in jenem früheren Leben –

nicht mehr gerochen. Was die Ideenassoziation angeht, sind wir von Pawlows Hunden noch nicht so weit entfernt. Diese Luft roch nach Freiheit und versetzte uns bereits halbwegs nach Dover.

In dieser Stimmung fuhren wir in Casablanca ein, auf asphaltierten Straßen und an gut gepflegten Parks und modernen Häusern vorbei, so daß wir unsere Ansicht über Marokko von Mal zu Mal revidieren mußten. An der Place de France stiegen wir aus. Ein Blick über den Platz gibt einem einen recht guten Begriff von dem Charakter der Stadt Casablanca. Auf der einen Seite, am Boulevard de la Gare mit seinen ultravornehmen Läden und achtstöckigen Häusern, steht ein riesiger Filmpalast mit zweitausend Sitzen und das Café de la France, das so elegante Plüschsessel hat und so «synthetisch» ist wie die vornehmste Pariser Coupole. Aber auf der anderen Seite, unweit dieser Modernität mit Gebäuden, von denen keins älter ist als fünfzehn Jahre, dem Hafen zu, liegt ohne Übergang die Eingeborenenstadt; überaus schmutzig, mit den üblichen baufälligen Hütten, Scharen von drängenden und palavernden Arabern und Juden mit ihrem Dunstkreis von Knoblauch, Töpfen und Tiegeln, ranzigem Fett, fliegenbeschmutztem Obst und ungewaschener Menschheit. Genau auf diesem Platz befindet sich auch die Polizeistation, um die sich unser Aufenthalt in Casablanca weitgehend drehen sollte; und gegenüber, auf der Seite der Eingeborenen, stehen die Würstchenbuden, wo wir unsere kärglichen Mahlzeiten einnahmen, als unsere Barmittel so geschrumpft waren, daß wir uns ein Restaurant nicht mehr leisten konnten.

Dies alles wußten wir damals noch nicht, als wir uns im Café de la France setzten, einen vornehmen Aperitif bestellten und unsere Lage ins Auge faßten. Wir hatten anständige Kleidung und fast zehntausend Francs; wir besaßen keine Papiere bis auf die gefälschten Urlaubsscheine, von denen der meine fast abgelaufen und der Brandts noch zehn Tage gültig war. Erst mußten wir Quartier finden, und da kam es bereits zu unserem Waterloo; niemand wollte uns ohne Personalausweis beherbergen. Brandt hatte den Einfall, sich mit einer Nutte zusammenzutun, aber obwohl er viele aufsammelte und ihnen große Geldsummen opferte, schien das, was in Wien funktioniert hatte, in Casablanca nicht zu laufen; vielleicht sind die Wiener Nutten gutmütiger. Uns blieb nur übrig, spätnachts in Hotels zu gehen und die Anmeldungsformulare mit einem falschen Namen zu unterzeichnen; jede Nacht gingen wir in ein anderes Hotel und trugen uns unter einem anderen Namen ein. Es machte uns Spaß, mit verschiedenen Akzenten zu sprechen, je nachdem, ob wir nun M. Bernard aus Lille, M. Metzger aus Straßburg oder M. Garcia aus Oran waren. Die Methode war einigermaßen sicher, da die Formulare erst am Morgen zur Polizei gingen, wenn wir bereits wieder ausgezogen waren. Eines Morgens kamen wir jedoch nur mit knapper Not davon; es geschah in einem kleinen Hotel, das, wie ich glaube, «Monaco» hieß: etwa das zehnte, das wir bewohnten. Etwa so um sieben Uhr morgens wurde ich dadurch aufgeweckt, daß jemand, drei Zimmer von uns entfernt, an eine Tür klopfte; vielleicht war es das gebieterische, nicht nach Dienstboten klingende Klopfen, das mich fast noch im Schlaf begreifen ließ, daß es sich um eine Polizeirazzia handeln mußte. Vielleicht rettete mich der leise Schlaf derer, die sich auf der falschen Seite des Gesetzes befinden. Auf alle Fälle zog ich mir in aller Hast die Hose an und sammelte meine anderen Habseligkeiten, als sich das Klopfen Tür um Tür näherte. Als ich gerade aus dem Fenster gestiegen war, ertönte es an unserer Tür, und ich hörte Brandt verschlafen murmeln: «Qu'est ce qu'il y a?» Er konnte sich sicher fühlen, sein Urlaubsschein war noch gültig, und da wir dasselbe Bett benutzt hatten, suchten die Polizisten nach keinem anderen. Auch ich hatte Glück: draußen war ein Sims, an dem ich mich entlangdrückte, die Hose in der einen Hand und die übrigen Klamotten zwischen den Zähnen. Von der Straße aus muß ich ausgesehen haben wie ein Filmkomiker, der von einem erzürnten Ehegatten gejagt wird. Durch das Badezimmerfenster stieg ich wieder ein und versteckte mich sicherheitshalber in der Wäschekammer, bis ich die schweren Schritte auf der Treppe hörte. Ein Viertelstunde später schliefen wir wieder.

Wir verbrachten unsere Tage damit, irgendeine Organisation zu finden, die uns aus Marokko herausbefördern könnte. Mein erster Gedanke war selbstverständlich das amerikanische Konsulat. Wir wurden von einem Vizekonsul empfangen, der jedoch keine große Hilfe bot. Man konnte es ihm auch nicht übelnehmen, denn er müsse ja eigentlich neutral sein; zudem war der Umstand, daß wir von der Legion desertiert waren, noch kein ausreichender Beweis für unsere guten Absichten. Er forderte uns jedoch auf, in einer Woche wieder vorzusprechen.

Wir lungerten in Cafés der Hafengegend rum, in der Hoffnung, mit irgendwelchen Seeleuten oder Fischern ins Gespräch zu kommen. Wir zahlten für unzählige Getränke, ohne zu einem Ergebnis zu gelangen. Es gab um diese Zeit fast gar keinen Verkehr mit neutralen, und selbstverständlich überhaupt keinen mit englischen Häfen. Fischerboote durften nur in Sichtweite der Küste angeln und wurden von der französischen Flotte scharf bewacht. Es war die Zeit, als gerade ein französisches Kriegsschiff vor Mers-es-Kebir versenkt worden war, was die französische Marine – die niemals sehr pro-britisch gewesen war – ganz und gar zu Englandfeinden machte. Ich glaube nicht, daß die Franzosen die schmähliche Versenkung ihrer Schiffe in den nächsten hundert Jahren verzeihen werden. Ich kann nicht beurteilen, wie notwendig Mers-el-Kebir gewesen ist, oder ob die Versenkung auf eine Fehlplanung beider Seiten zurückzuführen ist, aber ich weiß sehr wohl, daß diese Angelegenheit über Nacht mehr als dreißig Prozent des französischen Volkes englandfeindlich werden ließ; die Franzosen wurden dadurch nicht pro-deutsch, aber man fing an, sich die deutsche Propaganda anzuhören, die über den Vichy-Rundfunk und die Presse verbreitet wurde. Mers-el-Kebir war ein Wort, das so oft im Munde geführt wurde wie Versailles von den Nazis in Deutschland.

Wir mußten auch bald erkennen, daß unsere Chancen, als blinde Passagiere zu entkommen, sehr gering waren.

Alle unsere Versuche, mit Untergrundorganisationen Kontakt aufzunehmen, brachten höchstens zwei Resultate: Entweder wurden wir von einem guten Franzosen zum andern geschickt, die uns mit Wein bewirteten und verschiedene «Gläser» auf den «Sieg der Alliierten» erhoben, worauf sie uns mitteilten, daß sie uns leider nicht helfen könnten, daß jedoch ein Monsieur Irgendwer hervorragende Verbindungen habe. Dann tranken wir einen weiteren Toast auf «La France» und besiegten den «Boche» mehrmals mit Worten. Sie waren so sicher, daß der Unbekannte uns helfen würde, daß sie uns beim Abschied Botschaften für ihre Freunde in London mit auf den Weg gaben. Als wir jedoch den famosen Monsieur Irgendwer besuchten, erlebten wir nur eine ähnliche Prozedur. Niemand konnte uns helfen oder kannte jemanden, der es konnte. Aber wie Menschen an Straßenecken, die den richtigen Weg gar nicht kennen, wollten sie es nicht zugeben.

Die verheißungsvollste Spur, der wir folgten, führte uns in die Fänge eines Agent-provocateur.

Da gab es einen Typ namens Klaus, der behauptete, er könne uns als ausgemusterte polnische Soldaten nach Martinique bringen; man würde uns einen hübschen Namen wie Walzak oder Boguslawski geben. Er wollte nichts weiter – ein guter Patriot – als fünfzig Francs und zwei Fotos für den gefälschten Personalausweis. Da dies uns ein bißchen zu billig und einfach erschien, hielten wir ihn hin, indem wir sagten: «Schön, wir bringen Ihnen morgen das Geld und die Bilder.» Am Nachmittag beschatteten wir ihn, und wie erwartet sahen wir, daß er das Polizeirevier betrat. Als wir ihn am nächsten Tag zur verabredeten Stunde aufsuchten, dankten wir ihm herzlich für sein freundliches Angebot: «Aber war Ihr Vorschlag nicht gesetzwidrig? Wir wollten nichts tun, was gegen die Gesetze verstieß.» Es war sehr spaßhaft, sein Gesicht in diesem Augenblick zu beobachten. Er und Leute seines Schlages haben mit dieser cleveren Methode viele zur Strecke gebracht. Die Fotos und die Unterschrift genügten der Polizei, um die Gelackmeierten einzusperren; und die fünfzig Francs waren seine Kommission.

Unsere Hoffnungen, die weißen Klippen von Dover zu erblicken, rückten in immer weitere Ferne. Sie gingen völlig in die Brüche, als wir eines Tages zwei Burschen auf der Straße trafen, die wir längst in England gewähnt hatten. Diese beiden, die ich aus verschiedenen Gründen X und Y nennen will, waren kurz nach dem Gespräch, das ich mit ihnen vor dem Bierzelt in Moulay geführt hatte – auf dem Weg zum Prison Sud –, aus Fez ausgerückt. Wir waren damals alle überzeugt, daß sie davongekommen waren; sie gehörten zum Schlag jener Leute, die selbst vor dem Krieg von ihrem Witz und Einfallsreichtum gelebt hatten und sich dabei noch Pferde und Freundinnen halten konnten; ihre Methoden scheuten allerdings manchmal das Tageslicht. Es gab kaum etwas, was sie nicht unternommen hatten: von der Herstellung von Filmen in Paris bis zur Verschiebung von Gewehren in den Balkan oder von Whiskey in die Vereinigten Staaten. Und trotzdem waren diese Meister in der Kunst des Deichselns nicht über Casablanca hinausgelangt. Dort schienen sie sich jedoch auf geheimnisvolle Weise recht gut zu stehen. Sie gaben sich andere Namen und andere Nationalitäten, als sie in der Legion angegeben hatten.

Von ihnen erfuhren wir die Wahrheit über unsere Chancen, aus Marokko rauszukommen: «Auf der einen Seite die See und keine Schiffe, im Süden die Wüste und im Norden das Rif. Männer, die aus Deutschland geflohen, ins unbesetzte Frankreich übergewechselt und es als blinde Passagiere bis nach Algerien geschafft hatten, sind hier steckengeblieben, obgleich sie dachten, der Rest der Sache sei einfach. Es gibt etwa zehntausend Typen in Casa, die genau dasselbe wollen wie ihr.»

«Und wie steht's mit Untergrundorganisationen?» fragten wir.

«Ja, eine große Menge Narren, die sich als Patrioten aufspielen und in kleinen Cafés rumflüstern. Die deutsche Waffenstillstandskommission und die Polizei wissen über sie genau Bescheid, nehmen sie hopp, sobald genügend Menschen in die Sache verwickelt sind, und schicken sie ins Gefängnis oder in ein Lager im Süden, wo sie beim Bau der Trans-Sahara-Eisenbahn eingesetzt werden.»

«Und der Intelligenceservice?» (Der englische Geheimdienst.)

Das brachte sie nur zum Lachen. «Wenn es hier eine aktive Organisation gäbe, dann gäbe es auch eine Gegenpropaganda zu Vichy, oder man hätte zumindest den französischen und polnischen Piloten zur Flucht verholfen.» Es war die Zeit der Luftschlacht um England, als Piloten zu höchsten Preisen gehandelt wurden.

Später, im Jahr 1941, als die Engländer an mehr denken konnten als an ihre direkte Bedrohung, gewannen die Widerstandsgruppen an Stärke, aber für die ersten sechs Monate nach dem Waffenstillstand war dies eine zutreffende Kennzeichnung der Lage. Der beste Rat, den sie uns geben konnten, war der, daß wir durchhalten sollten, bis sich die Dinge gebessert hätten. Aber wir hatten nicht damit gerechnet, lange in Casablanca zu bleiben, und ich mußte schon meine letzten dreihundert Francs angreifen. Was sollten wir tun, wenn unser Geld zu Ende war? Stehlen? Wir hatten noch nicht mal eine dauernde Unterkunft gefunden. Ich ging ziemlich verzweifelt wieder zum amerikanischen Vizekonsul. Der einzige positive Vorschlag von ihm bestand darin, daß wir versuchen sollten, British Gambia auf dem Fahrrad zu ereichen. Der Gedanke, auf dem Rad durch die Sahara zu strampeln, erschien mir so komisch, daß ich dem Vizekonsul nur laut ins Gesicht lachte; vielleicht wußte er tatsächlich nicht besser Bescheid, oder er wollte sich nur zweier verdächtiger Gestalten entledigen. Jedenfalls tat er mir einen Gefallen: Er gab mir ein Päckchen «Philip Morris» – ein tolles Geschenk, denn amerikanische Zigaretten wurden in Marokko bereits zu phantastischen Preisen gehandelt. Dieses Päckchen Zigaretten sollte mein Leben und zumindest zeitweilig auch meine Nationalität und meinen Namen ändern.

Das kam so: Ich saß an der Bar eines Cafés namens «El Mocca», starrte kreuzunglücklich auf die begüterten Menschen um mich herum und beobachtete die ringbeladenen Hände einer dicken Ägypterin hinter der Bar, die Hundertfrancnoten in die Kasse schob. Ich hatte davon gerade noch zwei übrig. Neben mir saß ein grauer Anzug, ein zwischen zwei Schultern eingezogener Kopf, von dem in regelmäßigen Abständen ein krächzendes: «Bière, Madame!» mit seltsam angelsächsischem Akzent ertönte. Ich bemerkte, daß häufig ein Blick auf mich gerichtet wurde, genauer gesagt auf mein Päckchen «Philip Morris» auf dem Bartisch. Deshalb sagte ich: «Nehmen Sie sich eine», und er erwiderte:

«Das ist meine Lieblingsmarke.»

Das war der Anfang eines jener zusammenhanglosen Gespräche, die von einer langen Reihe von Bieren begleitet sind. Es stellte sich heraus, daß der Mann aus New Jersey stammte, während des Spanischen Bürgerkriegs eine englische Zeitung in Spanien herausgegeben und in diesem Krieg im angloamerikanischen Ambulanzkorps gedient hatte. Schließlich hatte er die snobistische Schlamperei dort satt – wie er sagte –, und zu guter Letzt musterte er unter dem schönen baskischen Namen Thomas Bartolomeo Echevarria bei der Legion an. Er mußte T.B.E. heißen, weil eine Tätowierung an seinem Arm – ein Mädchen in der Umschlingung einer Schlange – dieselben Initialen trug.

Ob er sich auf der Flucht befinde, fragte ich ihn.

«O nein!» Er brachte ein kleines Stück Papier zum Vorschein, um dessen Besitz ich viel gegeben hätte: seine «fiche de démobilisation». Da er sich nur für die Dauer des Krieges verpflichtet hatte und ein Neutraler war, hatte er seinen amerikanischen Namen zurückbekommen und wartete jetzt auf ein Schiff, das ihn nach Lissabon bringen sollte. An dieser Stelle wurden wir von seiner Freundin unterbrochen oder einer, die es gern geworden wäre: einer ziemlich tollen Fatma, die verschleiert war und die lange arabische Djellabah trug, darunter jedoch recht spärliche europäische Kleidung. Tommy hatte jenen Grad der Trunkenheit erreicht, in dem ein freundliches Gequatsche mit einem Kumpel genausoviel Reiz besitzt wie ein Flirt mit einer Frau. Er konnte sich nicht entscheiden, worauf er sich mehr konzentrieren sollte. Als das Café zumachte, durchschlug er den gordischen Knoten mit dem brillanten Vorschlag, wir sollten alle vier auf sein Zimmer kommen: er selbst, Zorah, ich und die Flasche Hennessey. Zorah zog unverkennbar den kürzeren gegenüber dem Brandy, und nachdem sie uns in wütendem Arabisch mitgeteilt hatte, was sie von uns hielt, mußte sie die Nacht in tugendhaftem Schlaf verbringen, während wir den Brandy aus den Zahnputzgläsern tranken. Ich war schon im Begriff, einzunicken, als Tommy sagte: «Ich habe eine Idee. Die Polizei hier kennt nicht meinen Legionsnamen. Vielleicht kannst du dir einen Personalausweis mit Hilfe meiner Demobilisationsurkunde verschaffen.»

Dieser Vorschlag schien mir gut, auch noch am Morgen. Wir mußten einige Zahlen auf der Urkunde ändern, weil Tommy eine ganze Anzahl Zentimeter kleiner und mehrere Jahre älter war als ich. Darin war Brandt nützlich, weil er mit dem Gebrauch eines Tintenlöschers Bescheid wußte. Als wir das Papier mit einem Löffel glattgestrichen hatten, schrieben wir die Zahlen schnell nieder, um zu verhindern, daß die Tinte zerfloß. Wenn man das Papier nicht gegen das Licht hielt, konnte niemand erkennen, daß etwas darauf manipuliert worden war.

Nachdem dieser Eingriff beendet war, gingen Tommy und ich zum Polizeirevier, wo er noch einmal vorsprechen mußte, um sich sein Ausreisevisum in seinen amerikanischen Paß stempeln zu lassen; er hielt es aus Sicherheitsgründen für besser, seine Entlassungsurkunde mitzunehmen; als er wieder rauskam, gab er sie mir, worauf ich ins Revier zu einem anderen Schalter mit der Aufschrift «Etrangers» ging. Der Mann am Schalter stellte mir ein paar Fragen, aber alles ging glatt, bis er mich nach den Namen meiner Eltern fragte; diese standen nicht in der Urkunde; ich mußte mein Hirn schnell nach spanischen Namen zermartern. Er nahm meine beiden Fotos und sagte mir, ich solle am nächsten Tag wiederkommen.

Als ich wiederkam, fühlte ich mich wie die Maus, die sich den Käse in der Falle holen will. «Wie ist der Name?» knurrte der Beamte.

«Echevarria», erwiderte ich mit schlotternden Knien.

«Zehn Franc.» Er übergab mir eine bildschöne rote Karte mit meinem Foto.

Von diesem Tag an trug ich den stolzen baskischen Namen Thomas Bartolomeo Echevarria.

Was steckt in einem Namen? Eine Menge, habe ich herausgefunden. Zuerst erschien es mir völlig absurd, mich jemandem als Echevarria aus Bilbao vorzustellen; ich erwartete, daß man mir ins Gesicht lachen würde. Aber nein, man nahm es hin, als sei es das Natürlichste der Welt. Man begann, mich «Hombre» und «Etschy» zu nennen. Zugegeben, ich befolgte strikt das oberste Prinzip der erfolgreichen Lüge: Ich hielt mich so eng wie möglich an die Wahrheit. Von Anfang an erzählte ich neuen Bekannten, daß ich Bilbao bereits als Kind verlassen hätte und in England und Deutschland aufgewachsen sei. Ich betonte immer wieder, daß ich eigentlich gar kein richtiger Baske sei. Statt gegen einen Basken mit deutsch-englischem Akzent argwöhnisch zu werden, fingen dann die Leute an, mich mit nationalen Eigenheiten auszustatten: Man sagte mir verschiedentlich: «Ach ja, Sie sprechen zwar spanisch mit einem englischen Akzent, Sie kennen das Baskische nicht, aber die Abstammung läßt sich nicht verleugnen, man merkt es daran, daß Sie streitsüchtig sind.»

Dafür habe ich ihnen einigen Grund gegeben, denn ich ließ mich auf erregte Diskussionen ein, bei denen ich mit den Händen fuchtelte. Wenn ich nach einer oder zwei Flaschen Wein nicht unter den Tisch fiel, sagte gewöhnlich einer: «Ein echter Baske! Sie vertragen ihren Alkohol.»

Obwohl ich groß, blond und im allgemeinen nicht gerade das bin, was man sich äußerlich unter einem durchschnittlichen Basken vorstellt, beharrte eine Frau darauf, daß mein Profil sie an den Schattenriß eines Pelotaspielers erinnere, der auf einem Vorkriegsplakat, das Ferientage in Biarritz anpries, abgebildet war. Alles das war ein guter Beweis dafür, wie subjektiv die Menschen übereinander urteilen und wieviel sie in einem entdecken, was ihre Erwartungen bestätigt.

12

«Urlaub!»

Das Leben unter einer völlig anderen Identität ist ein aufregendes Erlebnis. Es gibt einem das Gefühl völliger Freiheit, wenn man bedenkt, daß man unter die Vergangenheit einen Strich ziehen, sich niederlassen, heiraten und Kinder einer anderen Nationalität kriegen kann. Dazu kommt das anrüchige Vergnügen, daß man die Menschen die ganze Zeit zum Narren hält. Es machte mir unbändigen Spaß, wenn mich ein Friseur einlud, seine Frau und die Kinder kennenzulernen, weil er auch aus Bilbao stammte.

Schließlich gewöhnt man sich so sehr daran, eine Rolle zu spielen, daß man sie nicht mehr als Rolle empfindet. Selbst später, als ich wieder meinen richtigen Namen angenommen hatte, unterschrieb ich oft gedankenlos ein Dokument schwungvoll mit «Echevarria». Ich drehte mich auf der Straße um, wenn einer rief: «Tommy!»

Diese kleine rote Karte gab meinem Leben eine ganz andere Färbung: Ich konnte schlafen, ohne meine Ohren für eine Razzia offenzuhalten. Ich durfte essen, ohne mich erst zu vergewissern, wo der Notausgang war, und dabei den Eingang im Auge zu behalten. Ja, ich konnte jedem Polizisten ins Auge sehen.

Mit diesem neuen Selbstvertrauen ausgestattet, wurde selbst die Suche nach einer Unterkunft und das Geldverdienen einfacher als erwartet. Unter den Stammgästen des «Mocca» befand sich ein junger eingeborener Jude mit dem Vaudeville-Namen Prosper. Er verbrachte dort seine gesamte Freizeit, trank mit Tommy – dem echten Tommy

– und hatte den sehnlichen Wunsch, ein paar Worte Englisch zu lernen.

«Wo ich jetzt bald nach Lissabon abreise», schlug Tommy mir vor, «bring du ihm doch etwas Englisch bei.»

Mir erschien es eine glänzende Idee, genügend Geld zu verdienen, um davon leben zu können, und doch genügend Zeit zu haben, um weitere Nachforschungen für die Chancen meines Entkommens von hier anzustellen. «Na schön», sagte ich zu Prosper, «du beschaffst mir ein Bett in deinem Haus, und ich gebe dir zwei Stunden pro Tag.»

Prosper hätte vorgezogen, mir Geld zu geben, aber davon wollte ich nichts wissen.

Als ich in sein Haus kam und seine Familie kennenlernte, konnte ich seine Verlegenheit begreifen. Wenn man Prosper in der Stadt sah, konnte er durchaus als ein junger Mann des zwanzigsten Jahrhunderts gelten. Er sprach fehlerlos französisch, trug gutgeschneiderte, moderne Kleidung, tanzte Swing und hatte eine Bardame als Freundin wie jeder junge Franzose, der etwas auf sich hält. Wenn man jedoch sein Haus betrat, fühlte man sich um mehrere Jahrhunderte zurückversetzt. Die trüben rituellen Lampen brannten im Flur Tag und Nacht; der Vater trug einen Kaftan, und die Mutter sprach nur arabisch. Auch geistig gehörten seine Eltern einem anderen Zeitalter an. Später waren sie sehr nett zu mir, aber anfänglich waren sie entsetzt, daß ihr Sohn einen Christen in ihr Haus brachte; sie hätten ihre Tochter für entehrt gehalten, wenn sie mit mir auch nur eine Minute allein gewesen wäre. Niemals sonst habe ich einen derartigen Unterschied zwischen zwei Generationen erlebt.

Dieser Unterschied verursachte zahllose Zwistigkeiten zwischen Eltern und Kindern, und es gab wenige harmonische Familien in ihren Kreisen; die Kinder fanden ihre Eltern bigott und spießig, während die ältere Generation die jungen Leute für moralisch lax und verkommen hielt.

Da gab es zum Beispiel eine junge Verwandte von Prosper, eine Schullehrerin namens Julie; wie alle anderen hatte sie einen französischen Namen angenommen; ihr eigentlicher Name war etwas Unaussprechbares, etwas Ähnliches wie Frekchya. Sie war so gebildet und modern, wie man sich nur wünschen kann. Sie hatte eine genaue Kenntnis aller französischen Klassiker, sie schminkte sich die Lippen und trug Kleidung mit Geschmack. Eine Pariserin hätte ihre großen dunklen Augen und ihre lässige Figur nicht besser hervorheben können. Aber es versetzte mir stets einen Schock, wenn sie sich – nachdem sie mir die Schönheit einer Stelle in Baudelaires «Fleurs du Mal» erklärt hatte – plötzlich an ihre Mutter wandte, um ihr etwas über die Mahlzeit auf arabisch zu sagen. Das marokkanische Arabisch ist rauh, staccato und unmelodiös, und es schien mir ungereimt, diese barbarische Sprache von denselben Lippen zu hören, die eben noch so beredt über Baudelaire gesprochen hatten. In der Tat kann man innerhalb einer Generation nicht umzivilisiert werden: Immer lag etwas sehr Scheues und Verlorenes in ihren Augen, das mich an einen zahmen Vogel erinnerte, der, aus seinem Käfig entlassen, noch nicht weiß, was er mit seiner Freiheit anfangen soll. Selbst Prosper teilte, trotz seiner verzweifelten Modernität, noch viele Vorurteile seiner Eltern.

Prosper war es auch, der mir andere Schüler verschaffte, Freunde von ihm, die Englisch lernen wollten. Es braucht nicht gesagt zu werden, daß die marokkanischen Juden insgesamt pro-englisch waren; Vichy hatte bereits begonnen, die ersten Maßnahmen gegen sie in Kraft zu setzen: Zum Beispiel schloß man sie vom Staatsdienst und vom Großhandel aus. Ich konnte ihnen nicht mehr als zehn Francs pro Stunde abverlangen, mehrere Wochen verdiente ich kaum genug, um mein Essen zu bezahlen. Wenn ich hungrig war, mußte ich den Restaurants am

Boulevard de la Gare, die köstliche Menüs anpriesen, den Rücken kehren und in die Eingeborenenstadt gehen, wo ich für zwei Francs ein Stück arabisches Brot und ein paar kräftig gewürzte Würste kaufte. Sie mußten kräftig gewürzt sein, denn das darin verwertete Fleisch war von äußerst zweifelhafter Herkunft; der größte Teil stammte von den zahllosen Kötern, die einem in Rudeln folgten, wenn man den Fehler beging, ihnen etwas Brot zuzuwerfen. Einmal wurde ein Schlächter sogar angeklagt, das Fleisch von Babys, die verschwunden waren, verwurstet zu haben, aber soweit ich mich erinnern kann, wurde er freigesprochen. Da ich jedoch gewöhnlich nur genug Geld für ein Sandwich hatte, schmeckte es mir recht gut, ganz gleich, ob das Fleisch vom Hund oder vom Esel stammte.

Die Nächte in Prospers Haus waren wahre Heimsuchungen. Niemals habe ich so viele Wanzen auf einem Haufen gesehen. Kaum hatte man sich hingelegt, als sie in Scharen ankrochen, aus den Decken, der Bettstelle und der Wandtäfelung; wenn man nach vielem Wälzen und Kratzen aufsprang und das Licht anmachte, konnte man stets etwa ein Dutzend töten, aber es war ein hoffnungsloser Kampf gegen überlegene Reserven. Diese marokkanischen Wanzen sind ihren italienischen Vettern bei weitem überlegen; sie schwellen mit dem dir abgezapften Blut zur Größe von Marienkäfern an und verursachen große Blasen auf der Haut. Was mich am meisten ärgerte, war der Anblick Prospers, der friedlich schnarchte, während ich wütend und leidend im Zimmer umhersprang; er schien gegen die Wanzen völlig immun zu sein und wischte sie im Schlaf nur weg, wenn sie ihm übers Gesicht krochen. Vielleicht verschmähten sie ihn, solange ein saftiges Stück Europäer zu haben war.

Meine finanzielle Lage verbesserte sich schlagartig, als ich mehr und wohlhabendere Schüler fand. Ich lehrte alle Fächer, von denen ich etwas verstand, von Englisch bis

Philosophie; meine Schülerschaft war so bunt gemischt, wie man es sich nur vorstellen kann. Einem kleinen Mädchen im Lycée gab ich Lateinstunden, während ihre Mutter im Nebenzimmer bei offener Tür saß, für den Fall, daß das spanische Blut bei mir die Oberhand gewinnen sollte. Ein anderes Mädchen, dem ich Englisch beizubringen versuchte, bestand darauf, in mein Zimmer zu kommen; sie war recht enttäuscht, als nichts passierte. Sie sah recht hübsch aus, war aber so dumm, daß sie mich fast um den Verstand brachte. Als ich wütend wurde, nachdem sie zum zigsten Mal gesagt hatte: «I not eat», brach sie in Tränen aus. Die zwanzig Francs, die sie mir für eine Stunde bezahlte, waren reiner Diebstahl, weil sie nicht viel lernte; aber zu meiner ewigen Schande muß ich zugeben, daß ich sie nicht rausgeworfen habe: zwanzig Francs bedeuteten für mich zwei Mahlzeiten oder ein halbes Hemd. Ich spürte zuweilen die moralische Verpflichtung, sie zumindest zu küssen, weil sie so sehr zu leiden hatte. Aber dumme Mädchen haben für mich überhaupt keinen Reiz, auch wenn sie so schön sind wie Rita Hayworth. Mädchen brauchen nicht unbedingt intelligent zu sein, aber wenn ein Witzwort nicht den Schimmer eines Verstehens hervorruft, ziehe ich mich zurück wie ein begossener Pudel.

Ich brachte auch dem Sohn eines französischen Kaufmanns, der sich augenscheinlich auf das «neue System» vorbereitete, Deutsch bei, aber ich schröpfte ihn um dreißig Francs für die Stunde. Die Arbeit, die mir am meisten Spaß machte, war das Pauken mit zwei Jungen von zehn und zwölf Jahren; sie ließen mich erkennen, wieviel Spaß das Lehrersein machen kann; es ist einer der wenigen Berufe, bei dem man unmittelbare, dauernde und lohnende Ergebnisse der eigenen Mühen feststellen kann. Nachdem wir die lateinische Prosa hinter uns hatten – sie merkten bald, daß ich sie ebenso von Herzen verabscheute wie sie –, dachten wir uns gewöhnlich erfundene Geschichten auf englisch über die Abenteuer eines kleinen Jungen und seines Hundes aus. Ich fürchte, daß sie nicht viel Latein gelernt haben, aber sie wurden die besten Englischschüler ihrer Klasse.

Zuweilen ging ich mit ihnen spazieren, und eines Tages bat mich ihr Vater, mit ihnen in seinen Club zu kommen. Es war, wie sich herausstellte, das Übungsfeld des Rugbyclubs in Casablanca – der SAC, dessen Sekretär er war. Ein Übungsspiel war gerade im Gange, und als der Ball nahe bei uns über die Ziellinie rollte, konnte ich mich nicht enthalten, ihn kräftig zurückzutreten. Als sie festgestellt hatten, daß ich Rugby spielen konnte, forderten sie mich auf, mit ihnen zu trainieren. Das Gefühl, einen Rugbyball zwischen den Fingern zu haben, war für mich ein unerwartetes Vergnügen. Sie baten mich, dem Club beizutreten, und da sie bereit waren, mir die Ausrüstung zu geben und alle meine Auslagen zu übernehmen, willigte ich ein. Später in der Saison, als wir vor einigermaßen großen Zuschauermengen gegen Rabat und andere Mannschaften um die marokkanische Meisterschaft spielten, war Echevarria in der Mitte der hinteren Reihe der forwards. Wir hatten sehr viel Vergnügen, als wir an den Wochenenden in ganz Marokko umherreisten und aßen und tranken – zumeist ohne dafür zu zahlen.

Welche bessere Tarnung konnte ich mir wünschen? Wer konnte ahnen, daß der Bursche, dessen Dribbeln auch mal im Sportteil der Zeitungen gewürdigt wurde, ein Deserteur von der Fremdenlegion war? Der forward zu meiner Rechten war ein Polizeiinspektor, und es gab zwei weitere Polizisten und zwei «guardes mobiles» in der Mannschaft.

Von da an hatte ich mehr Schüler, als ich bewältigen konnte. Ich mußte sie in Klassen einteilen. Ich spielte sogar mit dem Gedanken, in Casablanca eine Schule zu gründen. Da ich jetzt bis zu viertausend Francs monatlich verdiente, sagte ich dem Ungeziefer in Prospers Haus ade und mietete mir ein Zimmer im Haus von Julies Vater: ein komischer alter Kauz, der Tag und Nacht seine Kippa auf dem Kopf behielt; er hatte in seiner Jugend einem englischen Kaufmann in Mogador Lebensmittel verkauft und davon noch ein paar englische Ausdrücke behalten. Einer seiner beliebtesten Sätze war «You catch 'em good business». Jemand mußte ihm mal aus Ulk ein paar Schimpfworte beigebracht haben, denn er gebrauchte stets «bloody bastard» als Kosewort. Ich nannte ihn gewöhnlich «reglar la calor», denn wenn irgendwer im Haus eine Beschwerde hatte, vom verknacksten Knöchel bis zum Schnupfen, erschien er mit Natriumbicarbonat und sagte auf spanisch, er solle das einnehmen, es würde «reglar la calor» (die Temperatur regulieren). Er war ein lieber alter Mann und einem Gläschen Wein sehr zugetan, den er jedoch vor seiner Tochter niemals trinken wollte. Wenn ich ihm jedoch gewöhnlichen Wein in seine koscheren Flaschen füllte, zwinkerte er mir zu und sagte: «Bloody bastard», und alles war in Ordnung.

Das Leben war recht annehmbar für Thomas Bartolomeo. Ich gab morgens Stunden und manchmal auch abends. Nach dem Mittagessen spielte ich Rugby oder ging schwimmen. Abends führte ich Julie manchmal zu einer Tanzgesellschaft aus, wo die multinationale Jugend von Casablanca mit gutem Erfolg so tat, als hätte es nie einen Krieg gegeben; manchmal ging ich mit meinen Mannschaftskameraden auf eine Sauftour in die Stadt.

Casablanca bei Nacht war zu jener Zeit aufregend. Als ich einmal in «La reine pedauque» dinierte, saß ich an einem Tisch mit zwei amerikanischen Vizekonsuln und einem anderen mit untadelig aussehenden, aber unverkennbar deutschen Offizieren. In deren Begleitung saßen X und Y, die mir keinerlei Beachtung schenkten. Stammte ihr Geld aus dieser Quelle? Ich konnte mir kaum vorstellen, daß sie die Seiten gewechselt hatten, aber da saßen sie und unterhielten sich angeregt mit ihren Gastgebern. In diesem kleinen Restaurant waren die meisten Nationen vertreten. Casablanca galt selbst in Friedenszeiten als eine internationale Stadt mit einer starken spanischen und italienischen Gemeinde, abgesehen von den Franzosen, Arabern und Juden. Jetzt war es dazu noch mit Flüchtlingen vollgestopft, denen es noch einmal gelungen war, den Deutschen in Frankreich zu entkommen, die jetzt hier festsaßen, aber noch immer hofften, nach Lissabon oder Amerika zu gelangen. Um ausreisen zu können, brauchten sie sowohl eine französische Ausreisegenehmigung, die von der deutschen Waffenstillstandskommission gebilligt wurde, als auch ein amerikanisches Visum – eine Kombination, die nur schwer zu erlangen war. Einige von denen, die jetzt Champagner tranken, würden am Morgen vor der Polizeistation Schlange stehen und flehentlich bitten, nicht ins Innere abgeschoben zu werden. Der drohende Schatten der Internierung und vielleicht gar Auslieferung hing über ihren Häuptern. Die Mehrheit wurde nicht interniert – zumindest nicht, solange sie noch Geld besaß. Aber das Leben war kostspielig. Eine Frau, die ich in einem Nightclub Likör trinken sah, traf ich ein paar Monate ebendort wieder, wie sie die gleichen Getränke servierte.

Zuweilen beendeten wir unsere Abende, indem wir durch die arabische Stadt schlenderten, wo man in gewissen Kneipen noch Bier bekommen konnte, nachdem die Cafés alle geschlossen hatten. Hier war der Krieg am wenigsten spürbar. Ein geschlagenes Frankreich mußte die Araber mit großer Vorsicht behandeln. In der Medinah konnte man noch Tee mit reichlich Zucker bekommen, während die französischen Hausfrauen keinen mehr hatten. Der Araber ist frugal, aber wenn man ihm seinen Tee wegnimmt, den er stundenlang in sich hineinschlürft, gibt es Ärger. Die Deutschen hatten ihre Agenten in allen Eingeborenenstädten Marokkos; sie versuchten, Ärger und uralte Eifersüchteleien zwischen Arabern und den Juden wieder aufleben zu lassen. Damit hatten sie im allgemeinen keinen Erfolg, weil die marokkanischen Juden im großen und ganzen ebenso arm waren wie die Araber und nicht einmal, wie in Algerien, das Privileg der französischen Staatsbürgerschaft besaßen. Als Vichy antijüdische Gesetze einführte, soll der Sultan protestiert haben: «Die Juden sind ebensosehr mein Volk wie die Araber.»

Sechs Monate vergingen, und ich vergaß manchmal, daß ich mich nur deshalb in Casablanca befand, um zurück nach England zu gelangen. Es gab eine ganze Anzahl Menschen wie mich, die insofern Erfolg hatten, als sie noch frei waren. Aber sie waren nicht imstande, weiterzukommen. Brandt hatte sich als erfolgreicher Schwarzmarkthändler etabliert und lebte mit einem französischen Mädchen zusammen. Die Tatsache, daß er den ganzen Tag in einem Caféhaus saß, wo er Bridge spielte und alle seine Geschäfte machte, rückte ihn so nahe wie überhaupt nur möglich an sein Leben in Wien. Soweit ich weiß, lebt er immer noch dort als ehrenwerter Elsässer. Dann gab es dort noch Frank, der so sehr Franzose war wie ich Spanier: Als kanadischer Luftwaffenoffizier, der in Frankreich gekämpft hatte, gelang es ihm, sich während des Rückzugs die Papiere eines französischen Piloten zu verschaffen. Er hatte es weiter gebracht als wir alle, denn er wurde vom französischen Staat unterstützt und wartete darauf, demobilisiert zu werden. Aber selbst ihm war es nicht gelungen, mit einer Organisation in Berührung zu kommen, um auszureisen. Vichys Kontrolle der Verwaltung wurde ständig strenger. Die Polizeibeamten, die bereit gewesen wären, bei antideutschen Handlungen ein Auge zuzudrücken, wurden entweder ausgemerzt, oder sie mußten sich so sehr in acht nehmen, um nicht die eigene Stellung zu gefährden, daß sie für die kleinen Fische wie uns nicht viel tun konnten.

Frank und ich trafen uns oft und besprachen unsere Pläne, aber weiter kamen wir nicht. Der Patriotismus der meisten gutgesinnten Franzosen in Casablanca beschränkte sich gleichfalls aufs Reden; sie saßen in einem Café, besprachen die Nachrichten und jüngsten Gerüchte, hörten sich de Gaulle im Radio an, sagten «on les aura» und gingen dann mit dem Gefühl, eine Schar treuer Brüder zu sein, zufrieden zu Bett, als hätten sie der Sache ihres Landes einen guten Dienst geleistet. Es stimmte zwar, daß die Deutschen – abgesehen von den Offizieren der Waffenstillstandskommission – noch in weiter Ferne waren; es stimmte auch, daß nicht eben der beste Schlag Franzosen in Nordafrika lebte. Später sollte ich so manchen Franzosen kennenlernen, der ein wahrer Held war. Aber was die Mehrheit der dortigen Franzosen anging, so war der Vorwurf, daß ihr Patriotismus sich im Drehen von Rundfunkknöpfen erschöpfte, ein bißchen gerechtfertigt.

Man konnte sie entschuldigen; die Nachrichten aus Libyen und Griechenland ließen in verdächtiger Weise britische Schlamperei vermuten. Ich ließ den Dingen eine Zeitlang ihren Lauf. Auch das war verzeihlich. Nach der Legion boten selbst kleine Freuden wie das Essen an einem gedeckten Tisch oder ein Bad und das behagliche Sitzen in einem Kino große Lebensfreude. Oft fiel mir am Morgen ein, daß ich noch nicht aufzustehen brauchte; dann sagte ich mir: Steh jetzt auf, oder du kommst zu spät zum Appell. Ich schlief wieder ein, um von der sanften Stimme Julies statt vom Gebrüll eines Sergeanten geweckt zu werden.

13

Der dritte Versuch

Zwei Ereignisse brachten mich von neuem zu der Erkenntnis, daß ich nicht nach Casablanca gekommen war, um Rugby zu spielen und den Bildungsstand seiner vielgesichtigen Bevölkerung zu heben.

Frank, dem kanadischen Piloten, war es endlich gelungen, einen Engländer ausfindig zu machen, der tatsächlich Kontakt mit Gibraltar hatte. Er verschaffte uns französische Stabskarten und versprach, uns einen eingeborenen Führer von Petit-Jean nach der spanischen Grenze zu beschaffen, wo ein Auto vom britischen Konsulat in Tetuan uns aufnehmen und zu einem nach Gibraltar bestimmten Fischerboot bringen würde. Die Fahrt sollte etwa in zwei Wochen stattfinden. Da dieser Mann sowohl Engländer wie auch einer der leitenden Angestellten bei Shell war, konnte an seiner Zuverlässigkeit nicht gezweifelt werden.

Das zweite Ereignis war, daß ich unerwartete Nachricht von einem Freund in der Legion erhielt, den ich für tot gehalten hatte: Fyodor Minorski war ein junger russischer Emigrant, der Student in Cambridge gewesen war. Mit ihm hatte ich gegen Ende meiner Ausbildung in Bel-Abbes manche Flasche getrunken. Wir hatten wortreich darüber geklagt, daß wir besser in die chinesische Armee als in die Fremdenlegion eintreten hätten sollen. Als ich nach Marokko versetzt wurde, war Fyodor mit seiner Schwadron nach Tunesien gezogen und von dort nach Frankreich. Ich hatte seinen letzten Brief kurz vor dem Anfang der deutschen Offensive erhalten; danach hatte ich nichts mehr von ihm gehört, bis die Kavallerie der Legion – das, was davon nach dem Gemetzel an der Somme noch übriggeblieben war – nach Fez zurückkehrte; als ich einen der Überlebenden seiner Schwadron fragte, was aus Fyodor geworden war, erhielt ich die bündige Antwort: «Habe selbst geholfen, ihn begraben.»

Jetzt begegnete ich fast ein Jahr später einem anderen Kavalleristen der Legion, der einen zweitägigen Urlaub in Casablanca verbrachte. «Hast du Fyodor Minorski gekannt?» fragte ich ihn.

«Natürlich, du meinst doch den Kerl, der immer Schereien hatte, weil er beim Reiten ein Buch las, bis das Pferd stehenblieb, um an einem Busch zu knabbern, und die ganze Schwadron aufhielt?»

«Der arme, geistesabwesende Fyodor», sagte ich traurig, «wie hat es ihn an der Somme erwischt?»

«Hat ihn was?»

«Erwischt – gefallen?»

«Mach keine Witze», sagte der Kavallerist, «der ist jetzt in Bel-Abbes; nicht mal 'nen Kratzer hat er abgekriegt, diese geistesabwesenden Kerle erwischt es nie.»

Das war in der Tat eine Neuigkeit, und vielleicht wollte Fyodor eine Chance, mit uns durchzubrennen.

Ich schrieb ihm, und obwohl ich sicher war, daß er meine Handschrift erkennen und begreifen würde, wer Echevarria war, fragte ich mich, wie ich ihn in einem zensierten Brief von meinen Plänen unterrichten könnte. Dann erinnerte ich mich, daß er Student in Cambridge gewesen war, und schrieb: «Je voudrais revoir les derrières.» Für jeden Zensor muß das wie eine Vulgarität der Legion geklungen haben, aber es bedeutete, daß ich die «Backs» in Cambridge wieder besuchen wollte. Auf alle Fälle verstand Fyodor mich, denn eine Woche später kam er zu einem kurzen Urlaub nach Casablanca.

Kaum hatten Frank und ich ihm etwas Zivilkleidung

verschafft und etwas von unserem Geld zu unverschämtem Umtauschkurs gegen Pesetas und Pfund eingewechselt, als wir erfuhren, daß unser Mann von der Shell interniert worden war. Zwar hatte die Polizei keinen Wind von seinen geheimen Aktivitäten bekommen, aber um diese Zeit sperrte man jeden Engländer ein, wenn er weniger als zwei Holzbeine hatte.

Obwohl weder Frank noch ich allzusehr darauf brannten, die Grenzüberquerung auszuprobieren und den Wagen vom Konsulat ohne den arabischen Führer zu finden, mit dem wir ohne den Shell-Angestellten keinen Kontakt aufnehmen konnten, wurden wir durch die Anwesenheit Fyodors zum Handeln gezwungen; Frank und ich hatten in Casa eine sichere Existenz und konnten es uns leisten, eine bessere Gelegenheit abzuwarten. Fyodor dagegen war in keiner so günstigen Lage; er hatte bereits die Brücken hinter sich abgebrochen, indem er seine Urlaubsdauer überschritt. Da er keinen Personalausweis besaß, mußte er den ganzen Tag in meinem Zimmer bleiben und konnte nur nachts ein bißchen frische Luft schöpfen. Aber auch so würde er ohne Papiere binnen kurzem von der Polizei erwischt werden; die Polizei bekam jeden Tag die Bevölkerung fester in den Griff. Früher oder später würde ein Nachbar den fremden Mann denunzieren, der den ganzen Tag im Haus verbrachte. Die Alternativen waren also entweder, daß wir Fyodor rauswarfen oder daß wir Julies Familie ins Unglück stürzten, was beides unannehmbar war; deshalb mußten wir versuchen, das Treffen jenseits der Grenze ohne den Führer zu versuchen. Irgendwie waren wir froh, daß wir auf diese Weise zum Handeln gezwungen wurden; es kommt der Zeitpunkt, zu dem man schon aus Selbstachtung versuchen muß, ein vorgegebenes Ziel zu erreichen, ungeachtet der Erfolgsaussichten. So versuchten wir jedenfalls, uns selbst zu überzeugen.

Unser Plan war einfach: Wir wollten den Zug nach

Tangiers nehmen, zwei Stationen vor der Grenze aussteigen, bevor die Pässe eingesammelt wurden, und dann mit Hilfe der Stabskarten einen bewaldeten Streifen finden, wo wir uns tagsüber versteckt halten wollten, um nachts die Grenze zu überqueren und den Wagen des Konsulats am Morgen zur verabredeten Stunde zu erreichen.

Frank wollte seine Pistole mitnehmen, um sich, wenn nötig, den Weg durch die Grenzwachen freizuschießen, aber ich brachte ihn davon ab, da ich ein überzeugter Anhänger des Mottos «kämpfen und weglaufen» bin:

«He who fights and runs away
Lives to fight another day.»

Ich schlug weiterhin vor, daß wir uns auf einen Fehlschlag vorbereiten sollten, indem wir ohne irgendwelche Papiere gingen; wenn wir erwischt wurden, hätten wir immer noch eine Chance, wieder zu entkommen und unsere alten Identitäten wieder anzunehmen. Frank, der diesmal seinen ersten Versuch unternahm und der sich schon in Gibraltar Whiskey trinken sah, konnte sich mit diesem Gedanken eines Fehlschlags überhaupt nicht befreunden. Er bestand darauf, daß er als französischer Fliegeroffizier eine bessere Chance hätte, durchzukommen.

Der Tag des Abschieds kam. Nach einem letzten Essen im Garten eines Restaurants brachten Prosper und Julie uns zum Bahnhof. Wir beugten uns aus dem Fenster, sagten ihnen auf Wiedersehen und versuchten, das Aussehen unserer Mitreisenden anzunehmen: Diplomaten, reiche Kollaborateure und wohlhabende Flüchtlinge, alle hatten ihre kostbaren Visa in der Tasche. Oberflächlich gesehen war die «Schlafwagenatmosphäre» in diesem einzigen Zug, der aus der deutschen Einflußzone in ein neutrales Land fuhr, ähnlich wie früher in jedem internationalen Zug der Vorkriegszeit.

Fyodor und ich fuhren in der dritten Klasse, Frank, der die Fahrkarte eines Offiziers hatte, in der ersten. Als der Zug nordwärts durch Rabat und weiter nach Port Lyautey rollte, durchforschten Fyodor und ich zum letzten Mal unsere Kleidungsstücke und unser Gepäck nach Identifikationsstücken, die uns verraten konnten: Briefe, signierte Fotos und Notizbuchseiten sammelten wir ein, zerrissen sie in kleine Stücke und ließen sie, als wir die Brücke über den Sebou überquerten, in die Nacht hinausflattern. Als das geschehen war, lehnten wir uns zurück und warteten, wobei wir versuchten, die Ruhe zu bewahren, indem wir uns über unser Lieblingsthema unterhielten: chinesische Dichtung. Aber ich erinnere mich, daß sich Fyodor plötzlich mir zuwandte und sagte: «Du weißt doch, morgen sind wir entweder auf dem Weg nach Hause und sicher, an unser Ziel zu gelangen, oder im Gefängnis.» Es war sonderbar; selten kann man Alternativen im Leben so klar definieren.

Kurz vor Mitternacht kamen wir nach Petit-Jean, wo der Zug geteilt wurde: eine Hälfte fuhr nach Fez und Algerien, die andere über die Grenze und nach Tangier. Als unser Teil eine halbe Stunde später wieder abfuhr, waren die zweite und die dritte Klasse fast leer, während sich die Eingeborenen in den Viehwagen der vierten Klasse drängten. Wären wir ein halbes Jahr älter gewesen, dann wären wir zu ihnen gestiegen, mit einer Djellabah über unserer Kleidung, denn die Polizei kontrollierte nie diese Wagen; sie konnte sich durch diese hockende, wimmelnde Masse nicht durchkämpfen. Solange man nicht gesehen wird, wenn man sich in einen arabischen Wagen schmuggelt, ist man vor der Entdeckung sicher – aber das erkannten wir erst später.

Eine andere Gelegenheit haben wir versäumt: drei Stationen vor Souk el Arba, wo wir aussteigen wollten, gingen wir durch zwei Wagen des Zuges hindurch und fanden den Kohlenwagen unmittelbar vor uns. «Sollen wir raufspringen und uns in die Kohle eingraben», fragte Fyodor, «und so bis Tangier durchfahren?» Das hätte eine abrupte Änderung unserer Pläne bedeutet, aber das Risiko schien sich zu lohnen. Nur wollten wir es erst mit Frank besprechen. Zeit schien noch genügend vorhanden zu sein, denn nach allen unseren Berechnungen nahmen wir an, daß die Kontrolle erst hinter Souk el Arba einsetzte. Als daher zwei Männer, die bis auf ihre gezogenen Pistolen harmlos aussahen, in unser Abteil kamen, waren wir nicht nur überrascht, sondern überrumpelt. Bevor wir Zeit hatten, «verdammt» zu sagen, hatten sie uns sorgfältig mit Handschellen aneinandergeschlossen und waren wieder hinausgegangen, wobei sie die Abteiltür hinter sich abriegelten. Als wir dort saßen, erwarteten wir irgendwie noch immer, daß sich das Ganze als Scherz herausstellen würde, nur die Handschellen waren eine solide Garantie dafür, daß England und Freiheit für uns so unerreichbar waren wie je zuvor.

Es war nicht der richtige Zeitpunkt, um in Untätigkeit zu versinken. Ich sagte zu Fyodor: «Es wäre besser, wenn wir beide britische Soldaten wären und Brüder, so daß sie uns nicht trennen.»

«Wie heißen wir?» fragte Fyodor. Die Polizisten kamen schon wieder auf dem Gang zurück. Der einzige Name, der mir einfiel, war Harris.

«Du bist Teddy und ich Philip Harris», konnte ich gerade noch Fyodor zurufen, als sich die Tür öffnete und Frank, der auch sehr verwirrt aussah, hereingestoßen wurde. Frank war allerdings nicht mit Handschellen gefesselt, weil er einen Ausweis hatte, aber wie der Polizist sagte, müsse er überwacht werden, bis er seinen Aufenthalt in einem Zug gerechtfertigt hätte, der in spanisches Hoheitsgebiet führe.

Tatsächlich errieten sie unsere Absichten, und da wir

nun richtig verhaftet waren, entspannten sie sich, steckten ihre Waffen in die Tasche und begannen uns zu erzählen, was wir für Idioten gewesen seien; wenige Polizisten können der Versuchung, ihre Überlegenheit zu demonstrieren, widerstehen. «Seht mal», erklärten sie, «das ist der einzige Zug aus Marokko, und jede Nacht nehmen wir drei oder vier Leute euresgleichen darin fest. Wir sind immer zu zweit in dem Zug, und wir haben eine volle Beschreibung eines jeden Reisenden mit Ausreisevisum; daher hatten wir euch schon so gut wie sicher gefaßt, als ihr in Petit-Jean nicht ausgestiegen seid.»

Als Gefangene setzten wir die Reise via Souk el Arba und bis zur Grenze fort, wo wir den Zug verlassen mußten. Einen Augenblick wurden Fyodor und ich allein an den Geleisen stehengelassen. Wir überlegten uns schon, ob wir ins Dunkel ausreißen sollten. Aber rennen ist kein Vergnügen, wenn man an einen anderen mit Handschellen angeschlossen ist. Zudem hatten wir nicht mehr genügend Mumm; daher standen wir nur da und kamen uns wie die größten Idioten vor, wenn uns jemand mit einer Taschenlampe anstrahlte. Es ist unmöglich, mit Handschellen die Würde zu bewahren. Jedesmal, wenn man sich an der anderen Schulter kratzen wollte, mußte man die hängende Pfote des Partners mit der eigenen hochheben – eine Behinderung, die man nur mit Übung bewältigen kann.

Kurz darauf setzte sich der Zug, der nach weiteren Flüchtlingen gründlich untersucht worden war – wir bemerkten mit Wut, daß der Kohlenwagen nicht untersucht wurde –, nach Spanien in Bewegung; während Frank auf Ehrenwort ein Zimmer nehmen durfte, wurden wir, über ein paar kahle Hügel stolpernd, zu einem niedrigen Steinhaus geführt. Dort nahm uns eine verschlafene arabische Wache die Handschellen ab und schob uns durch eine dunkle Tür; dann hörten wir das vertraute Rasseln von Schlüsseln, die sich entfernenden Schritte, und wir waren allein.

Da wir keine Streichhölzer hatten, konnten wir unsere Bleibe erst am Morgen in Augenschein nehmen.

«Nehmen wir mal an, daß das hier unentrinnbar ist», sagte Fyodor, «und schlafen wir ein bißchen.»

Nachdem wir auf dem Boden umhergetastet hatten, fanden wir eine Stelle, die frei war von Schutt und anderen unliebsamen Überraschungen. Wir legten uns in einigem Abstand nebeneinander, da ich – Gott weiß wie – eine unangenehme Kombination von Hautausschlägen bekommen hatte, die sich ebendiese Nacht ausgesucht hatten, um sich bemerkbar zu machen; der eine Ausschlag war Krätze, die einen nacheinander an verschiedenen Stellen juckt, bis man sich die Haut überall wundgekratzt hat, der andere ein Ekzem. Diese abstoßende, Eiter absondernde Krankheit fing hinter meinem rechten Ohr an und verbreitete sich über die Backe. Zu Fyodors Pech wurde es sehr kalt, und da wir keine Decken hatten, entschied er sich sehr bald für ein Ekzem und Wärme, statt die Nacht mit gesundem Zähneklappern zu verbringen. Wir rückten zusammen, breiteten seinen Mantel über unsere Füße und meinen über unsere Schultern. Dann einigten wir uns über die Einzelheiten unserer Brüder-Harris-Geschichte, um uns für das Kreuzverhör vorzubereiten. Wir wollten uns so sehr wie möglich an die Wahrheit halten, unser richtiges Alter angeben; die Namen unserer Eltern, die Schule, die wir besucht hatten, sollten meinem Lebenslauf entsprechen, und wir wollten beide Soldaten der British Expeditionary Force sein, die in Frankreich gefangengenommen, aber geflüchtet und als blinde Passagiere nach Nordafrika gelangt waren. Nachdem wir all dies abgesprochen hatten, schliefen wir ein.

Als wir aufwachten, schien die Sonne in die kleine schmutzige Zelle; diese war nicht eben sehr einladend, aber aus irgendeinem unerforschlichen Grund fühlten wir uns äußerst vergnügt; und da wir den ganzen Morgen allein gelassen wurden, entschlossen wir uns nach Art Gauguins, unser Domizil auszuschmücken. Mit einigen Kohlestücken, die wir in einer Ecke fanden, begannen wir Gedichtverse auf alle Seiten der getünchten Wände zu schreiben, wobei wir mit Horaz' «Eheu fugaces, Postume, Postume, labuntur anni...» begannen und dann eigene Meisterwerke verfaßten, wie zum Beispiel: Die Sonne sinkt, um aufzugehen, / Und aufgegangen, sinkt sie; / Die Weisen preisen dies Geschehen, / Doch unter uns, da stinkt sie.

Fyodor, alias Teddy, steuerte ein pseudo-japanisches Gedicht bei, wobei er behauptete, daß irgendwer darin eine tiefe Bedeutung entdecken würde, selbst wenn wir es nicht taten:

> Das Leben ist ein Fluß
> Mit vielen Wassern,
> Und manche sind zu schnell
> Und manche zu träg';
> Aber der Mann,
> Der zu viele Töchter hat,
> Ist wie der Berg Fuji
> Bedeckt mit Schnee.

Wir gingen sogar so weit, spanische Dichtung niederzuschreiben, aber da sie weder spanisch noch Dichtung war, mag sie der Nachwelt vorenthalten bleiben. Als auf den Wänden kein Platz mehr war, schrieben wir alles in unsere Notizbücher unter dem Titel: «Zeilen aus dem Arbaua-Gefängnis» von Teddy und Philip Harris. Wir verabredeten uns, daß wir sie veröffentlichen wollten, wenn wir berühmt waren, aber nicht vorher.

Unsere arabischen Wachen begriffen diese Fröhlichkeit von Gefangenen nicht. Den ganzen Morgen über strömte eine Prozession von örtlichen Eingeborenen an unserem

Fenster vorbei; sie spähten durch die Gitter zu uns herein und verrenkten sich die Hälse, um zu entziffern, was wir an die Wände geschrieben hatten. Wir konnten uns vorstellen, wie sich die Affen in ihren Käfigen fühlen. Genau wie die Zoobesucher die Kapriolen seltsamer Tiere beobachten, kamen die Grenzbewohner, um einen Blick auf die zwei Männer zu werfen, die sich im Gefängnis amüsierten.

Als wir um elf zum Verhör aus der Zelle gelassen wurden, führte man uns über einen Hof, an gackernden Hühnern und kichernden Fatmas vorbei zur Station, die die Funktionen eines Wirtshauses, eines Zollhauses und einer Polizeistation miteinander verband. Der Oberinspektor, dem wir vorgeführt wurden, war ein recht annehmbarer Mann namens Lamfuss; er saß hinter einem Schreibtisch und befragte uns eher wie ein wohlwollender Schulmeister; Teddy und ich sagten unsere Brüder-Harris-Litanei wie eine wohlvorbereitete lateinische Lektion her, mit einem allzu auffälligen britischen Akzent. Unsere Aussage wurde von einem der anwesenden Untergebenen treulich aufgeschrieben. Bald jedoch, als Fragen wie: «Wo war das letzte Generalhauptquartier eures Regiments in Frankreich?» an uns gestellt wurden, mußten wir die Antwort verweigern, um uns nicht in der eigenen Geschichte zu verheddern.

«Aha, ihr wollt nicht reden», entschied Lamfuss darauf, «dann seid ihr besser in eurer Zelle aufgehoben, vor allem, da es euch dort zu gefallen scheint.»

Aber bevor wir wieder in unsere Zelle eingeschlossen wurden, durfte ich mir noch mein Gesicht waschen, auf dem sich die Infektion ausbreitete. Mittags brachte uns eine Fatma eine erstklassige Mahlzeit, die sie unter der Tür durchschob. Dann sah sie kichernd zu, wie wir sie verschlangen. Diese Mahlzeit verdankten wir Frank, der immer noch auf Ehrenwort frei herumlief. Aber da er nicht beweisen konnte, daß er hergekommen war, um die frische Gebirgsluft zu atmen, wurde er zu weiteren Verhören durch die dortige Polizei mit uns nach Casablanca zurückgeschickt.

Soweit war alles in Ordnung; wir hatten nichts preisgegeben, und wenn unsere Bewachung auf der Reise nach Casablanca nicht zu stark war, würden wir vielleicht einen Weg zur Flucht finden. Um sechs Uhr wurden wir sogar rausgelassen, um eine Partie Boule mit den Polizisten und Zollbeamten außerhalb der Umfriedung zu spielen. Es war schwierig, sich auf das Spiel zu konzentrieren; zum erstenmal standen wir praktisch an der Grenze. Um aber sicherzustellen, daß wir uns mit sehnsüchtigen Blicken auf die Wiesen begnügten, die sich nach Spanisch-Marokko zu senkten, brachten einige der Polizisten auffällig ihre Pistolen zum Vorschein, als wollten sie ein nicht vorhandenes Stäubchen von ihnen abwischen.

Lamfuss, dessen war ich sicher, hätte uns am liebsten laufen lassen, wenn er es gekonnt hätte, aber die meisten seiner Untergebenen waren junge faschistische Schinder, die bei der Polizei eingestellt wurden, um die älteren Beamten, die als unzuverlässig entlassen worden waren, zu ersetzen. Einer von ihnen stellte ein fast allzu echtes Beispiel der neuen Ordnung dar. Er redete uns immer in barschem und Lamfuss in unterwürfigem Ton an; er haßte die Engländer, wie es von «Gringoire» und der hetzerischen Vichy-Presse vorgeschrieben war; er machte häufigen Gebrauch von dem eindrucksvollen Begriff: anglojüdisch-bolschewistisch. Er plusterte sich auf und ging, was vielleicht am typischsten war, stets mit geballten Fäusten umher. «Nehmen Sie sich in acht», sagte Teddy zu ihm, «oder Sie kriegen Muskelstarre!»

Er wußte nicht recht, wie er das auffassen sollte, aber Teddy sah ihn mit so holder Unschuld an, daß er es durchgehen lassen mußte. Ich bilde mir ein, daß Lamfuss ein

Grinsen unterdrücken mußte, aber bei solchen Untergebenen hätte ihn jede uns erzeigte Milde die Stellung gekostet.

Wir hatten gehofft, daß dieser stolzierende Faschist unsere Wache nach Casablanca sein würde – es hätte uns ungemischtes Vergnügen bereitet, ihn niederzuschlagen –, aber darin wurden wir enttäuscht. Als wir die Station nachts verließen, war ein anderer Polizist unser Bewacher, den wir noch nicht gesehen hatten. Er war recht höflich und angenehm, aber sein einziger Nachteil bestand darin, daß er dauernd die rechte Hand auf der Pistole in seiner Rocktasche hielt.

Da wir beschlossen hatten, den Burschen bei erster Gelegenheit niederzuschlagen, fingen wir sofort damit an, ihn systematisch von unserer Harmlosigkeit zu überzeugen. Schon als wir zum Zug gingen, unterhielt sich Frank mit ihm, während Teddy und ich hinterherzottelten, um einen Schnürsenkel zuzubinden, und dann riefen: «He, lauft uns nicht davon!»

Als wir im Zug waren, sagte er uns, daß wir in Casablanca wahrscheinlich entlassen würden; alle Polizisten versichern ihren Gefangenen, daß sie nichts zu fürchten hätten, damit sie nicht aufsässig werden. Zur Erwiderung spielte Teddy wieder den Naiven und fragte mit seiner vertrauensvollen, ängstlichen Stimme: «Glauben Sie wirklich?» Ich hätte ihm beinahe die Tour verdorben, weil ich fast lachen mußte.

Mit der Zeit begann uns unser Wächter als harmlose, irregeleitete Dummköpfe zu behandeln, was uns in unseren Plan paßte. Ob man erwischt wird, wenn man auf einem Fahrrad ohne Beleuchtung St. Giles in Oxford entlangfährt, oder gesetzwidrig versucht, eine internationale Grenze in Marokko zu überschreiten – bei allen Polizisten der Welt zahlt es sich aus, den Dummen zu spielen. Wenn man einmal erwischt wird, soll man so tun, als sei man einfältig, und sie ihre Überlegenheit bis zur Neige auskosten lassen; allein ein lammfrommes Verhalten kann einem später die Gelegenheit verschaffen, sie zu überrumpeln und jenes Schlupfloch zu finden, das ein Entkommen ermöglicht.

Unser Mann wurde recht zutraulich und nahm uns sogar in Petit-Jean, wo wir anhielten, zum Büfett zum Trinken mit. Das erwies sich als nützlich; wir bestanden darauf, daß er mit unserem beschlagnahmten Geld bezahlen solle, und erlangten dadurch Gewißheit für unsere Vermutung: Sowohl unser Geld als auch unsere Haftbefehle, Fotos, Franks Personalausweis und die Personenbeschreibungen, die sie von uns für die Polizei in Casablanca angefertigt hatten, befanden sich in dem großen Briefumschlag, den er mit sich trug. Wenn wir dieses Umschlags habhaft werden konnten, wäre keine Spur von unserer Expedition mehr vorhanden.

Nach unserer Rückkehr in den Zug versuchten wir, uns auf einen Schlachtplan zu einigen. Wir taten das, indem wir den Mann in eine angeregte Diskussion in französischer Sprache über Fußball verwickelten und miteinander in englischer Sprache unsere Pläne besprachen, wobei wir taten, als übersetzten wir, was er gesagt hatte. Wenn wir zum Beispiel behaupteten: «Die italienischen Mannschaften waren so gut, weil sie vom Staat finanziell unterstützt wurden», lautete meine Übersetzung davon für Teddy und Frank: «Wir sollten uns alle zusammen auf ihn stürzen, dann wird ihn schon einer k.o. schlagen.» Oder ich gähnte und reckte mich und sagte verschlafen: «Wie wär's nach der nächsten Station?» im Ton von: «Mein Gott, bin ich müde!»

Frank jedoch verschob die Aktion von Station zu Station, und wir konnten darüber nicht ausreichend diskutieren. Plötzlich hatte ich das peinliche Gefühl, daß wir die passende Gelegenheit versäumen würden. Ob ich mit diesem Argwohn recht hatte, weiß ich immer noch nicht, aber ich hatte die unangenehme Erinnerung an meinen früheren Versuch, der mißglückt war, weil ich zu einem zurückgegangen war, der kalte Füße gekriegt hatte, und ich entschloß mich, Frank und Teddy ein Beispiel zu geben.

Ich sackte in meiner Ecke zusammen und tat so, als schliefe ich ein; dabei prüfte ich die Lage: Ich saß am Fenster, Frank mir gegenüber und Teddy neben mir; der Polizist hockte neben der Abteiltür, den Kopf in den Kragen gesenkt – ob seine Augen geschlossen waren, konnte ich bei dem schummrigen Licht nicht feststellen. Er hatte immer noch die Hand auf der Pistole in der Tasche – wahrscheinlich aus Gewohnheit, aber aus Gewohnheit konnte er sie vielleicht auch sehr schnell ziehen, und das mußte ich in Rechnung stellen. Der Umschlag mit dem Geld und den belastenden Papieren befand sich im Gepäcknetz über seinem Kopf. Theoretisch konnte mit dem Plan, den ich im Kopf hatte, nichts schiefgehen, und ich schäme mich heute noch meiner schlimmen Angst, die mich quälte, als ich da kauerte. Ich hatte nicht so sehr Angst vor der Pistole, sondern daß ich mich zur Tat ohne Unterstützung durch die anderen aufraffen mußte; ein Teil von mir sagte immer wieder: «Laß es drauf ankommen. Wenn die anderen nichts unternehmen, ist es ihr Fehler.» Aber inzwischen war es für mich zu einer Bewährungsprobe geworden, und wenn ich jetzt klein beigegeben hätte, dann hätte ich mich gefühlt wie einer, der auf den Sprungturm gestiegen ist, auf das Wasser hinuntersieht und sich entschließt, doch lieber wieder die Stufen runterzugehen. Ich holte tief Atem und versprach mir: Nach der nächsten Station.

Es war ein kurzer Halt, der Zug verlangsamte die Fahrt und hielt an. Ich bewegte mich, als wäre ich unruhig, und blinzelte zum Polizisten hinüber; er schien immer noch eingenickt. Der Zug fuhr langsam wieder an, und ich wartete ein paar Sekunden: Die Sache mußte genau abgepaßt sein, denn einerseits würde er im stehenden Zug noch auf jede Bewegung von mir aufpassen, andererseits durfte der Zug nicht so schnell fahren, daß ich mir beim Rausspringen etwas brechen würde.

Als der Zug wieder anfing zu fahren, stand ich auf und ging zur Mitte des Abteils, wo ich mich reckte – eine natürliche Bewegung für einen, der in verkrampfter Haltung geschlafen hat. Dieses Strecken brachte meine linke Hand bis auf wenige Zentimeter an den Türgriff heran, meine rechte streifte fast den Umschlag im Gepäcknetz. Das weitere geschah gleichzeitig: Ich rammte ihm das Knie in den Bauch, so daß er auch die Pistole nicht ziehen konnte, ergriff den Umschlag mit meiner rechten Hand, riß mit der linken die Tür auf und schrie Frank und Teddy zu: «Los!» Raus aus der Tür, die ich dem Polizisten ins Gesicht knallte; das gab mir Zeit, den Gang entlangzurennen, die Wagentür zu öffnen und rauszuspringen. Ich landete auf ziemlich steinigem Boden, wobei ich auf eine Hand fiel und die Hose zerriß. Aber als ich aufsprang und zu laufen anfing, bemerkte ich, daß ich nichts Entscheidendes gebrochen hatte. Haken schlagend wie ein Hase – für den Fall, daß er auf mich schoß –, über Steine stolpernd und ächzend, rannte ich einen kahlen, mondbeschienenen Hügel hinauf, bis ich zerklüfteten Boden erreichte und im Schatten eines Felsens zusammensank. Von dort sah ich – wunderbarer Anblick – das Schlußlicht des Zuges verschwinden und niemand hinter mir herrennen. Ich hatte es geschafft.

Was sich im Wagen abspielte, hörte ich später von Frank und Teddy. Der Polizist hatte schnell gezogen, aber es dauerte einige Zeit, bis er die Abteiltür wieder öffnen konnte. Statt sich auf ihn zu stürzen, während er an der Tür hantierte, öffneten Frank und Teddy das Fenster, als er mir auf dem Gang nachjagte. Teddy hatte bereits das Bein draußen, als der Polizist, der mich als verloren aufgab, wieder zurückkam. Der Anblick der Pistole ließ Teddy erstarren; sein eines Bein hing draußen, das andere war noch im Abteil. Für den Rest der Fahrt trugen die beiden Handschellen.

Als der arme Beamte in der Polizeistation von Casablanca mit nur zwei Gefangenen und noch dazu ohne ihre Papiere ankam, wurde er beinahe entlassen.

Monate später traf ich einen Mann in Casablanca, dessen Gesicht mir bekannt vorkam. Ich konnte ihn jedoch nicht einordnen, bis er mich begrüßte mit: «Tiens, le Gangster.» Er schien mir nicht übelzuwollen, sondern sagte nur: «Von jetzt an werde ich mich vor den Sanftmütigen und Milden besonders in acht nehmen.»

Eine Zeitlang lag ich auf dem Rücken, erst langsam kam ich wieder zu Atem. Jetzt, da das Rattern des Zuges in der Ferne verklungen war, waren die Schläge meines Herzens der einzige Laut in der mich umgebenden Stille. Der kalte Wind drang mir bald in die Knochen. Das Mondlicht verformte die kantigen Felsen zu unheimlichen Gestalten. Aber was machte das schon? Ich war frei. Ich brauchte nur Casablanca zu erreichen, ohne mit der Polizei in Berührung zu kommen; wenn ich wieder meinen Personalausweis auf den Namen Echevarria bei Julie abgeholt hatte, konnte ich jede Kenntnis eines gewissen Philip Harris leugnen. Jede ihn betreffende Spur befand sich in dem dicken Umschlag in meiner Hand.

Ich stand auf, orientierte mich nach dem Nordstern und setzte mich nach Westen, zur Küste, in Bewegung. Ich entdeckte, daß ich in einem verlassenen Steinbruch gelandet war. Sehr bald fand ich die Hauptstraße nach Rabat, dieselbe, die ich zuerst auf dem Weg von Fez gesehen hatte. Es waren etwa fünfundzwanzig Kilometer bis Sale. Den Rest der Nacht ging ich auf der verlassenen Straße.

Als die Dämmerung kam, war sie so schön, daß ich mich, müde, zerschlagen und verschorft, wie ich war, kaum des Singens enthalten konnte. Ich ging in die frische Morgenbrise hinein, die den würzigen Geruch der Eukalyptusbäume mitbrachte. Ich war frei.

Ein Eselskarren, der Milch nach Sale hineinbrachte, überholte mich; und trotz meines Aussehens nahm mich der alte Franzose mit: so mächtig ist die Aura des Erfolgs.

Von Sale nahm ich den Bus nach Casablanca. Bevor ich nun meinen dringenden Wunsch nach einem Bett erfüllen konnte, mußte ich mir erst ein einigermaßen respektables Aussehen verschaffen, um in ein Hotel gelassen zu werden. Aber der Barbier warf einen Blick auf den in den dreitägigen Stoppeln verklebten Eiter auf meiner Backe und sagte, ich solle erst einen Arzt aufsuchen. Das tat ich auch und ging dann verbunden und rasiert, keineswegs wie ein Flüchtling aussehend, in Rabats schickstes Hotel, wo ich mich als Frank eintrug, denn sein Personalausweis war der einzige in meinem Umschlag.

Als ich mich endlich zwischen den weißen und ungezieferlosen Laken befand, zwang ich mich, noch eine Weile wach zu bleiben, um diese Wonne voll auszukosten. Dann entführte mich meine Müdigkeit aus dieser Welt für den Rest dieses Tages und eine Nacht.

Am nächsten Morgen nahm ich sicherheitshalber Abschied von diesem Hotel. Ich überlegte, wie ich nach Casablanca kommen könnte. Ich dachte daran, ein Fahrrad zu stehlen für den Fall, daß die Züge überwacht wurden. Endlich entschied ich mich dazu, einen Überlandbus zu nehmen, den ich für sicher hielt. Ich fragte den Portier im Hotel nach der Bushaltestelle und kaufte mir dort ein Tikket für den Bus nach Casablanca um sechs Uhr abends. Wenn ich wieder in Casablanca war, konnte ich mir Gedanken über Teddy und Frank machen und wie ich ihnen helfen könnte, wenn es ihnen nicht gelungen war, auch zu entkommen. Dann hatte ich Zeit, über die Zukunft nachzudenken; aber für den Rest des Tages wollte ich mein Geld und die Freiheit genießen, die ich mir durch einen Griff und einen Sprung errungen hatte.

Wie alle marokkanischen Städte ist Rabat herrlich, wenn man nicht Soldat ist und Geld in der Tasche hat. Ich verbrachte den Morgen auf der Veranda eines Cafés und betrachtete zufrieden die Palmenzweige über mir oder den geeisten Aperitif in meiner Hand. Mir wurde bewußt, daß ich auch noch ein drittes Objekt betrachtet haben muß, und zwar ein Mädchen, das sich nicht weit entfernt in einem Stuhl zurücklehnte – aber erst, als sie mir zunickte. Mit ihrem schwarzen Haar, den schwarzen Augen, dem schwarzen Kleid und der fast kreideweiß gepuderten Haut bot sie jenen lebhaften Kontrast von Schwarz und Weiß, den nur die spanischen Frauen erzielen. Ja, ich kannte sie – vermutlich von einer Party.

Was ich hier in Rabat triebe? Was konnte man in Rabat überhaupt treiben?

«Ich wollte mir die Oudayas ansehen.» Bisher hatte ich mich in Marokko noch nicht viel umgesehen, aber ich erinnerte mich, daß das ein Anziehungspunkt für die Touristen in Rabat war: die Gärten des Sultans. Ob sie mitkommen würde?

Sie hieß Conchita. Es machte mir Spaß, beim Mittagessen zu sagen: «Si, Conchita», und «Verdad, Conchita?», und in außergewöhnlichen Umständen eine gewöhnliche Rolle zu spielen. Es machte mir Spaß, zu beobachten, wie sie sich sorgfältig ihren Weg durch die schmutzigen, übelriechenden Straßen dieser Eingeborenenstadt zum alten Palast des Sultans am Meer suchte. Von außen gesehen bieten die Oudayas wie die meisten arabischen Gebäude nur eine nackte, sonnenverbrannte Mauer. Dadurch wird die Überraschung beim Anblick der blühenden Gärten im

Innern und die durch zahllose Springbrunnen geschaffene kühle und feuchte Luft nur um so lebhafter.

Über sich windende Stufen und Durchgänge in der dikken Mauer hochsteigend, gelangten wir auf einen Felsvorsprung unmittelbar über dem Meer. Auf einer aus dem Fels gehauenen Terrasse mit einem mächtigen Feigenbaum ruhten wir uns aus und schlürften den Minztee, wobei wir über die weiße Stadt und den unten liegenden Hafen blickten. Wir konnten die drohenden Forts von Sale am anderen Ende der Bucht sehen, Himmel und Wasser mit Sonnenlicht überflutet.

Die guten Momente des sogenannten Abenteuerlebens sind selten, aber wenn sie da sind, haben sie ein ganz besonderes Aroma. Hier zu sitzen, nachdem ich in einer kalten und schmutzigen Zelle gehockt hatte, ließ alle Furcht und die Erinnerung an meine Misere verblassen. Es gab nur diesen einen Augenblick.

Um 17.50 Uhr nahm ich meinen Platz im Bus nach Casablanca ein. Um 17.55 Uhr sah ich zwei Männer mit suchendem Blick darauf zukommen. Blitzartig wußte ich nicht nur, daß es Polizisten waren und daß sie meinetwegen kamen, sondern auch, wie sie mir auf die Spur gekommen waren: Sie hatten in jedem Hotel nach einem Mann mit einem Verband gefragt, und der Portier hatte ihnen erzählt, daß ich mich nach der Busstation erkundigt hätte.

Aus dem Bus gab es kein Entkommen, er hatte keine Hintertür, kein offenes Fenster.

«Dürfte ich Sie bitten, einen Augenblick auszusteigen und uns Ihren Personalausweis zu zeigen?» fragte der Größere.

Als ich aus dem Bus heraus war, sah ich meine letzte Chance. Ich steckte die Hand in die Innentasche, duckte mich und rannte davon, in der Hoffnung, daß ich auf dem belebten Platz untertauchen könnte. Aber dieses Mal hatte man keine Tölpel geschickt, und man hatte sie gewarnt. Einer von ihnen erwischte meinen Jackenärmel, und als ich ihn abgeschüttelt hatte, brachte mich der andere mit einem guten Rugbysprung zu Boden. Das war nicht das erstemal, denn es stellte sich heraus, daß dieser Polizist in der Mannschaft von Rabat gegen mich gespielt hatte. Sie drehten mir gekonnt den Arm um und schnappten die Handschellen über. All dies spielte sich auf dem Hauptplatz von Rabat ab, und ich erinnere mich an die Blicke der Menge, die sich angesammelt hatte: sie sahen mich an wie ein wildes Tier. Dann hatte ich nur noch einen einzigen, immer wiederkehrenden Gedanken, als ich zur Polizeistation abgeführt wurde: Mein Gott, dies kann nicht sein, mein Gott, das kann nicht wahr sein!

14

Nadir

Der Raum, wo sie mich abluden, war keine eigentliche Zelle, sondern eine Art Gefängnis-Empfangshalle, wo die eingelieferten Gefangenen so lange warten mußten, bis der Commissaire sich entschieden hatte, was mit ihnen geschehen sollte. Es war ein düsterer, fensterloser Raum; das einzige Licht kam von einer Tür, die unmittelbar hinaus auf den sonnenbeschienenen Garten führte; hinter der Wache, die als Silhouette gegen dieses helle Rechteck stand, konnte ich die Ecke eines Beetes mit roten Blumen sehen: Tulpen, Geranien oder dergleichen. Sie waren ein höhnischer Hinweis auf Freiheit und Sonnenschein.

Im Zimmer war das erste, was mir auffiel, ein schmutzigweißer Fleck, der sich in einer Ecke auf und ab bewegte. Als sich meine Augen an das Dämmerlicht gewöhnt hatten, stellte er sich als Bauch heraus, der aus einem offenen Hemd herausragte und einem Wrack von Mann gehörte, der, an die Wand gelehnt, eingeschlafen war; hin und wieder gab er einen heftigen Schnaufer von sich, der das rhythmische Auf und Ab seines Bauches unterbrach. Schon der Gestank, der von ihm ausging, verriet, daß er nur hier war, weil er besoffen war.

«Glückliches Würstchen – den lassen sie wieder laufen, sobald er den Rausch ausgeschlafen hat.»

Auf der gegenüberliegenden Bank zog ein sorgfältig gekleideter Mann behutsam gut gebügelte Hosen hoch, bevor er elegant die Beine übereinanderschlug. Er blies Rauchringe aus einer Zigarette mit der Nonchalance eines

Menschen, der in der Vorhalle eines feinen Hotels sitzt und einen Geschäftsfreund erwartet.

«Schwarzmarkthändler», vermutete ich; «ein guter Rechtsanwalt und ein paar tausend Francs, an die richtigen Stellen verteilt, und heute abend trinkt er seinen Aperitif wieder in Freiheit.»

In diesem Augenblick wurden gräßliche Töne von draußen vernehmbar. Das helle Rechteck der Tür wurde von einer Frau verstellt, die ein uniformierter Polizist halb in den Raum zerrte, halb stieß. Nach ein paar Schritten warf sie sich jedesmal zu Boden und stieß die gräßlichsten Schreie aus, die ihre Verzweiflung, Erniedrigung und ihren Mangel an Selbstkontrolle ausdrückten. Erst sabberte und spie sie obszöne Worte gegen ihren Häscher, gleich danach bot sie sich ihm an mit einer Lüsternheit, die noch gräßlicher war: Er hätte alles von ihr haben können, sie würde ihm alle Wonnen verschaffen, wenn er sie bloß nicht ins Kittchen steckte. Aber beide Versuche brachten ihr nur einen weiteren Stoß des Polizisten ein, dessen unbeteiligte Miene nicht einmal Ekel erkennen ließ; er versetzte ihr einen letzten Schubs, sie landete unmittelbar vor den makellosen, spitzen und polierten Schuhen des Herrn. Obwohl es genügend Bänke gab, versuchte sie nicht, aufzustehen oder auch nur das Gemisch von Schmutz, Tränen und Kosmetik vom Gesicht abzuwischen; sie lag da, abwechselnd schluchzend und murmelnd: «Ah, les salots! Ah, les salots!» Was sie war, schien eindeutig, was sie getan hatte, nicht.

Was diesen Schinder von Polizisten betrifft, dachte ich, so ist er zu Hause ein ganz gewöhnlicher Mann: Er nimmt seine Frau samstags mit ins Kino und läßt die Kinder auf seinen Knien reiten; er ist anständig zu denen, die er für gleichrangig hält; aber wenn man den gewöhnlichsten Menschen Macht über andere und einen Grund dafür gibt, sie zu verachten, wenn man sie davon überzeugt, daß sie Nutten sind oder dreckige Juden oder Gaullisten, dann ist das Resultat nicht schön anzusehen. Eine Nutte oder ein Deserteur, was ist der Unterschied? Tritte und Verachtung, das ist die Behandlung, der auch ich von jetzt an wieder ausgesetzt sein würde.

Die Blumen draußen, die Gesichter meiner Leidensgenossen, ihr Gejammer und ihr Mißgeschick brachten mir nur mein eigenes Unglück vor Augen: Ein nutzloser Gedanke wiederholte sich in Variationen, aber mit der Beharrlichkeit eines stechenden Kopfwehs in meinem Hirn: Mein Gott, das hast du wieder vermasselt, das ist das Ende.

So ein Schlag des Schicksals hat die gleiche Wirkung auf unsere Wahrnehmung der Umwelt wie ein Schlag auf den Kopf; er macht uns nicht bewußtlos, die Maschinerie unserer Sinne berichtet immer noch mechanisch über unsere Umgebung, aber was sie uns mitteilt, stößt nicht mehr auf innere Reaktionen, es bleibt leer und irrelevant. In unserem Innern befindet sich ein Teich der Emotion; nur wenn die Bilder von Sinn und Gedanken sich darin spiegeln, erhält die Außenwelt Bedeutung. Der grüne Fleck wird zu wachsendem Gras, eine Kombination von Linien und Farben zum Kunstwerk und eine Folge von Tatsachen zu einer sinnvollen Geschichte. Wenn dieses Sammelbecken der Gefühle von einer unvermeidlichen Sorge über unser persönliches Unglück aufgewühlt ist, dann wird unsere Umgebung zu keinem Bild.

Der schnieke Schwarzmarkthändler hatte während der ganzen ekelerregenden Szene nicht mit der Wimper gezuckt. Jetzt jedoch bekam er es mit der Angst, die sabbernde Frau zu seinen Füßen könne ihm die Schuhe beschmutzen. Er kam herüber, setzte sich neben mich, wobei er sorgfältig darauf achtete, daß er sich nicht die schönen Bügelfalten zerknitterte. Er bot mir aus einem vornehmen Goldetui eine Zigarette an.

«Es ist ein Skandal und ein Unrecht, ich bin für ein Verbrechen eingelocht worden, das ich überhaupt nicht begangen habe.»

«Nicht möglich», sagte ich.

In der Erkenntnis, daß vielleicht diese sprichwörtliche Behauptung jedes Gefangenen keine sehr gute Eröffnung war, erkundigte er sich ziemlich herablassend: «Sie sind ein Politischer?»

Mit dem Gedanken: Warum, zum Teufel, kannst du mich nicht in Ruhe lassen, erwiderte ich: «Ja, aber Sie nicht?»

«Mein Gott, nein, nichts so Dummes, ich bin ein Dieb, ein gewöhnlicher Dieb, oder ich sollte vielleicht sagen, ein ungewöhnlicher Dieb...»

Ein Dieb, dann hatte ich falsch getippt. Ein Dieb, der Glückliche, er kommt vor ein Zivilgericht, er weiß, wieviel er kriegt, man kann ihm nicht mehr als die Höchststrafe verhängen. Ich wünschte, ich wäre an seiner Stelle; wenn die entdecken, daß ich ein Deserteur von der Legion bin und mich zur «Discipline» schicken, gibt es keine Zeitbegrenzung. Sie behalten mich da unbegrenzt.

«Seide, gute schwere Seide», sagte er.

Ich sah ihn etwas verwundert an, deshalb setzte er hinzu: «Ja, gewiß, genauso, wie einige von uns sich auf Autodiebstahl spezialisieren oder auf Pelze oder Ladenkassen, spezialisiere ich mich auf Seide, Ballen von Seide erzielen einen guten Preis, sie sind viel leichter zu versilbern als zum Beispiel Juwelen. Ich habe früher in Lyon gearbeitet, aber ich bin mit meinen Jungen getürmt, als die Boches ankamen.»

«Jungen?» erkundigte ich mich.

«Ja, gewiß, man kann diese Art von Dingern nicht allein drehen; man braucht einen Fahrer und jemand, der Schmiere steht, und Leute, die in den Lagerhäusern arbeiten, um einem Bescheid zu sagen, wenn neue Ware eintrifft. Glauben Sie mir, seit ich die Führung unserer kleinen Bande übernommen habe, hatten wir nicht eine einzige Verurteilung. Und wissen Sie warum? Weil ich immer auf der Hut gewesen bin. Bei jedem Coup habe ich einen Rückzugsplan ausgearbeitet für den Fall, daß die Sache schiefging – einen Plan bis zur letzten Einzelheit.»

Einzelheit, dachte ich, da habe ich versagt. Wenn ich nur den Hotelportier nicht nach der Busstation gefragt hätte, dann säße ich jetzt nicht hier. Mein Gott, es ist nicht fair, daß wegen dieses kleinen Versehens jetzt alles vorbei sein sollte.

«Und weil ich ein vorsichtiger Mensch bin, habe ich darauf bestanden, daß wir in Marokko in Deckung bleiben. Die Voraussetzungen waren alle schlecht, denn euretwegen» – er warf mir einen verbitterten Blick zu – «haben sie jetzt in dieser Gegend mehr Polypen als Bürger. Nein, ein gesetzestreues Verhalten war der Trick. Ich habe meinen Jungen gesagt: Geht und amüsiert euch; wir haben immer noch eine Menge Kies, Rabat ist keine üble Stadt, und es gibt da ein paar recht gutaussehende Weiber.»

Mein Gott, Conchita würde wahrscheinlich niemals ahnen, daß sie mit einem dem Verhängnis preisgegebenen Mann die letzten Stunden seiner Freiheit verbracht hatte.

«Aber konnten die auf ihren Ärschen stillsitzen?» fuhr er fort. «Zum Teufel, nein. Diese Kerle jammern immer nach mehr Freizeit, aber wenn man sie ihnen gibt, dann wissen sie nicht, was sie damit anfangen sollen. Vor einigen Tagen kriegten sie Wind von einer Ladung aus Frankreich, und zwar von Kunstseide. Sie wissen, was für Preise die Leute zahlen, wenn sie keine Marken dafür haben; aber sie konnten einfach nicht Ruhe geben. Kamen zu mir und haben mir die Ohren vollgeplärrt: Das sei ein Kinderspiel, sie hätten einen Möbelwagen für die Sache, das Zeug sei auf einem Hof gleich hinter dem Hafen, es gäbe dort nur einen Nachtwächter, wie wär's denn also mit Mittwoch abend, während noch 'ne Menge Leute auf der Straße wären? Wir klauen das Zeug und machen daraus eine Ladung. Ich sagte: Nein, sieht mir aus wie 'ne Falle, die einzige Ladung; die ihr macht, ist, die Einladung in den Knast – fünf Jahre mit euren Vorstrafen.»

Fünf Jahre, das ist 'ne hübsche Ladung; ich fragte mich, ob ich immer noch mit ihm wechseln würde? Wahrscheinlich, wenn ich sicher wäre, daß ich dann nach Hause zurückkönnte; jede klar begrenzte Strafe, bei der man die Tage zählen und dem Ende entgegensehen kann, ist nicht ganz so vernichtend. Fünf Jahre; dann wäre ich dreißig, fast schon einer von diesen alten Kommilitonen, die zu unserem Hausboot bei der Sommerregatta zu kommen pflegten und langweilige Geschichten erzählten, wie sie zu ihrer Zeit gerudert sind.

Aber der Mann laberte weiter: «Ich dachte, ich hätte es ihnen eingetrichtert, daß sie das Schicksal rausforderten, wenn sie diesen Zug versuchen würden, aber als ich mittwochs in meiner Wohnung saß, kriegte ich auf einmal so einen Rappel: Vielleicht ziehen diese Idioten das Ding ohne mich ab, und ging daher zum Hafen; als ich mich dem Lagerhaus näherte, warf mir so 'n Vogel 'nen argwöhnischen Blick zu; ich dachte, der sieht aus wie 'n Bulle und richtig: als ich über den Hof ging, brachten sie schon meine Jungens raus. Idioten, es war von Anfang an eine Falle, aber was konnte ich tun? Ich ging wieder zurück zu meiner Wohnung, ich habe nicht mal versucht zu türmen. Es lag nichts gegen mich vor, und ich wußte, daß ich mich drauf verlassen konnte, daß die Jungs schwören, ich hätte mit dem Coup nichts zu schaffen. Aber heute morgen wurde ich trotzdem hoppgenommen. In Frankreich vor dem Krieg wäre ich nicht einmal in Haft genommen worden, aber heutzutage ist es egal, was du getan hast, es kommt nur darauf an, was du hättest tun können. Du kannst wetten, daß ich eine schwere Strafe für Bandendiebstahl mit den anderen kriege. Denke dir nur, die Coups, die ich in der Vergangenheit durchgezogen habe, und jetzt bin ich für etwas dran, was ich habe verhindern wollen; das schmeißt mich um, das nennt man Gerechtigkeit.»

«Nein, Pech», sagte ich – und meinte es auch; denn es ist nur unser leidenschaftlicher Wunsch, daß eine regellose Welt einem moralischen Gesetz folgen soll, das uns veranlaßt, von «poetischer Gerechtigkeit» zu sprechen, wenn wir gelegentlich durch reinen Zufall nach vielem Auf und Ab genau wieder da sind, wo wir angefangen haben.

Gegen Abend kam ein Beamter in Zivil, um mich zum Bahnhof und zurück nach Casablanca zu bringen. Diesmal mußte ich die Reise in Handschellen machen. Wir hatten ein Abteil für uns – Nichtraucher. Einige ältere Damen steckten die Köpfe rein, zogen sich beim Anblick meiner Handschellen jedoch schnell wieder zurück, mit einem Gesichtsausdruck, als hätten sie im Holzschuppen etwas Peinliches entdeckt. Mein Begleiter ließ mir zwar nichts durchgehen, war aber sonst ein anständiger Mensch; er kaufte mir ein paar Sandwichs und etwas Tabak.

«Habe Ihretwegen 'ne Wette verloren», sagte er. «Dachte, wir würden Sie nicht wiedersehen, als man mir sagte, daß Sie getürmt seien, und zwar mit unserem ganzen Dossier. Wie hat man Sie erwischt?»

Ich erklärte es ihm.

«Na ja, Sie haben zwei Fehler gemacht. Sie hätten den allernächsten Zug nach Casa nehmen sollen, bevor Ihr Steckbrief die Runde machte. Zweitens ist der einzige sichere Platz, wo ein Flüchtling die Nacht verbringen kann, ein Bordell; es ist für uns schwer, dort Leute ohne Meldeschein zu überprüfen, die meisten ‹filles› würden fast automatisch ihre Spuren verwischen; auch sie befinden sich auf der Schattenseite des Gesetzes.»

Ein guter Rat, aber es gibt nur wenig, was bitterer ist als guter Rat, wenn er zu spät kommt oder wenn man glaubt, daß er zu spät kommt, um genutzt zu werden; es war eine doppelte Ironie, daß er von einem Polypen kam.

Am Bahnhof in Casa wurde ich mit einem Auto abgeholt und zur neuen Polizeistation gebracht. Es war nicht die, in der ich meinen Personalausweis erhalten hatte, als ich zum erstenmal nach Casa kam; sie war zu klein geworden für die größere Kundschaft. Eines der ersten Gebäude, die ein faschistischer Staat aufzustellen scheint, ist eine größere und bessere Polizeistation. Diese war schon fast symbolisch; von außen gesehen sah sie geräumig aus, modern, mit weißen Wänden, breiten Treppen, die zu herrschaftlichen gläsernen Schwingtüren führten. Sie erinnerte an ein Superschwimmbad. Innen hätten die Reihen gut beleuchteter Amtszimmer ebensogut Kabinen sein können, und der dem Eingang gegenüberliegende Tunnel, der mit einer vollendeten Kurve in das Innere der Erde führte, hätte auch zum Schwimmbecken führen können; statt dessen gelangte man durch ihn zum sichersten Gefängnis, das ich je das Pech hatte zu bewohnen. Dieser Tunnel war die einzige Verbindung zur Außenwelt. Im Abstand von dreißig Metern unterbrachen ihn zweimal Eisengitter, an denen ein Wärter stand. Am zweiten Gitter wurden mir die Handschellen abgenommen, ich wurde übergeben, auf der Liste abgezeichnet und in eine Zelle gesperrt, die riesig, muffig und leer war.

Ich fühlte mich ziemlich zerfleddert und fand daher, daß ich versuchen sollte, zu schlafen; vielleicht würden sich die Dinge am Morgen anders präsentieren, aber da war ein Haken. Ich schlief in dieser Nacht kein bißchen, nicht weil es kalt und feucht auf dem Fußboden ohne Decke war und ich kein Stückchen Sackleinwand oder auch nur eine

Zeitung hatte, um mich zuzudecken, nicht weil das elektrische Licht die ganze Nacht brannte und mir in die Augen stach, auch nicht wegen meiner juckenden Wunden, sondern weil sich in einer Ecke der Zelle, in den Fußboden eingebaut, eine Toilette mit Wasserspülung befand und dieses System automatisch funktionierte; es betätigte sich alle fünf Minuten: erst ein vorbereitendes saugendes Geräusch, das an Lautstärke zunahm, dann ein heftiges Plätschern von zehn Litern Wasser, das aus der Röhre schoß, das Becken erreichte, damit auch die halbe Zelle überflutete; schließlich, als Nachspiel, ein besonders ausgeklügeltes Gurgeln, als das Wasser abfloß; infolge der Enge der unteren Öffnung ließ das Gurgeln erst etwa zwei Minuten vor dem nächsten saugenden Geräusch nach. Ich versuchte, mir im Liegen beide Ohren zuzuhalten, aber man kann nicht lange so liegen. Ich versuchte, die Sekunden einer jeden Phase auszuzählen, in der Hoffnung, daß ich eine Unregelmäßigkeit feststellen könnte, aber es funktionierte regelmäßig wie ein Uhrwerk. Ich versuchte, die Geräusche nicht zu beachten und in der Zwischenzeit von zwei Minuten einzuschlafen, aber ich wartete unwillkürlich auf das nächste Plätschern. Ich versuchte, in der Zelle hin und her zu tigern, um mich zu ermüden, aber es half nicht. Schließlich brüllte ich nach dem Wärter und sagte ihm, er solle das Ding abstellen.

«Kann nicht», sagte er, «das ist automatisch; d'ailleurs, c'est très hygiénique; und wenn Sie je den Direktor zu Gesicht bekommen, beschweren Sie sich ja nicht, denn dieses automatische Spülsystem ist sein ganzer Stolz.»

Wenn es etwas zu lesen gegeben hätte oder jemand, mit dem man reden konnte, wäre es erträglich gewesen; was hätte ich nicht für ein Telefonbuch gegeben, aber hier gab es absolut nichts, worauf man seine Aufmerksamkeit konzentrieren konnte. Ich konnte nichts weiter tun, als mich gegen die Wand zu lehnen und zu denken, in das

Licht oder auf die nackten Mauern zu starren und zu denken, in der Zelle auf und ab zu gehen und zu denken oder mit dem Gesicht zum Fußboden zu liegen und zu denken: zum erstenmal, seit ich vor Jahren in die Legion eingetreten war, begann ich zu bezweifeln, daß ich jemals wieder aus dem Schlamassel, in das ich mich hineinmanövriert hatte, rauskommen würde. Dies war der dritte Versuch gewesen, und er war mißglückt. Sie würden meine Identität feststellen und mich in die Kompanie «Discipline» zurückschicken – das heißt, wenn ich Glück hatte. Ich fing auch an zu bezweifeln, daß England den Krieg gewinnen würde; alle waren überzeugt, daß es verlieren würde, und dann würde ich den Rest meines Lebens in einem Konzentrationslager zubringen. Durch meine Zweifel an der Zukunft begann ich die Gegenwart mit anderen Augen zu sehen. Ich stellte fest, daß ich bisher immer die Strapazen und die Verzweiflung nur deshalb hatte ertragen können, weil ich sie als vorübergehend betrachtete: Dinge, die später eine gute Erzählung abgeben würden, die man schreiben oder am Kamin mit einem Glas Bier ausspinnen konnte. Was bisher Abenteuer gewesen war, wurde jetzt zur schmutzigen, hoffnungslosen Wirklichkeit.

Ich versuchte, Erinnerungen aus der Vergangenheit heraufzubeschwören, die mir so oft schon geholfen hatten; ich versuchte zu träumen, daß ich den Cher abwärtstrieb zum Turm von Magdalen College: Schschsch machte die Wasserspülung, als wollte sie sagen: Das ist für immer runtergespült. Ich versuchte, an Gesichter zu denken, aber die nackte Wand schien zu spotten: Das ist alles, was du von nun an zu sehen kriegst. Alle meine lieben Bilder aus der Vergangenheit versagten, denn sie waren nicht mehr mit dem melancholischen «weit weg» eingetönt, sondern mit dem bitteren «nie wieder».

Und so weiter. Nach der Uhr nur sechsunddreißig Stunden lang, wie ich später feststellte.

15

Enthüllt

Ich glaube nicht einmal, daß die sechsunddreißig Stunden, die ich in dieser Zelle verbrachte, dazu bestimmt waren, meinen Widerstand vor dem Kreuzverhör zu brechen, aber wenn sie auch keine echte Tortur darstellten, so hätte man sich keine bessere Methode ausdenken können. Als man mich am Morgen nach der zweiten Nacht abholte, war ich nicht mehr der zuversichtliche Mensch, der Lamfuss in Arboua gegenüberstand: Zitternd, hungrig und verdreckt, die Haut mit eiternden Wunden bedeckt, hatte ich nicht mal die Energie, auch nur an Flucht zu denken. In dem Auto, das durch Casa fuhr, klang mir noch die anrüchige Symphonie der automatischen Wasserspülung in den Ohren.

Ich wurde zur alten Polizeistation auf der Place de France gebracht, die inzwischen der Sitz der «Brigade spéciale pour la surveillance du territoire» geworden war; ein harmloser Titel, um Vichys Embryo-Gestapo zu tarnen. Unser einsilbiges Verhalten in Arboua, zusammen mit meiner Flucht aus dem Zug, hatte mich wahrscheinlich zum würdigen Gegenstand ihrer Aufmerksamkeit gemacht.

Hätte ich mir nur das Gesicht waschen können, so wäre mein Selbstvertrauen ein bißchen wiederhergestellt worden. Aber der Polizist, der mich in das Gebäude führte, blieb eisern: «Erst wenn Sie mit dem Chef gesprochen haben.» Er führte mich durch einen düsteren Gang, öffnete eine Tür an dessen Ende, forderte mich auf, hineinzugehen, und schloß die Tür hinter mir. Es war, bis auf einige

Aktenordner rings an den Wänden, ein leerer Raum. In der Mitte stand ein schwerer geräumiger Schreibtisch, hinter dem, im Stuhl zurückgelehnt und meinen Eintritt mit Interesse beobachtend, ein eher junger Mann mit grauem Haar und rotem Gesicht saß. Er sah nicht besonders grausam oder böse aus, er schien eher selbstgefällige Gemütlichkeit zu verbreiten. Sein Kinn, das noch von der Frische einer kürzlich erfolgten Rasur glänzte, beschwor Visionen weißer Kacheln, Handtücher und schimmernder Wasserhähne herauf, sein gestärkter weißer Kragen die Vorstellung einer Schublade voller säuberlich gestapelter Wäsche. Seine Hände, die behaglich über dem Bauch gefaltet waren, kündeten von einem guten Frühstück: Kaffee mit knusprigen Butterhörnchen. Sein gerötetes Gesicht schien ein noch besseres Mittagessen zu verheißen, das mit einer Flasche Toulal hinuntergespült würde. Die Augen waren vielleicht das einzig Unangenehme an ihm: Während sie mich ohne Zwinkern beobachteten, erinnerten sie mich an die kalten Augen eines Karpfens. Ohne ein Wort deutete er auf einen Stuhl vor seinem Tisch. Unter dieser ausgedehnten, schweigenden Prüfung wurde ich mir meiner Erscheinung sehr bewußt und schämte mich: wegen meines vereiterten, unrasierten Gesichts, der dreckigen Hände und der stinkenden Kleidung. Vergebens versuchte ich, während ich auf seine Anrede wartete, sorglos aus dem Fenster zu schauen: auf die bekannten Bäume da draußen und die frühen Gäste, die in das Café- «Zanzibar» gingen. Vergebens versuchte ich zu denken: Du als Franzose solltest dich deiner Stellung schämen. Nicht ich mich der meinen. Aber auf diese Weise funktioniert es nicht: Die geistige Zuversicht und Haltung werden nicht völlig von moralischen Überlegungen bestimmt. In jedem Verhör dieser Art ist stets einer geistig dem anderen überlegen, und nur zu oft ist es nicht der, der die gerechtere Sache vertritt, sondern der mit dem besseren

Frühstück. Daher schreckte ich, als er schließlich zu mir sprach, jählings hoch und mußte meine Hände in die Taschen stecken, um ihr Zittern zu verbergen.

«Sie sind also der Bruder von Teddy Harris?» fing er ziemlich sarkastisch an. Ich antwortete «ja» mit jener falschen Herzlichkeit, die in Wahrheit nicht erwartet, Glauben zu finden. Es dauerte nicht sehr lange, bis die Brüder-Harris-Saga aufgeflogen war; Teddy und ich hatten uns nur auf die wichtigsten Einzelheiten geeinigt, wie zum Beispiel: wo meine Eltern lebten, wie mein Vater mit Vornamen hieß und wo wir zur Schule gegangen waren. Aber Karpfenauge stellte nicht einmal diese einfachen Fragen.

«Wie», fragte er, «trägt Ihre Mutter das Haar?»

Ich zögerte und sagte dann: «Oh, mit einem Knoten hinten» – was sie in der Tat auch tut.

«Aha, ein griechischer Knoten, sehr hübsch», bemerkte er und drückte dann auf eine Klingel auf seinem Schreibtisch. Ein Polizist öffnete die Tür. «Bringen Sie den ‹Bruder› dieses Herrn herein», befahl er und verlegte sich dann wieder auf seine stumme Beobachtung. Nach einer kurzen Zeit wurde Teddy vorgeführt; er sah verwirrt aus, als er mich dort fand, ebenfalls als Gefangenen; dann fragte Karpfenauge, ohne den Blick von mir zu wenden: «Wie trägt Madame votre Mère ihr Haar?»

Teddy sah erst Karpfenauge an und dann mich, aber ich konnte ihm kein Zeichen geben. Er stammelte und stotterte: «Ach ja, ganz einfach kurz, verstehen Sie?»

Siehst du, du armes Würstchen, das war einfach, schien ich in Karpfenauges selbstgefälliger Miene zu lesen. Dann wandte er sich an Teddy und fragte: «Wie lange kennen Sie Ihren Bruder schon?»

Mit dieser Frage war Teddy noch mehr überfordert; er stammelte: «Ja natürlich schon immer.»

An dem Ton, mit dem Karpfenauge zu ihm sprach,

merkte ich, daß Teddy zumindest mit seiner Geschichte, ein britischer Soldat mit Namen «Harris» zu sein, bisher Glauben gefunden hatte. Ich allein, der Erfinder dieses stolzen Namens, war es, der angezweifelt wurde. Es hatte keinen Zweck, ihn unnötig mit hineinzureißen, daher unterbrach ich und sagte: «Es war sehr nett von meinem Freund, daß er versucht hat, mich zu entlasten, aber in Wirklichkeit habe ich ihn erst vor ein paar Wochen in einem Café getroffen und entschieden, daß ich im Falle, daß wir erwischt werden, sein Bruder sein wollte, damit wir nicht getrennt werden.»

Das schien Karpfenauge zu genügen, und Teddy wurde wieder rausgeschickt. «Und jetzt», wandte sich Karpfenauge an mich, «genug von diesem Unsinn. Wer sind Sie?»

Keine Antwort.

«Sie denken also, daß wir Dummköpfe sind?»

Immer noch keine Antwort von mir; nicht aus Trotz, sondern weil ich mir das Hirn nach einer Antwort zermarterte, die auch nur im geringsten überzeugend wäre.

«Bon», sagte er und nahm den Telefonhörer zur Hand. «Verbinden Sie mich mit Inspektor Lakanal von der Securité.» Nach dem, was ich an diesem Ende hörte, war es nicht weiter schwer, die darauffolgende Unterhaltung zu rekonstruieren, die auch nicht lang war: «Lakanal, Sie spielen doch Rugby, nicht?»

«Jawohl.»

«Ja, da haben wir im Zug nach Tangier einen Mann verhaftet, und einer von unseren Leuten in Rabat glaubt, daß er irgendwo mal mit ihm Rugby gespielt hat. Er ist einsiebenundachtzig groß, mit breiten Schultern, muß etwa neunzig Kilo wiegen, blond, kneift die Augen in Falten.»

«Das muß Echevarria sein», unterbrach Lakanal am anderen Ende.

«Echevarria, danke», sagte Karpfenauge.

Er wandte sich wieder mir zu und sagte: «Sie sind kein

Spanier.» Und dann, nach einer Pause: «Ihr Name ist auch nicht Echevarria, sondern...», und er sah mich, wie mir schien, minutenlang forschend an; «... sondern Rosenthal.»

Ich war wie vom Donner getroffen; wenn er das ausfindig gemacht hatte, dann war alles verloren, und der lange Arm der Legion hatte mich endlich erreicht.

«Sie fragen sich, wie ich das entdeckt habe?» sagte Karpfenauge selbstgefällig, «ich will's Ihnen zeigen.» Er wühlte unter Papieren, die auf seinem Schreibtisch lagen. «Ich stelle fest, daß Sie sehr sorgfältig alle Adressen von Umschlägen und selbst die Namen auf Ihren Fotos abgerissen haben, aber eines haben Sie übersehen.» Er ergriff einige mit Schreibmaschine geschriebene Seiten, die ich als Brief vom Subrektor meines College erkannte; da es ein guter Brief war – bis auf eine scherzhafte Bemerkung, die ich übersehen hatte –, wollte ich ihn nicht wegwerfen, ich hatte nur die Adresse, die Unterschrift und die Anrede entfernt, ohne mir klar zu werden, daß mein Nachname in der Mitte des Briefes vorkommen würde. Karpfenauge, der stolz war auf seine Entdeckung und auf sein annehmbares Englisch, fing an, auf der zweiten Seite zu lesen:

«Wenn Sie Ihre langen und harten fünf Jahre Dienst beendet haben», lautete die scherzhafte Bemerkung des Subrektors, «werden alle Herzen der romantischen jungen Debütantinnen doppelt so schnell unter ihrem Busen schlagen (wenn in jenen Tagen Busen noch getragen werden), und sie werden flüstern: Ach, meine Liebste, du *mußt* einfach den gutaussehenden Mr. Rosenthal kennenlernen; er war in der Fremdenlegion.»

Da blieb nichts anderes übrig, als die Katze aus dem Sack zu lassen. Und komisch: Nachdem ich einmal meinen richtigen Namen zugegeben hatte, war es beinahe eine Erleichterung, die Wahrheit zu erzählen: Nicht mehr nachdenken zu müssen, bevor ich auf eine Frage erwiderte, mir nicht mehr das Hirn zermartern zu müssen, um die richtige Antwort zu geben, und zwar ohne merkliches Zögern mich nicht mehr hinterher fragen zu müssen, ob ich etwas gesagt hatte, worin ich mir selbst widersprach. Wie Wasser aus einem soeben geöffneten Schleusentor stürzte die Geschichte meiner Vergangenheit aus mir heraus, bis zu der Zeit, als ich in die Fremdenlegion eintrat.

«Und was soll die ganze Geschichte mit Echevarria?» unterbrach Karpfenauge.

Verrückt, ich wollte ihm auch darüber die Wahrheit sagen und damit die Sache hinter mich bringen: daß dies bloß eine Identität gewesen sei, die ich in Casa angenommen hätte. Im letzten Moment wurde ich mir aber bewußt, daß hier eine letzte Chance lag, mich vor der Rücksendung zur Legion als Deserteur zu bewahren; aber ich mußte mich hart am Zügel reißen, um eine neue Lüge zu starten: «Ich bin unter diesem Namen in die Legion eingetreten und wurde unter ihm demobilisiert.»

Obwohl ich wußte, daß sie meinen richtigen Namen auf jeder Gendarmerieliste der Deserteure finden konnten, hoffte ich auf zwei Faktoren: auf die mangelnde Koordination zwischen der Gendarmerie und der Zivilpolizei und darauf, daß Karpfenauge nach dem leichten Sieg, den er über mich errungen hatte, sicher sein würde, alles über mich zu erfahren, ohne Listen prüfen zu müssen. Darin hatte ich recht. Eine Zeitlang musterte er mich mit seinen kalten Augen und sagte dann knapp: «Wie heißt der Hauptmann Ihrer Kompanie?»

«Der Name meines Hauptmanns, eigentlich hatten wir einen Leutnant als Kompanieführer», sagte ich, um Zeit zu gewinnen, «war Leutnant [schnell jetzt, jeder Name tut's!] Dufaud, er könnte natürlich inzwischen befördert worden sein. Ja, Sie können Leutnant Dufaud über mich befragen.» Kein solcher Mann existierte, aber das machte nichts; es war mir gelungen, ohne Zögern zu antworten. Karpfenauge war befriedigt und erkundigte sich, wie sich's herausstellte, nicht nach einem gewissen Rosenthal. Ein Anruf bei der Verwaltungspolizei überzeugte ihn, daß Echevarria ordnungsgemäß demobilisiert worden war. Sowohl Teddy als auch ich waren dem Schlimmsten entgangen: als Deserteure zur Legion zurückgeschickt zu werden.

Der unheimlichen Eigenschaften ledig, mit denen meine Angst ihn versehen hatte, und entzückt darüber, daß er sich als Meisterdetektiv bewährt hatte, wurde Karpfenauge ganz menschlich. Mir wurde gestattet, mich zu reinigen, dann wurde ich mit Teddy und Frank in einen Raum gesperrt. Man ließ uns auch einen arabischen Jungen beauftragen, uns draußen etwas zu essen zu kaufen. Wir wurden an Mohammed übergeben, einen arabischen Inspektor, der uns zum Tribunal Militaire begleiten sollte. Er war für diese Aufgabe hervorragend qualifiziert, er warnte uns, er sei in seinem letzten Beruf als starker Mann in einem Wanderzirkus aufgetreten. Beim Tribunal Militaire sollte die Anklage gegen uns vom «Juge d'Instruction» formuliert werden, einem vertrockneten Männchen namens Voiturier.

Dort erlebten wir ein gutes Beispiel für das Recht unter Vichy; wir wurden nicht wegen des einzigen Vergehens angeklagt, das uns, soweit sie es wußten, zur Last gelegt werden konnte, nämlich daß wir versucht hatten, ein Land zu verlassen, das kein Recht hatte, uns festzuhalten, um zu versuchen, uns den Streitkräften anzuschließen, die noch mit Deutschland Krieg führten. Gegen beides gab es kein Gesetz. Da die Gerichtsverhandlungen noch öffentlich waren, wäre das sehr schlechte Propaganda gewesen. Wir mußten eines Verstoßes gegen allgemeine Rechtsgrundsätze beschuldigt werden, wie gesetzwidrigen Aufenthalts in einer Verteidigungszone. In Franks

Fall wurde noch der Vorwurf der Fälschung erhoben, weil man ausfindig gemacht hatte, daß sein Personalausweis eines französischen Offiziers, den er unklugerweise mit sich auf die Reise genommen hatte und der durch mich in ihre Hände gelangt war, eine Fälschung war.

Als Voiturier mit uns fertig war, trug er Mohammed auf: «Bring sie wieder ins Gefängnis.»

«Aber», widersprach Mohammed, «der Chef der Brigade Speciale hat es nicht für nötig gehalten, sie einzusperren, bis sie vor dem Tribunal erscheinen, vorausgesetzt, daß sie ihr Ehrenwort geben, nicht wegzulaufen.»

Worauf er die zornige Antwort erhielt: «Es ist mir schnurzegal, was die Brigade Speciale denkt; diese Männer sind des Verstoßes gegen ein Gesetz beschuldigt, und ich habe kein Vertrauen zu dem Wort von Fälschern; sie sind Untersuchungsgefangene.»

So kamen wir ins Gefängnis.

Das Gefängnis von Casablanca liegt ziemlich weit außerhalb der Stadt, und wir schlugen Mohammed vor, daß wir erst einmal gemeinsam zu Mittag essen wollten. Er war einverstanden, und wir gingen in dasselbe Restaurant, wo wir erst vor fünf Tagen unser Abschiedsessen mit Prosper und Julie eingenommen hatten. Trotzdem war es ein recht vergnügter Lunch, zum Teil einfach als Reaktion, zum Teil deshalb, weil wir wieder zusammen waren. Simone, unsere Lieblingskellnerin, glaubte, daß wir scherzten, als wir ihr erzählten, wir seien auf dem Weg ins Gefängnis und Mohammed sei unsere Wache.

«Wenn das wahr ist», sagte sie, «warum seid ihr dann so vergnügt?»

«Oh», sagten wir, «das ist eine gute Frage. Wir wissen es eigentlich selbst nicht. Vielleicht ist es nur ein weiterer Beweis für die menschliche Kurzsichtigkeit, daß unsere Stimmung nicht von wichtigen, aber in der Ferne liegenden Dingen wie Gefängnishaft beherrscht wird, sondern von den kleinen und unmittelbar handgreiflichen Dingen wie der Größe deiner Augen und der Extraportion Wein, die du uns sicher an unserem letzten Tag der Freiheit nicht verweigern wirst.» Das tat sie denn auch nicht.

Eine Stunde später schloß sich das dritte der drei massiven Tore des «Prison Civile de Casablanca» hinter uns.

16
Lehren hinter Gittern

Dies war das erste richtige Gefängnis; kein «tombeau» der Legion, Arboua-Schuppen oder Polizeiposten, sondern ein solides, reguläres Gefängnis, das auf der Tradition von ungezählten Generationen von Dieben, Fälschern und Mördern beruhte. Unser vorherrschendes Gefühl war das von neu eintretenden Jungen am ersten Tag im Internat; da gab es die gleichen dunklen Gänge, unerwartete Abzweigungen und dasselbe Gefühl, daß man einer strengen Routine unterworfen war, die man noch nicht kannte, aber doch nicht verletzen durfte.

Ein korsischer Wärter führte uns wortlos an einer Abteilung für Eingeborene und an der Frauenabteilung vorbei zu einem niedrigen, kreisförmigen Saal, wo unter einem Brett mit schweren Schlüsseln mit der Aufschrift DROIT COMMUN ein weißbärtiger Wärter wie ein Portier saß; er las «Meurtre Place Pigalle» mit einer Geisterhand auf einem schwarzen Umschlag. «Des nouveaux», sagte unser Korse.

Der andere nickte und übergab ihm, ohne von seinem Buch aufzusehen, zwei Schlüssel; mit dem ersten öffnete unser Mann das Gitter zu einem der Korridore, die strahlenförmig von dieser zentralen Halle ausgingen, er sagte: «Après vous», und als er das Gitter wieder verschloß, führte er uns den langen Gang an mehreren eisernen Türen vorbei; an eine etwa in der Mitte klopfte er.

«Es ist Nummer 13», sagte er, indem er auf die oben angebrachte Zahl deutete. «Sie werden da drinnen zusammensein, und Sie werden nur fünf sein mit zwei netten

Jungs», fügte er hinzu wie ein Hausdiener, der die neuen Jungs wegen ihrer Gefährten im Schlafsaal beruhigt; dann öffnete er die Tür.

Die beiden netten Jungs waren große, ausgemergelte Polen, von denen einer aussah wie Robert Donat in «Der Graf von Monte Christo» und der andere wie die Hollywoodversion eines Chefbutlers in einem der vornehmen Landhäuser Englands. Sie stellten sich formell als Leutnant Bakalarsky und Hauptmann de la Tour Dorée vor. Die Zelle war hell, sauber und ordentlich, obwohl die fünf Bettstellen nicht viel Raum ließen; sie schienen ursprünglich nur für zwei Gefangene vorgesehen zu sein, aber in jenen Tagen waren die Gefängnisse so voller politischer Missetäter, daß kaum Platz für gemeine Verbrecher blieb.

«Seht mal», sagte Frank, «Laken – saubere!»

«Ja», sagten die Polen, «und die Handtücher gehen jeden Dienstag zur Wäsche.»

Und nachdem Frank das Kissen umgedreht und unter die Matratze geschaut hatte, erklärte er: «Ich kann's nicht glauben, aber es gibt hier keine Wanzen. Ich lebe jetzt schon ein Jahr in Casa; es wird das erstemal sein, daß ich ohne Wanzen schlafe. Dafür mußte ich ins Gefängnis.»

«Ein tolles Hotel», fügte Teddy hinzu.

Dann öffnete sich wieder die Tür, und unser Wärter verkündete: «Douche pour les nouveaux.»

Also trotteten wir wieder durch mehr Gänge und schwelgten unter einer Dusche mit reichlich Seife, die damals in Casa fast nicht aufzutreiben war.

«Hotel de Luxe», stellte Teddy fest.

Wieder in der Zelle, fragten wir die Polen: «Wann wird gegessen?»

«Kaum», sagten sie unisono.

Bevor wir die Bedeutung dieses kryptischen Ausspruchs ausloten konnten, war der Wärter wieder da: «Venez, visite medicale.»

Der Arzt gab mir etwas Schwefel und eine Salbe, die mich zusammen mit der reinlichen Umgebung bald von meinem Ekzem und dem Eiter befreite, die ich schon fast als dauernd hingenommen hatte.

Nach der medizinischen Untersuchung wurden wir in einen anderen Teil des Gebäudes gebracht.

«Daktylographie», sagte man uns, aber das hatte nichts mit «Tippen» zu tun. Es stellte sich als Folterkammer heraus, die mit unzähligen geheimnisvollen Instrumenten und zwei Angestellten in weißen Kitteln ausgestattet war. «Sie zuerst, der Große da», sagte der erste zu mir, «Ihre rechte Hand.»

Ich erwartete die berühmten Daumenschrauben, aber statt dessen drückte er meine Hand erst auf ein Tintenkissen und dann auf eine Karte – rechte Hand, linke Hand – drei Abdrucke von beiden: Fingerspitzen, Handfläche und Daumen. Dann kamen die Folterinstrumente zur Anwendung: zwei bösartig aussehende Stahlzangen, die mit einem Handgriff bedient wurden. Aber sie dienten nur dazu, die Breite meiner Schläfen, die Tiefe meines Schädels und anderes zu messen. Inzwischen kritzelte der zweite Angestellte geschäftig etwas auf meine Karte. Darauf forderte mich der erste auf, zurückzutreten. Er diktierte, indem er mich prüfend betrachtete, wie ein Künstler in schneller Folge: «Augen: graublau. Haar: blond. Mund: groß. Nasenbein: schmal. Nase: leicht gebogen.»

Der letzte Apparat, zu dem ich geschleppt wurde, war lediglich eine Kamera, wo mein Gesicht zweimal geknipst wurde: en face und im Profil. Ich konnte diese Fotos bereits auf einem Steckbrief sehen, falls ich jemals wieder davonlief.

«Der nächste», sagte Weißkittel Nr. 1, als er die Karte unterschrieb. Teddy wurde der gleichen Prozedur unterzogen.

Frank versuchte zu protestieren: «Ich bin kein Verbrecher, ich werde mich beim Konsul beschweren.»

Aber der Künstler intonierte nur: «Augen dunkelbraun.»

In der Zelle wartete der Gefängnisbibliothekar – ein Fälscher, der zu fünf Jahren verurteilt war – schon auf uns, um sich zu erkundigen, was für Bücher wir für die nächste Woche haben wollten. Damit war die Aufnahmezeremonie für die neuen Jungs abgeschlossen.

Die Entdeckung, daß in einem vor kurzem totalitär gewordenen Staat ein gewöhnliches Gefängnis bei weitem der beste Aufenthaltsort ist, ließ bei uns nicht lange auf sich warten. Dort galten eine Reihe von Vorschriften, die noch aus der demokratischen Zeit stammten, und es gab einen Stab von Wärtern, die sich noch an sie hielten. Die Desorganisation und die willkürliche Machtanmaßung, die das schlimmste Übel der Konzentrationslager sind, hatten noch keine Zeit gehabt, dort einzusickern.

Nur einen Nachteil hatte unser Hotel, aber er war schlimm. Er erklärte die eingefallenen Wangen der Polen und ihre kryptische Prophezeiung: Wir sind dort fast verhungert. Morgens bekamen wir überhaupt nichts, zum Mittagessen einen halben Blechnapf voller wäßriger Suppe, in der abwechselnd entweder ein paar Makkaroni, Linsen oder Erbsen schwammen, montags Kohlstrünke. Dazu hundertfünfundzwanzig Gramm Brot, das für den ganzen Tag reichen mußte, am Abend wieder einen halben Blechnapf Suppe. Das war's! Weder Fleisch noch Gemüse. Da wir nicht arbeiteten, kann ich nicht einmal sagen, daß wir uns besonders schlapp gefühlt hätten, aber wir waren dauernd heißhungrig. Innerhalb eines Monats nahmen Teddy und Frank je vierzehn Pfund ab und ich, der mehr wog, fast das Doppelte. Der Hunger war unser Hauptproblem. Wir begegneten ihm jeder auf seine Weise: Wenn wir am Morgen unsere Tagesration, einen braunen, unheimlich verlockend aussehenden, aber winzigen Brotlaib erhielten, teilte ihn Teddy in sorgfältig abgemessene vier Teile, wobei er die Verjüngung am Ende berücksichtigte. Er zerschnitt ihn mit einer von den Polen eingeschmuggelten Nagelfeile. Dann kaute er langsam ein Stück und steckte die anderen unter sein Handtuch.

Ich dagegen aß das Ganze auf einmal, und zwar mit Überlegung: Ich wollte viel lieber einmal am Tag mehr oder weniger satt sein, statt viermal am Tag ein Stück zu essen, das gerade dazu ausreichte, mich spüren zu lassen, wie hungrig ich war, und in der Zwischenzeit von dem Gedanken an die anderen Stücke besessen zu sein. Selbst als ich ein Kind war, machte ich mir immer nur über die Kuchenstücke Sorgen, die noch auf dem Tisch lagen.

Frank stand in der Mitte zwischen uns: Er fing mit Teddys System an, begann aber nach zehn Minuten in der Zelle auf und ab zu gehen und nach dem Handtuch zu schielen, in dem das noch übrige Brot steckte; dann ging er insgeheim dorthin, schnitt sich eine dünne Scheibe ab und danach noch eine; schließlich sagte er: «Ach, zum Teufel», und aß das Ganze auf.

Teddy trieb uns fast zum Wahnsinn, wenn er zum Beispiel um vier Uhr nachmittags großspurig verkündete: «Fünf-Uhr-Tee», und seine Ration hervorholte.

Abgesehen vom Hunger pendelten wir uns auf eine nicht unangenehme Routine ein. Zum ersten Mal seit 1939 führten wir eine Art geordnetes Leben. Das tat uns durchaus gut.

Geweckt wurde um sechs Uhr früh. Ein Wärter bumste mit seinem Schlüssel gegen die eiserne Zellentür; wir konnten hören, wie die Schläge den Gang entlangkamen, und bevor er noch bei unserer Tür anlangte, waren wir schon geschäftig, denn wir hatten nur fünfzehn Minuten, um uns zu waschen, anzuziehen, unser Bettzeug zu verwahren und die Zelle zu reinigen.

Um 6.15 Uhr wurden alle Türen geöffnet, und die Insassen jeder Zelle mußten das Stück Korridor vor ihrer Tür schrubben und naß aufwischen. Das war die Zeit für einen versteckten Austausch von Nachrichten. Während drei von uns so taten, als arbeiteten sie wütend mit Putzlappen und Eimer – wobei sie sich so lange Zeit nahmen wie möglich –, schoben sich die anderen im Dunkel des Ganges nahe an die Insassen der benachbarten Zelle heran, um die neuesten Gerüchte zu hören. Nachrichten verbreiteten sich schnell und falsch in diesen unzähligen Gängen. Wenn ein Aufseher in der Nähe des Eingangs zufällig eine Bemerkung machte, wie zum Beispiel: «Nur der Eintritt Amerikas in den Krieg könnte jetzt England noch retten», dann war sie, bevor sie zu uns gelangte, bestimmt schon zur Behauptung geworden: Amerika hat Deutschland um 3.30 Uhr heute früh den Krieg erklärt.

Da die Nachrichten dem Wunschdenken entsprangen, waren es fast nur gute Nachrichten: Algier ist von der RAF bombardiert worden.

Eine Invasion Englands ist dadurch vereitelt worden, daß man auf den Kanal Öl gegossen und es dann angesteckt hat; Tausende von verkohlten Leichen deutscher Soldaten sind an der Küste der Bretagne angeschwemmt worden.

Sobald der Fußboden sauber und selbst die Zellentür mit einem Tuch poliert worden war, wurden wir wieder eingesperrt. Teddy und ich setzten uns dann zu unserer Spanischstunde nieder, was den anderen ein bißchen auf die Nerven ging, da wir der Methode folgten, eine Stunde nur spanisch zu sprechen, ohne ein englisches Wort zu gebrauchen. So wie es mit unserem Spanisch nun einmal bestellt war, gehörte dazu eine Menge Stottern und Stammeln sowie ein krampfhaftes Blättern in unserem Lexikon. Häufig wiederholten wir: «Comprendes?» oder: «Lo que quiero decir.» Dabei weiß der eine sehr wohl, daß der andere nicht versteht, was er wirklich meinte. Die anderen hat unser Gerede fast zum Wahnsinn getrieben.

Indessen marschierte Frank in der Zelle auf und ab – fünf Schritte hin, fünf Schritte zurück – und sagte immer wieder: «Verflixt noch mal», oder: «Wir müssen was unternehmen.»

Armer Frank; er war, was man einen Mann der Tat nannte: er schien nur glücklich zu sein, wenn er sich prügelte, trank oder den Mädchen nachlief. Ebendies waren Arten des Zeitvertreibs, die in unserem Hotel bedauerlicherweise fehlten.

Um neun Uhr morgens wurden wir für eine halbstündige Körperertüchtigung auf die Höfe gelassen; diese waren genial angelegt – jeder ein schmaler Abschnitt eines Kreises, der vom anderen durch eine hohe Mauer getrennt war. Den einzigen Eingang bildeten die Tore in der Mitte; von dort aus konnten zwei Wärter in alle Höfe hineinsehen, ohne sich von der Stelle zu bewegen. In jedem dieser langen, schmalen Dreiecke gingen etwa ein Dutzend Männer auf und ab.

«Jetzt wollen wir mal überlegen», sagte Frank: «Die Außenmauer ist nur vier Meter hoch; wenn wir uns also gegenseitig auf die Schulter kletterten, dann könnte der erste die Krone erreichen und mit einem aus unserer Bettwäsche hergestellten Seil die anderen nach sich hochziehen.» Aber diese Überlegung lohnte sich nicht: die Wärter wären schon drei Sekunden, nachdem wir mit unserer Akrobatik angefangen hätten, im Hof gewesen, und hinter dieser Mauer war ein Graben und eine weitere Mauer, und von der höchsten Stelle des Gefängnisses deckte ein Posten mit Maschinengewehr das gesamte Terrain. Nein, Flucht war nicht möglich.

Bald hatten wir das Aufundabgehen in unserem Dreieck satt und organisierten Sportspiele. Das Lieblingsspiel war ein französisches Mädchenspiel namens «Marelle», das Teddy einführte. Man zeichnet ein großes Doppelkreuz in den Sand, teilt die Arme in acht Vierecke, mit einem Halbkreis darüber, der «Himmel» genannt wird. Jeder Spieler wirft einen Stein in jedes Feld, zuerst in das nächste und hopst auf einem Bein von Feld zu Feld bis zum «Himmel»; wenn er auf einen Strich tritt, ist der nächste dran; wenn er es jedoch richtig macht, wird das Feld, in das er eben den Stein geworfen hat, «seines», und er darf es mit dem nächsten versuchen. Das Spiel verlangt schnelle Koordination, weil man, nur auf einem Bein stehend, in den freien Feldern den Boden berühren muß; auf beiden Beinen darf man nur im «Himmel» und im eigenen Feld stehen, das Feld der anderen muß man überspringen. Wer am meisten Felder besitzt und damit die Sprünge für die anderen zu groß macht, hat gewonnen. Zunächst sahen uns einige der schweren Jungs in unserem Hof mit Verachtung zu, aber bald baten sie uns, mitmachen zu dürfen; das Spiel verbreitete sich in die anderen Höfe und wurde Mode; es war sehr komisch, die alten Galgenvögel wütend miteinander streiten zu hören, ob sie mit dem falschen Fuß den Boden berührt hatten. Es sollte mich nicht wundern, wenn «Marelle» auch heute noch im Gefängnis von Casa gespielt wird.

Danach marschierten wir wieder in unsere Zellen und warteten auf unser sogenanntes Mittagessen. Ob in der heutigen Suppe Nudeln oder Makkaroni schwammen, ob die Saubohnen nach Seife riechen oder nur angebrannt sein würden, war stets der Anlaß für die erste Wette des Tages. Wir wetteten viel über jede nur vorstellbare Angelegenheit: Ob unser korsischer Wärter rasiert sein würde, welche von zwei Fliegen, die die Wand aufwärts krochen, zuerst die Decke erreichen würde und dergleichen. Die dabei verwendete Währung waren Krapfen; Krapfen mit Marmelade, wie man sie in einer Konditorei am Boulevard de la Gare bekommen würde, falls wir hier rauskommen sollten. Wir gebrauchten auch Krapfen, um uns gegenseitig möglichst von unseren schlimmsten Gewohnheiten zu kurieren: in Teddys Fall dem Abweichen von der Wahrheit, in Franks Fall vom Prahlen mit Eroberungen und in meinem vom Sprüche klopfen – dieses Buch hätte mich eine Menge Krapfen gekostet. Wenn einer von uns in seinen typischen Fehler verfiel, schrien die anderen: «Krapfen!» Das wurde pflichtgemäß notiert; am Ende waren dreihundertundvierzig Krapfen fällig, die wir mit all unseren Freunden bei einem großen Krapfenbankett verzehren wollten. Leider ist das nie gestiegen.

Nachdem die Suppe schweigend geschlürft worden war, spielten Teddy und Frank Bridge mit den beiden Polen. Die letzteren quatschten dauernd während des Spiels polnisch, indem sie bald aus dem Fenster auf eine vorüberziehende Wolke schauten oder sich gegenseitig die Größe von Löchern in ihrer Schuhsohle zeigten. Sie schienen immer zu gewinnen, daher nahm ich an, sie müßten sehr gute Spieler sein – bis sie eines Abends ein polnisches Lied übersetzten, in dem das Wort «serce» (Herz) vorkam. Mir fiel auf, daß dieses Wort «serce» auch oft in ihren Unterhaltungen über das Wetter vorkam. Obwohl sie nicht für Geld spielten, war die Gewohnheit für sie zu mächtig. Um jedoch nicht in den Verdacht zu kommen, ein schlechtes Urteil über das sehr empfindliche polnische Offizierskorps abzugeben, will ich schnell hinzufügen, daß die beiden sich eben deshalb im Gefängnis befanden, weil sie vorgegeben hatten, polnische Offiziere zu sein, und den Sold für zwei entgegennahmen, die in Frankreich gefallen waren. Sie waren jedoch in der Kunst, den französischen Staat zu bestehlen, blutige Anfänger. Ein Bursche in der benachbarten Zelle hatte den Demobilisationsbonus von je achthundert Francs dreiundzwanzigmal bezogen, bevor man ihn entlarvte; und selbstverständlich hatte auch ich auf Echevarrias Papiere bereits achthundert Francs erhalten.

Die Polen waren übrigens trotz allem nette Kerle; man erwartet immer, daß Verbrecher bösartig und unangenehm sind, bis man sie kennengelernt hat. Da war zum Beispiel einer, der mit uns «Marelle» spielte; ein Mann, der etwas reichlich Mieses gedreht hatte: Er hatte von einem Freund dreißigtausend Francs geklaut; trotzdem machte er einen stillen und selbstlosen Eindruck. Ich war nie so taktlos, ihn zu fragen: «Warum hast du das getan?», aber die Frage stand mir wohl ins Gesicht geschrieben, denn eines Tages erzählte er es mir:

«Dieser Freund von mir brauchte das Geld nicht, er hatte eine Menge mehr davon. Ich brauchte es dagegen dringend für etwas, was wir nicht weiter erwähnen wollen. Ich weiß, wenn ich ihn gebeten hätte, dann hätte er es mir wahrscheinlich gegeben, aber das hätte unsere Freundschaft beeinträchtigt – nicht von seiner Seite, sondern von meiner. Ich bin zu stolz. Hätte man mich nicht erwischt, dann wäre er nicht schlechter dran gewesen, aber ich sehr viel besser.»

Klingt gar nicht so übel; aber die meisten Verbrechen klingen nicht so übel – vom Standpunkt des Täters aus.

Abends lasen wir meistens Werke aus der hervorragenden Gefängnisbibliothek: Zola, Balzac und viele andere, die ich immer einmal lesen wollte, aber nie dazu gekommen war. Eine Zelle ist besser geeignet zum Lesen als ein Studierzimmer in Oxford: keine Ablenkungen und Verlockungen. Man braucht auch keine Doppeltür, um Störungen auszuschließen. Teddy und ich fanden sogar Nahrung für unsere orientalischen Leidenschaften in einem Yogi-Buch. Aber obgleich wir die vorgeschriebenen Vorbereitungsriten streng befolgten und so, wie die Dinge lagen, keine Schwierigkeiten mit dem Fasten hatten, gab es einige praktische Hindernisse, das Nirwana zu erreichen.

Es hieß in diesem Buch: Man muß mit gekreuzten Beinen und geradem Rückgrat auf dem Boden sitzen und die Muskeln, einen nach dem anderen, entspannen, dann das Hirn von allem Denken entleeren.

Das kriegten wir immerhin fertig, obwohl uns die Beine einschliefen. Aber wir konnten unser Hirn nicht von allen Gedanken entleeren: Ob Frank und die Polen es wohl fertigkriegen, nicht zu lachen? fragte ich mich.

Dann, fuhr die Anleitung fort, erblickt man vor den geschlossenen Augen eine so helle Sonne, daß sie bis in die dunkelsten Ecken und Winkel des Wesens dringt.

O. K.

Stellt euch im Zentrum dieser feurigen Scheibe die symbolische Lotosblume vor, hieß es weiter.

Das hatte seine Mucken, weil wir nicht genau wußten, wie eine Lotosblume aussieht; wir einigten uns jedoch darauf, daß eine Wasserlilie es auch tun würde:

Dann sprecht nach fünf tiefen Atemzügen vom Grunde eures Wesens das magische Wort «Om».

«Om ...» – «Om ...»

Frank kicherte. Wir hatten die Ketten der Erscheinungswelt noch nicht genügend abgestreift: die Lotosblüte – ich meine: die Wasserlilie – fiel um, die Sonne ging aus, und wir brachen kichernd auf dem Fußboden zusammen.

Yogi, sagte der Waschzettel unseres Buches, ist eine freiwillige Disziplin, um die seelische Empfänglichkeit zu erhöhen und die störenden Einflüsse des täglichen Lebens auszuschalten. Diese Beruhigung des Geistes wurde uns auf alle Fälle durch unser ereignisloses Gefängnisdasein gegeben. Das Gefängnis ist – außer für Menschen, die völlig außerstande sind, mit sich selbst zu Rande zu kommen – nur dann fürchterlich, wenn man in Einzelhaft ist oder eine lange Strafe abbüßen muß; sonst ist es eine sehr heilsame Periode emotioneller Beruhigung und Bestandsaufnahme; die Maschine des Lebens, in der wir gefangen sind, entläßt uns plötzlich und gibt uns Gelegenheit, sie von außen zu betrachten, ihre verschiedenen Teile in der richtigen Größenordnung zu sehen, den Grund für das Funktionieren der Maschine in Frage zu stellen. Diese Gelegenheit bekommen die meisten von uns selten. Seit den Jugendjahren der Suche wollen sie eine solche Gelegenheit auch gar nicht mehr haben.

Wenn das Tageslicht schwand, unterhielten wir uns zuweilen, aber meistens legten wir uns auf unsere Pritschen, starrten zur Decke und überließen uns den Träumen – nichts eignet sich besser als Bildschirm für Träume als eine weißgetünchte Decke, die in der Abenddämmerung grau wird. Wir träumten von Schüsseln mit knusprigem Weißbrot und Camembert-Käse, hinter denen eine Karaffe Rotwein stand; wir träumten von der Flucht nach England, die immer gelang, denn wenn sich irgendein Hindernis einstellte, konnten wir es stets träumend umgehen; wir träumten von längst vergangenen Ereignissen oder von Dingen, deren Geschehen wir wünschten: Auf Skiern einen Abhang hinuntersausen, in Vorlage gegen den Wind, die Augen zusammengekniffen gegen die Sonne, durch den unberührten Teil von Schnee, der wie eine Wolke hinter uns herwirbelte. Oder mit einem rothaarigen Mädchen mit Sommersprossen, ohne ein Wort zu sprechen, Hand in Hand einen Fluß entlang zu einem Gasthaus gehen... Alles lief immer richtig in diesen Träumen – Träume sind so leicht zu lenken. Im wirklichen Leben gibt es meistens Hindernisse: Der Schnee pappt an den Skiern, das Mädchen hat Schnupfen, das verflixte Gasthaus ist geschlossen. Hier liegt die große Gefahr für jedes Leben, das man hauptsächlich nur in Träumen führt – das Leben eines Soldaten oder Gefangenen. Wenn man in die Wirklichkeit zurückkehrt und entdeckt, daß man um den Erfolg kämpfen und auf die Schönheit warten muß, dann kann man bereits die Energie verloren haben, um die Hindernisse zu überwinden. Man hat auch keine Geduld mehr zu warten; man zieht sich in die Träume zurück, weil das so viel einfacher ist – bis man zu dem traurigen Haufen von Menschen gehört, die sich ihre Wünsche hätten erfüllen können, wenn sie nicht soviel davon geträumt hätten.

Eines Tages nach etwa drei Wochen wurde dieser Tagesablauf unterbrochen, als an unsere Tür geschlagen wurde – außerhalb der Regel, denn wir hatten schon unsere Suppe bekommen, und es war zu früh für unseren Nachmittagsgang.

«Besucher für Sie», sagte der Wärter.

«Für wen?» riefen wir alle fünf mit einer Stimme.

«Les trois mousquetaires.»

Wir schritten erwartungsvoll durch die Gänge zu einer Tür neben dem Haupteingang. Als sich diese Tür öffnete, schlug uns ein solcher Schwall von Stimmen entgegen, daß wir unwillkürlich zurückfuhren. Welch ein Anblick! Der große Raum war vom Fußboden bis zur Decke vollständig durch ein Eisengitter zweigeteilt. Auf einer Seite drängten und beschimpften sich unzählige Araber und kämpften sich zu ihren Besuchern vor, die zumeist aus Frauen bestanden. Ich weiß nicht, wie sie ihre eigene Fatma herausfanden, da sie sich alle so ähnlich sahen.

Dann brüllte Teddy über das Getöse: «Da ist Julie!»

Ja, da war sie – zwischen zwei behäbigen Fatmas sah sie sehr verloren aus. Mein Gott, eine Jüdin mußte in jenen Tagen eine gehörige Portion Mut aufbringen, um drei Feinde des Regimes im Gefängnis zu besuchen!

«Jetzt los», sagte Frank und hob seine Arme in bester Rugbymanier; wir umfaßten uns und schoben uns durch die wimmelnde Menge; das funktionierte gut gegen die widerstreitenden Einzelversuche der Araber: wir gelangten bis zum Gitter.

Julie sagte: «Ich habe euch was zum Essen mitgebracht.» Sie deutete auf einen Korb, in dem unzählige Brote, Pasteten und geheimnisvolle Dosen lagen, die uns schwach machten. «Und ich habe Nachrichten: Maître Veaugier von eurem Rugby-Club will euch verteidigen.»

Wir dankten ihr; wir brüllten uns ein paar Fragen über das wechselseitige Wohlergehen zu und sahen uns dann verlegen an, da wir nicht wußten, was wir sonst sagen sollten. Die Atmosphäre des Zoos während der Besuchsstunden war zu überwältigend, und wir waren erleichtert, als die Viertelstunde vorüber war.

Das Essen war ein Gottesgeschenk; es war einfach wunderbar, die Zähne in ein Pastetenbrot zu versenken, wenn man bereits eines intus hatte, ein weiteres auf dem Bett wartete und ein ganzer Laib noch im Handtuch eingewickelt war. Zwei Tage lang waren wir in unserem Hof äußerst beliebt. Doch als es zu Ende war, spürten wir den Hunger nur um so mehr.

Wie Julie vorausgesagt hatte, kam Veaugier, der Anwalt, uns besuchen; er war recht zuversichtlich, daß er uns vor einer langen Gefängnisstrafe bewahren könne. Aber er könne nichts gegen die Internierung unternehmen, die mit Sicherheit unserer Entlassung folgen würde, um zu verhindern, daß unerwünschte Elemente wie wir dem Regime gefährlich werden würden. Er versprach, er würde seinen Einfluß geltend machen, damit wir wenigstens zusammen in dasselbe Camp de Concentration geschickt würden – Konzentrationslager, genau das, was wir so gefürchtet hatten.

So groß die Freude über Julies Besuch auch gewesen war, Veaugier hatte unserem Geistesfrieden und unserer Abgeschiedenheit ein Ende gemacht, denn er hatte uns wachgerüttelt. Wir stellten uns vor, was die Zukunft in ihrem Schoß bergen konnte.

17

Untergrund

Der Prozeß war eine Farce.

Am Morgen führten uns zwei Wärter den Gang entlang bis zum Haupttor. Aus dem Sehschlitz jeder Zellentür spähten bleiche Gesichter und flüsterten gute Wünsche. Am Haupteingang warteten zwei Polizisten, sie kletterten mit uns in die «Schwarze Minna»; erst danach öffneten sich die eisernen Tore. Wir versuchten festzustellen, wohin wir fuhren, und zwar nach den Unebenheiten der Straße und den Ecken, um die wir bogen. Obwohl wir die Stadt nur ahnen konnten, war schon das aufregend genug: nichts als eine dünne Wand lag zwischen uns und der Freiheit.

Das Militärgericht befand sich in einem von Casas schönsten Gebäuden: am breiten Platz Lyautey mit einer Kolonnade, einem Patio voller blühender Bäume und einer springenden Fontäne. Maître Veaugier wartete auf uns draußen mit Ratschlägen, Julie und Esther mit belegten Broten. Wir machten uns erst an die Brote, dann an den Rat; er war knapp: «Je weniger ihr vor Gericht aussagt, desto weniger wahrscheinlich ist es, daß ihr etwas vermasselt.»

Als unser Fall aufgerufen wurde, kauten wir noch; das brachte die Zuschauer zum Lachen. Ich fühlte mich genauso wie bei meinem Mündlichen in Oxford: der düstere Raum, eine Menge Mahagoni, der Richter hinter einem breiten Tisch sitzend und Veaugiers gesäumte Robe. Erst las der Staatsanwalt die Anklage vor: die alte Mär. Wir seien unzuverlässige, verantwortungslose Elemente, wir hätten einem Mann seine Dokumente gestohlen, ein Urlaubspapier gefälscht und seien in einem Festungsbereich gestellt worden. Er beantragte ein Jahr. Das war durchaus nicht komisch. Dann kam Veaugier an die Reihe. Er war nicht eigentlich ein Strafverteidiger und hatte unseren Fall nur aus «esprit de corps» übernommen: eine weitere Dividende meines Rugbyspiels. Jedenfalls wurden Rechtsfragen kaum verhandelt. Der Staatsanwalt hatte uns summarisch beschimpft, Veaugier lobte uns über den grünen Klee:

«Nehmen wir Harris!» Mit großer Geste deutete er auf Teddy, etwa so, als wolle er einen Gegenstand von unerschwinglichem Wert verkaufen, «den Sohn einer englischen Familie..» – ich bedaure, daß ich mir in Arboua nicht einen richtig blaublütigen Namen ausgedacht hatte – «... einen Mann», fuhr Veaugier fort, «der seine gesamte Jugend dem Studium der Philosophie in Cambridge hingegeben hat. Ich fordere Sie auf, ihn anzusehen!» Ich sah ihn mir an: Der sich hingebende Gelehrte rutschte hin und her und sank unter dem Gewicht dieses Lobes auf seinem Stuhl in sich zusammen. Ich war mir nicht im klaren, wie Veaugier danach noch lobende Worte übrighaben sollte, wenn er von Frank und mir sprach, aber er konnte es. Er brachte geschickt zum Ausdruck, daß man die Untertanen anderer Länder nicht als Verbrecher behandeln kann, wenn sie Papiere fälschen, um zu entfliehen. Da das Gericht öffentlich war, hatte das beträchtliches Gewicht: Es war der dauernde Vorwand der Vichy-Justiz, daß man es nicht mit Gaullisten und Anglophilen zu tun habe, sondern mit unerwünschten Fremden – verdammten Ausländern. Wir erhielten alle drei einen Monat für unerlaubtes Betreten einer befestigten Anlage. Teddy wurde von der zusätzlichen Anklage des Diebstahls freigesprochen. Frank mußte am nächsten Tag noch einmal vor Gericht erscheinen, um sich der Anklage der Fälschung zu stellen;

die Zeit war zu kurz gewesen, um seinen Fall noch vor dem Essen zu Ende zu verhandeln: einer der kleinen Zufälle, die zwischen Leben und Tod entscheiden. Aber bis jetzt war die Sache in Ordnung: Teddy und ich konnten das Gefängnis am Nachmittag verlassen. Es war jedoch nicht das Urteil eines öffentlichen Gerichts, das wir gefürchtet hatten, sondern das Verhalten der Verwaltungspolizei nach dem Urteil. Und wie erwartet, wurden wir nicht am Eingangstor freigelassen, sondern von einem Inspektor abgeholt, der uns in einem geschlossenen Wagen geradewegs zur Polizeistation brachte. Er nahm uns in den zweiten Stock und deutete auf eine Bank vor einem Amtszimmer: «Warten Sie dort, der Superintendent wird sich mit Ihnen beschäftigen.» Und er ließ uns allein.

Es gab an beiden Enden des Ganges Schwingtüren, an denen je ein bewaffneter Polizist stand. Da saßen wir nun tief bedrückt: Bald würden wir wieder unten sein in dieser Zelle mit der dauernden Wasserspülung und auf den Abtransport in ein Lager warten. Plötzlich hatte ich einen Einfall; er schien verrückt, aber...

«Ob dieser Bursche den Polypen wohl gesagt hat, daß wir Gefangene sind?»

«Es lohnt den Versuch», sagte Teddy.

Wir standen auf, gingen zu der Tür, die zur Haupttreppe führte, und fragten den dort stehenden Polizisten nach einem Inspektor, der, wie wir wußten, sein Amtszimmer im unteren Stock hatte. Sehr höflich gab er uns Auskunft; wir sagten: «Danke.» Wir gingen hinaus, die Treppe hinunter, wir zwangen uns dazu, langsam zu gehen, und erwarteten jeden Augenblick, daß jemand hinter uns herkäme; aber es kam keiner; raus auf die Straße, in den Sonnenschein, und eine neue Chance der Freiheit lag vor uns. Es ging um die Ecke und in den Park; dort sahen wir uns an und schüttelten uns vor Lachen. Und als wir durch Casa gingen, zum ersten Mal, ohne daß uns eine

Mauer den Weg versperrt hätte, grinsten wir alle Leute auf den Straßen an, und alle grinsten zurück.

Dagegen wurde Frank, wie wir von Veaugier erfuhren, als sein Fall am nächsten Tag verhandelt wurde, zwar auch straffrei erklärt, aber zur Polizeistation gebracht, eingesperrt und unmittelbar darauf ins Konzentrationslager Missour in Ost-Marokko gebracht. Reine Anti-Fortuna.

Was sollten wir jetzt tun? Wenn wir uns in der Öffentlichkeit rumtrieben, würde unsere Freiheit nicht sehr lange währen. Diesmal hatte Teddy den glänzenden Einfall: «Wo würde man uns zuerst suchen?»

«In unserer Bude.»

«Aber man würde uns nicht wirklich für so dumm halten, daß wir dahin gehen.»

«Nein.»

«Daher würde man nur sehr oberflächlich suchen, und wir können uns auf dem Dach verstecken.»

Wir verbrachten den Abend im Gewimmel der Mellah vorwiegend mit Essen und gingen gegen zwei Uhr zu Julies Haus, weckten die Schwestern, die sich inzwischen über nichts mehr wunderten, und erklärten unseren Notplan: Wir übten die ganze Nacht, wie wir in möglichst kurzer Zeit völlig verschwinden konnten. Und so sollte das funktionieren: Unser Zimmer war auf der Rückseite des Hauses, die auf einen kleinen Hof blickte; wir schliefen beide auf einem breiten Teppich auf dem Fußboden, und auf diesem Teppich ließen wir Tag und Nacht unsere gesamten Habseligkeiten liegen: Kleidung, Papiere, Geld. An die Ecken der Teppiche nähten wir Vorhangringe, durch die wir ein Seil zogen. Immer wenn wir ein verdächtiges Klopfen an der Vordertür vernahmen – die Schwestern hatten eine eigene Tür –, sprangen wir auf; mit einem einzigen Zug an der Schnur machte ich aus unserem Zeug ein Bündel; in der Zwischenzeit öffnete Teddy die Tür zum Hof und kletterte mit Hilfe eines geknoteten Seils aufs Dach. Sowie er oben war, zog er das Bündel hoch und verstaute es in einer Nische. Dann stieg ich hinauf und zog unsere Notstrickleiter nach oben. Die Dächer arabischer Häuser sind flach, und daher waren wir imstande, über einen ganzen Block rennen und springen zu können, bis wir über eine Kohlenhalde in einer Seitenstraße wieder runterkamen. Wir rannten um die Ecke und konnten durch ein Gitterwerk den Besucher in Augenschein nehmen, bevor er Zeit hatte, ungeduldig zu werden. Schließlich dauerte diese ganze erprobte Operation bei uns zwei Minuten und dreizehn Sekunden.

Wir blieben etwa eine Woche lang ganz ungestört im Haus. Aber damit gewannen wir nichts, und unser Geld neigte sich dem Ende zu. Wenn wir außerdem nicht in die Stadt gehen könnten, wären wir auch nicht imstande, irgendwelche Wege auszukundschaften, um das Land zu verlassen. Da bisher noch kein Polizist zum Haus gekommen sei, behauptete Teddy, der übliche Mangel an Koordination der verschiedenen Polizeiabteilungen hätte uns wieder einmal gerettet. Daher könnten wir es riskieren, zum Büro zu gehen, das für Personalausweise zuständig war, und uns neue zu beschaffen. Ich meinte, daß er sich zu sehr auf die französische Schlamperei verließe; zudem bot sich mir eine bessere Chance; daher ging Teddy allein. Zuerst schien es, als habe sich das Risiko gelohnt. Er bekam seinen Ausweis, aber etwa eine Woche später wurde er wieder verhaftet und nach Missour gebracht, wo Frank schon war. Er blieb fast ein Jahr dort, bis er schließlich nach Spanisch-Marokko entkam. Aber das ist seine Geschichte. Frank hingegen starb dort an Typhus und mangelnder Fürsorge. Ich war frei und Frank tot, und das nur deshalb, weil seine Gerichtsverhandlung nicht vor dem Mittagessen stattfinden konnte.

Die bessere Chance, die sich mir bot, war der Umstand, daß ich endlich mit den organisierten Kräften der Résistance in Verbindung kam. Der erste Kontakt entstand durch X und Y, die beiden Männer, die mit mir in der Legion gewesen waren und die ich später wieder in Casa traf, wo sich beide sowohl in der Nationalität als auch im Aussehen total verändert hatten. Während meiner Echevarria-Periode bin ich ihnen häufig begegnet, obwohl sie mich ignorierten, wenn sie mit gewissen Leuten zusammen waren. Sie sprachen nie über ihre Tätigkeit, aber ich wußte, daß sie etwas Absonderliches treiben mußten; wenn Leute in Casablanca ohne erkennbare Einkünfte gute Kleidung trugen, Whiskey tranken und in den besten Hotels wohnten, konnten sie nur eins oder das andere tun: entweder auf dem Schwarzmarkt oder als Agenten arbeiten – oder gewöhnlich auch beides. Ich habe sie X und Y genannt, aber bessere Bezeichnungen für sie wären: der Schläger und der Schleicher. Einer war ein richtiger Rabauke mit vorstehendem Kinn und flacher Nase; er besaß diese animalische Wucht, die Männer veranlaßt, ihn in einer Schlange nach vorn zu lassen, und Frauen, frühere Verabredungen schießen zu lassen, nur weil er glaubt, daß sie das tun würden. Der «Schleicher» hatte Charme, Intelligenz und vor allem Takt; er setzte sich bei den Menschen durch, weil er sie in kleinen Dingen gewähren ließ. Er ließ Obristen großsprecherisch sein, kleine Beamte pingelig und Mädchen ängstlich. Er stimmte mit allen von Herzen überein und brachte sie dann dazu, daß sie genau das Entgegengesetzte taten, nachdem sie sich ausgesprochen hatten; zusammen waren die zwei unschlagbar.

Kurz nachdem ich zum Haus zurückgekehrt war, kamen sie mich besuchen und fragten, ob ich für die richtige Seite etwas tun wolle. Ich weiß nicht, wie sie mich aufgespürt hatten, und war auf der Hut; ich nahm an, daß sie in Ordnung seien, aber wer konnte in jenen Tagen sicher sein. Keine törichten Fehler mehr!

«Wer ist», fragte ich, «in diesem Fall die richtige Seite?»

«Ein französischer Offizier im Deuxième Bureau, der immer noch von innen gegen die Deutschen arbeitet. Er ist mit deinen Vergangenheitsdaten zufrieden und wünscht dich für eine besondere Aufgabe. Zum Lohn wirst du gegen eine Verhaftung durch die Polizei gedeckt.»

Ich sagte: «Schön, wenn ich diesem Mann erst mal begegnen kann.»

«Heute abend im Café Comédie.»

«Zeigt er mir seine Ausweise?»

«Nein; selbst wir kennen seinen Namen nicht.»

Der «Schläger» wurde schon ungeduldig: Wofür hältst du uns, für Leute, die mit Erdnüssen handeln?

«Tut mir leid, aber in diesem Fall könnte er sonstwer sein.»

Aber der «Schleicher» nahm die Brille ab und putzte sie an seinem Schlips, wobei er mich mit seinen kurzsichtigen blauen Augen anschaute; das war seine Gewohnheit, wenn er sich etwas ausdachte.

«Wärst du zufrieden», fragte er schließlich, «wenn du ihn im Zimmer des Chefinspektors der Sonderpolizei kennenlernen würdest?»

Das war der Ort, wo Karpfenauge mich kreuzverhört hatte; der bloße Gedanke an dieses Zimmer verursachte mir Magenschmerzen. Trotzdem war das ein Risiko, das sich lohnte.

«O. K.», sagte ich.

«Dann also morgen um elf Uhr, aber gehe vorher nicht aus dem Haus und laß dich womöglich nicht von der Polizei verhaften.»

Am nächsten Morgen ging ich mit ihnen zur Place de France und betrat durch eine Hintertür die Polizeistation mit zitterndem Herzen. Der Mann hinter dem Schreibtisch war gewiß für seine Tätigkeit wie geschaffen. Ich war nicht sicher, ob ich ihn früher schon öfter gesehen hatte oder noch nie. Sogar später erkannte ich ihn immer erst, wenn er sich mit uns zu einer Besprechung zusammengesetzt hatte. Nicht daß er seine Erscheinung veränderte, aber er sah so unbedeutend aus. Das Gespräch verlief recht gut. Er verhehlte nicht, daß er kein großer Liebhaber der Engländer sei, aber das mache wenig Unterschied, meinte er, weil es inzwischen nur noch zwei Parteien gäbe: für oder gegen die Nazis. Ich erklärte mich bereit, unter seinem Befehl zu handeln. Was mich bei diesem Angebot am meisten stutzig gemacht hatte, war der Umstand, daß man es mir machte; denn es gab schließlich Hunderte meines Schlages in Casablanca, die versucht hatten, sich den Engländern anzuschließen. Aber jetzt erfuhr ich den Grund: das Deuxième Bureau, oder zumindest sein loyaler Teil, wollte inoffiziellen Kontakt mit den Amerikanern aufnehmen, die immer noch ein Konsulat in Marokko unterhielten. Es mußte eine inoffizielle Verbindung sein, weil Männer wie mein neuer Vorgesetzter nur eine geheime Fraktion in einer der Kollaboration mit den Deutschen verpflichteten französischen Verwaltung waren. Die Amerikaner mußten jedoch ihrerseits vorsichtig sein, da sie noch neutral waren und Order hatten, ihren Status bei Vichy nicht dadurch zu belasten, daß sie die Opposition gegen das Regime begünstigten. Daher mußte der Kontakt über eine dritte Partei aufgenommen werden. X und Y kamen nicht in Frage, weil sie ihre deutschen Kontakte gefährdet hätten, wenn man sie im amerikanischen Konsulat gesehen hätte. Daher schlugen sie mich als Mittelsmann vor. Da ich schon oft im Konsulat gewesen war, würde mein Erscheinen dort keinen Argwohn erregen. Zudem nahmen X und Y an, daß ich ein gutes Verhältnis zum Konsul hätte; darin hatten sie selbstverständlich unrecht. Was das Konsulat betraf, so konnte ich sonstwer sein: Ich lebte früher unter einem spanischen Namen, sprach Englisch und hatte in der französischen Armee gedient. Den Konsul selbst hatte ich noch nie zu

Gesicht gekriegt; es gab dort ungefähr zehn Vizekonsuln und viele untergeordnetere Ränge. Dennoch war das die Chance, auf die ich schon ein Jahr gewartet hatte, und ich wollte sie mir nicht durch verfehlte Ehrlichkeit verpatzen. Ich erhielt meine Instruktionen und ging am nächsten Morgen zum Konsulat. Das Vorzimmer war, wie gewöhnlich, von traurigen Bewerbern um ein amerikanisches Visum überlaufen. Ich merkte, daß ich nie auf dem normalen Dienstweg zum Konsul gelangen würde. Dreistigkeit war das einzige Mittel. Ich hielt einen Boten an und sagte ihm, er solle mich beim Konsul anmelden.

«Wie ist der Name?» fragte er.

«Das tut nichts zur Sache. Der Konsul erwartet mich.»

Ich wurde in sein Zimmer geführt. Ein anderer Angestellter und eine Sekretärin waren dabei. Der Konsul hinter seinem Schreibtisch war das personifizierte Mißtrauen, als er feststellte, daß er mich nicht kannte. Bevor er Luft geholt hatte, um dem Ausdruck zu geben, unterbrach ich ihn: «Ich muß bitten, Sie unter vier Augen zu sprechen.»

Er war so überrumpelt, daß er die anderen hinausschickte, aber dann brach er los: «Wollen Sie jetzt erst einmal erklären, wer Sie sind?»

Das hätte viel zu lange gedauert und wie ein sehr verdächtiges Märchen geklungen.

«Ich halte das nicht für nötig, da die Angelegenheit, die ich mit Ihnen besprechen will, mehr Ihre Interessen berührt als die meinen.»

«O. K.», sagte er. «Gehen wir raus, und fahren wir in meinem Wagen spazieren.»

Es war, wenn ich mich recht entsinne, ein riesiger Buick, und ich genoß diesen Luxus. Dann erklärte ich ihm, auf wessen Veranlassung ich sprach, und warf den Köder aus, der mir gegeben war: denn diese Kontakte werden, wie auch wirtschaftliche, immer mit einem spezifischen Angebot verknüpft: «Wir haben Grund zu glauben, daß innerhalb des Konsulats eine Stelle ist, die den Deutschen Nachrichten liefert.»

Er wurde hellhörig: «Wo und wie?»

«Das darf ich nicht sagen.» Tatsächlich wußte ich es nicht einmal. «Wenn Sie jedoch einen Stellvertreter schikken, der mit denen meines Vorgesetzten zusammentrifft, dann wird man ihm weitere Einzelheiten bekanntgeben, und weitere Möglichkeiten der Zusammenarbeit können erörtert werden.» Der Konsul ließ sich darauf ein. Ich schlug zwei Treffpunkte vor, von denen er den zweiten bevorzugte; und dann war meine Mission beendet. Soviel ich weiß, war das einer der ersten Kontakte, die zwischen den Amerikanern und den französischen Loyalisten innerhalb der Vichy-Regierung zustande kamen – später führten sie zu den Landungen der Amerikaner.

Ich war bei den zwei ersten Begegnungen zwischen X und Y und dem mit dieser Angelegenheit beauftragten Vizekonsul dabei. Das erste Treffen fand auf einer Wiese nahe Ain Diab statt, keine fünfhundert Meter von dem Gebäude entfernt, wo die deutsche Waffenstillstandskommission untergebracht war; bei diesem Treffen wurde nicht viel anderes als die zweite Begegnung besprochen; diese fand in einem Café in einer Nebenstraße von Casablanca statt und trug deutliche Merkmale einer Farce: Wir vier saßen an einem Tisch und redeten vorsichtig um unser Thema herum, als der Amerikaner, der in diesem Spiel noch ein Neuling war, meinte, er müßte uns überrumpeln, um unseren guten Glauben zu prüfen; wir hatten uns auf französisch unterhalten. Plötzlich sagte er zum Schleicher in fürchterlichem Deutsch – was er selbst allerdings nicht wußte: «Kein schlecht Wein, nicht?»

Der Schleicher sah ihn einen Augenblick an, als hätte er nicht richtig gehört, dann warf er sich, von Lachen geschüttelt, in seinem Stuhl zurück. Als er sich erholt hatte, erwiderte er, ebenfalls auf deutsch, das er fehlerlos sprach: «Natürlich können wir, wenn Sie es vorziehen, diese Unterhaltung auf deutsch führen, aber», fügte er mit boshaftem Grinsen hinzu, «es wäre für Sie schwerer zu sprechen und für uns schwerer zu verstehen; und was Ihre plötzliche Frage nach dem Wein betrifft, nein, ich finde ihn sauschlecht.»

Der Amerikaner, der einsah, daß dieser Scherz auf seine Kosten ging, lachte herzlich.

Ich wußte, daß diese Begegnungen fortgesetzt wurden und erfolgreich verliefen, aber ich schied aus. Je weniger Menschen in derartigen Fällen Bescheid wissen, desto besser ist es. Aber ich hörte, daß sie die undichte Stelle im Konsulat fanden und verstopften; es war ein gutes Beispiel für die Arbeitsmethode von X und Y. Sie waren das, was man Doppelagenten nennt: Sie arbeiteten gleichzeitig für die Franzosen und für die Deutschen; unser Chef gab ihnen gewisse Informationen, die sie den Deutschen zuspielen durften. Zum Ausgleich sammelten sie dann alle Informationen, deren sie habhaft werden konnten; und gerade aufgrund der Dinge, die die Deutschen zu erfahren wünschten, konnte man gewisse Schlüsse ziehen. Es war gewissermaßen wie eine Wechselstube, nur daß Informationen gehandelt wurden statt Währungen. Um die undichte Stelle zu finden, vermittelten sie dem Konsul gewisse Zahlen. Diese Bruchstücke von Informationen sollte der Konsul beiläufig vor jedem in Frage kommenden Schwätzer in seinem Stab erwähnen, aber jedesmal dabei eine andere Zahl nennen. Zum Beispiel:

«Nächste Woche sollten 300 Tonnen amerikanischer Weizen in den Hafen einlaufen» oder «500 Tonnen» oder «600 Tonnen». Dann warteten X und Y nur noch darauf, welche Zahl zu ihren deutschen Freunden gelangte. Nachdem sie auf diese Weise den verantwortlichen Mann festgestellt hatten, entdeckten sie, daß dieser oft zusammen mit einer gewissen jungen Frau gesehen wurde. Und als sie nun alle ihre Bekannten beschatteten, stellte sich heraus, daß ein bisher nicht der Kollaboration verdächtiger Franzose für die Waffenstillstandskommission arbeitete. Es war alles so herrlich einfach. Der junge Angestellte im Konsulat wurde in eine andere Abteilung versetzt, wo seine Geschwätzigkeit keinen Schaden anrichten konnte. Unser Chef hatte zwei weitere Kollaborateure identifiziert. Was mich am meisten amüsierte, war die Tatsache, daß X und Y, die in Wahrheit für die Franzosen arbeiteten, von diesen keinen Pfennig erhielten, sondern ausschließlich von den Deutschen bezahlt wurden; und immer wenn der Chef ihnen eine besonders nutzlose Information gab, sagte er: «Laßt euch dafür nicht weniger als tausend bezahlen.»

Es war ein faszinierendes Spiel, aber auch ein verzwicktes, weil sie buchstäblich von ihrem Scharfsinn lebten, denn sie mußten immer so gute Informationen für die Deutschen haben, daß diese nicht argwöhnisch wurden. Wenn diese etwas von ihrem Doppelspiel erfahren hätten, dann hätte unser Chef sich von ihnen distanzieren müssen, oder er wäre selbst von seinen Vichy-treuen Vorgesetzten gefeuert worden. Zudem waren die beiden bei allen loyalen Leuten verrufen, weil sie stets gesehen wurden, wie sie mit den Deutschen feierten. Viele meiner Freunde in Casa warnten mich, ich solle nicht mit diesen «sales individues» verkehren.

Meine eigenen Aufgaben, nachdem ich den Kontakt mit den Amerikanern vermittelt habe, waren zumeist unwichtig und lohnen nicht die Beschreibung. Einmal war gemeldet worden, daß der Wagen eines Mitglieds der deutschen Waffenstillstandskommission immer um vier Uhr nachmittags vor einem gewissen Haus in Anfa parkte; vermutlich machte der Deutsche Glubschaugen über einer Tasse Tee.

Der Schleicher sagte mir: «Nimm ein Fahrrad und vergewissere dich, ob er einen Aktenkoffer oder verstreute Dokumente im Wagen hat; höchstwahrscheinlich wird er nicht immer daran denken, alle Fenster zu schließen.»
«Und», fügte der Schläger hinzu, «wenn er den Zündschlüssel hat steckenlassen, steig ein, fahr ihn fort und irgendwo über eine Klippe. Das hilft.»
Es sah ihm ähnlich, daß er sich so ein Gewaltding ausdachte.
Als ich auf das Auto wartete, hoffte ich halb, daß es verschlossen sein würde; das Warten gibt einem stets das Gefühl der Gefahr. Der Wagen war jedoch nicht verschlossen, und es gelang mir, ein paar – soviel ich weiß nichtssagende – Dokumente aufzusammeln. Leider oder glücklicherweise war die Gangschaltung abgeschlossen, so daß ich nicht im Wildweststil aus einem fahrenden Wagen springen mußte.
Dann wurde ich zum erstenmal wieder von der Polizei verhaftet. Einer der Inspektoren, der in meinem Rugby-Team gewesen war, ein Mann namens Lakanal, hatte in jüngster Zeit bei allen meinen Freunden nach mir geforscht: er wolle Englischstunden nehmen. Das klang mir verdächtig, aber X und Y hatten gesagt: «Geh ihm nicht aus dem Weg. Du bist gedeckt.»
Ich ging zu ihm ins Haus und gab ihm Stunden, forderte allerdings auch einen haarsträubenden Preis, weil ich wußte, daß er ihn als Spesen für die Beobachtung eines verdächtigen Ausländers verbuchen würde. Die Sache zog sich mehrere Wochen hin, bis die Polizei offenbar einen weiteren Haftbefehl gegen mich erwirkt hatte.
Eines Morgens stand ich auf der Place de France und wartete auf ein Mädchen, mit dem ich zu Mittag essen wollte. Sie war gerade gekommen, als Lakanal erschien und mit hölzernem Gesicht sagte: «Ich muß Sie bitten, mich zur Sureté zu begleiten.»

«Sofort?»
«Ja.»
«Hören Sie», bat ich ihn, «Sie kennen mich immerhin; ich gebe Ihnen mein Wort, daß ich heute nachmittag dorthin gehe. Im Augenblick habe ich versprochen, diese Dame zum Mittagessen einzuladen.»
«Bedaure, nein», sagte der Schuft. Das war sein kleiner Triumph. Ein Glück, daß das Mädchen erschien und daß es Essenszeit war, denn während wir einen ausgedehnten und leidenschaftlichen Abschied nahmen, konnte ich ihr ins Ohr flüstern: «Geh gleich zur Comédie und zum dritten Tisch rechts; dort findest du zwei Männer, die ihre Mahlzeit einnehmen; sag ihnen, daß ich verhaftet worden bin.»
Dann trottete ich mit Lakanal zur Polizeistation. Mir war nicht recht wohl dabei, obwohl man mir versichert hatte, daß ich in einem solchen Fall gleich wieder freigesetzt werden würde. Als die Türen hinter mir zufielen, war mir das schon mehr als zweifelhaft. Ich folgte meiner Anweisung und bat, den Superintendenten M. Bourel allein sprechen zu dürfen. Er sagte, als er mich sah: «In Ordnung, Sie können gehen, ich habe bereits einen Anruf vom Etat-Major erhalten.»
Allerdings war Bourel offensichtlich damit nicht recht einverstanden: Zwischen dem militärischen Deuxième Bureau und der Verwaltungspolizei, die immer mehr zur Vorhut der neuen Ordnung wurde, herrschte ein heftiger Konkurrenzneid.
Der Superintendent unterrichtete Lakanal von meiner Entlassung mit den Worten: «Sie spielen doch in der zweiten Reihe mit ihm, stimmt's? Ich möchte nicht Ihre Mannschaft schwächen.»
Lakanal blieb der Mund offenstehen, daß ein Mann, gegen den ein Haftbefehl vorlag, frei nach Hause gehen durfte. Natürlich wußte von da an die gesamte Polizei, daß

ich einen Beschützer hatte. Das war schlecht, weil jeder Agent, der als solcher bekannt wird, viel von seinem Wert einbüßt; und seine Sicherheit hängt viel weniger von seiner Ehrlichkeit ab als von seiner Nützlichkeit. Diesmal war ich jedoch noch imstande, meine Lunchverabredung einzuhalten, und das Horsd'œuvre schmeckte besonders gut.

Diese Tage im Untergrund waren abstrus und unwirklich. Ich durchlief so viele Milieus, die keine Kenntnis voneinander hatten. Ich gehörte in gewisser Weise zu allen. So schnell wechselten die Szenerien, daß ich manchmal meinte, ich müsse träumen. Da war das Haus und unsere beiden Schwestern, Prosper und seine jüdischen Freunde, die Eltern, altmodisch und im Kaftan, die Kinder, mit aller Macht europäisch und «swing». Dann war da die französische Bourgeoisie, vertreten durch Papa Leyrie, der Trainer unseres Rugby-Teams, und Veaugier, der Anwalt, die immer noch so taten, als hätte sich an der Situation eigentlich nichts geändert. Sie waren immer noch davon überzeugt, daß Frankreich mehr oder weniger so weitermachen könne nach diesem Waffenstillstand wie nach irgendeinem anderen. Als jedoch die Aperitifs schwächer wurden und die Warteschlangen länger, als Nachricht von ihren Verwandten in Frankreich kam, was ein Sieg der Nazis vom Standpunkt der Menschlichkeit bedeutete, wachten sie langsam auf. Da sie normal und aufrichtig waren, hatte man das Gefühl, daß sie zu viel gesunden Verstand hatten, um lange im Irrtum zu verharren. Ich wurde oft bei den Leyries zum Essen eingeladen, und er bestand stets darauf, mir den Teller mit den Familienrationen vollzuhäufen, teils, um mir zu beweisen, daß sich an den Dingen nichts geändert hätte, und teils aus Gutherzigkeit. Nach dem Essen saßen wir und hörten uns die BBC oder irgendeine französische Geheimstation an, bis wir angenehm angeregt und von Wunschdenken erfüllt waren.

Danach hatte ich vielleicht eine Verabredung mit X und Y in einem Café. Wieder ein anderes Milieu: Schwarzmarkthändler, Regierungsbeamte, deutsche Offiziere in Zivil, die so taten, als seien sie keine Polizisten, Spitzel, viele Frauen, aber wenige davon verheiratet; sie vermischten sich mit dem gewöhnlichen Cafépublikum, tranken, spielten Karten, redeten laut über das Wetter, über den Zuckerpreis oder die Chancen der Engländer in Libyen. Oder sie scharten sich um Madame an der Bar, eine üppige und lebhafte Korsin, die zuweilen dem Schleicher tief in die Augen schaute, weil sie für ihn eine Schwäche hatte, oder fröhlich mit einem großen Mann plauderte, der elegant «à l'anglaise» gekleidet war, französisch sprach wie ein gebildeter Pariser und in Wirklichkeit ein deutscher Major war. Aber Jude oder Deutscher, Madame bezauberte sie alle und strich inzwischen haufenweise Geld ein. Als ich im Gefängnis war, hatte sie mir ein Päckchen petit fours geschickt: ein ganz besonders ungeeignetes Geschenk für einen Gefangenen, der sich nach einer Brotkante sehnt, aber trotzdem rührend.

Spione, Agenten, Spitzel sind zumeist, wie alle geheimnisumwitterten Berufe, in Wirklichkeit enttäuschend. Die liebe alte Frau, die den Tabakladen leitet, ist leider selten die Meisterspionin, die mit eigener, stark geäderter Hand und einer Stricknadel ein halbes Dutzend Gestapoagenten umgebracht hat. Der Ober mit dem unsteten Blick, der wie ein Spitzel aussieht, ist meist auch einer. Es bedurfte keines besonderen Scharfblicks, um selbst einen französischen Polizisten zu erkennen: seine Kleidung ist meistens zu adrett. Und wenn man eine schöne Frau in Kleidern sah, die sie unmöglich mit ehrlichen Mitteln angeschafft haben konnte, waren es unehrliche Mittel, die meistens den Ehen gefährlicher wurden als den Armeen.

Abgesehen von der unterschwelligen Angst vor erneuter Verhaftung, oder gerade deswegen, waren alle jene Tage lebhaft und ausgefüllt. Jeden Morgen erklang Julies sanfte, zaghafte Stimme, statt einer Trompete, einem Läuten oder einem schmetternden Türschloß. Ich wachte auf in der halben Erwartung, mich in einer Zelle zu finden, und ich nutzte den Tag, wie er genutzt werden sollte: als ein Geschenk. Ich lernte es, mir die kleinen Vergnügungen einzuprägen, die man sonst nur bemerkt, wenn sie fehlen: ein Bad, der Geschmack von frischem Brot, ein Glas Wein auf einer kühlen Veranda oder ein einfaches Gespräch mit einem Mann, mit dem man redet, weil man es möchte, und nicht, weil er die Zelle mit einem teilt. Wenn mich je später die Gewohnheit und die Geborgenheit veranlassen sollten, den Tag automatisch zu durchleben, brauche ich mir nur die Szene heraufzubeschwören, die dieser Periode der gefährdeten Freiheit ein Ende machte.

Es war an einem Samstag. Wir spielten bei sauschlechtem Wetter gegen Marakesch um die marokkanische Meisterschaft. Das Feld stand teilweise unter Wasser; in den «Scrums» rutschten wir hin und her, und auf offenem Feld bedeutete jeder schnelle Richtungswechsel ein Ausrutschen. Wie gewöhnlich waren drei Polizisten im Team. Lakanal spielte zweite Reihe. Kurz vor dem Ende der ersten Halbzeit brachte ich die Menge zu großem Gelächter: Ein Spieler von Marakesch war durchgebrochen; ich sprang, um ihn zu Boden zu bringen, aber ich verfehlte ihn und landete flach auf dem Bauch in einer der größeren Pfützen. Ich schlitterte etwa zehn Meter weiter und durchschnitt dabei das Wasser wie ein Schnellboot. Aber welcher Vorwärtsspieler freut sich nicht an einem verschlammten Tag, und wenn Julie, die dem Spiel zusah, mir in der Pause erzählte, daß ein anderer Polizist, den wir «gebrochene Nase» nannten, ebenfalls dem Spiel zusah, vergaß ich jeglichen Gedanken an Gefahr: War ich nicht gedeckt? Die würden mich nicht verhaften, um mich dann wieder entlassen zu müssen, sobald ich darum bat, daß ein Telefongespräch geführt würde. Wir siegten, und nach dem Spiel ging ich mit der Mannschaft in die Stadt. Ein Festessen und eine Filmvorführung lagen vor mir. Ich hatte das einzigartige Gefühl ermüdeter Befriedigung, das einem das Rugbyspiel vermitteln kann. In Gedanken schluckte ich bereits den ersten halben Liter vin rosé hinunter und schlug die Zähne in ein Steak. In der Nähe des Parks sprang ich aus dem Bus, um erst nach Hause zu gehen und mich umzuziehen. Kaum war der Bus außer Sicht, als die «gebrochene Nase», die dem Bus auf dem Fahrrad gefolgt sein mußte, an mich heranfuhr und die schlimmen Worte sprach: «Folgen Sie mir, und diesmal keine faulen Tricks.»

Er sah so glücklich aus, daß ich wußte, diesmal war ich dran. Der Druck auf die Eingeweide war wie eine Vorschau auf das Grauen bevorstehender Gefangenschaft. Es war nicht weit bis zur Polizeistation. Als ich verlangte, den Superintendenten zu sprechen, lachte er nur: «Kommt erst am Montag zurück; bis dahin bist du nicht mehr hier. Dafür werden wir sorgen.»

Erst dann wurde mir klar, wie schlau sie das eingefädelt hatten: Mich auf dem Feld festzunehmen hätte bedeutet, daß es die Öffentlichkeit erfahren hätte, und irgendwer hätte X und Y benachrichtigt. Aber niemand hatte die Verhaftung gesehen, und im Haus würde man annehmen, daß ich mit dem Team feierte. Der Superintendent hatte es absichtlich so angeordnet, daß ich verhaftet werden sollte, wenn er nicht da war: Es war Samstag abend, und es gab sonst niemand, an den ich mich wenden konnte, um das Militär anzurufen. Später kam ein Wärter und bot mir an, eine Botschaft anzunehmen, aber das war offensichtlich ein Routineversuch, um mich auszuhorchen. Es gab keine Möglichkeit, mit meinen Freunden in Verbindung zu kommen. Bevor ich vermißt wurde, würde ich Gott weiß wohin verschwunden sein.

Die «gebrochene Nase» konnte es sich also leisten, mir einen Stoß zu geben, der mich in den bekannten dunklen Gang zu den Zellen stolpern ließ.

18

Bergmann, Glückab!

Dasselbe Gitter und derselbe griesgrämige Wärter. «Gebrochene Nase» übergab mich und ging, vermutlich, um sich an einem Aperitif in der Sonne zu laben. Dieselbe Zelle mit der Wasserspülung, in der ich sechsunddreißig Stunden nach dem Fehlschlag der Arboua-Expedition verbracht hatte. Die dazwischenliegende Periode schien wie ein unwirkliches Zwischenspiel.

Diesmal blieb ich nicht allein; sieben andere Gefangene hockten in verschiedenen Stellungen des Trübsinns in der Zelle herum. Es war die übliche Mischung einer Polizeizelle: Spanier, die aus dem Lager geflüchtet und wieder eingefangen worden waren, ein paar glücklose Schwarzmarkthändler. Ich war nicht in der Stimmung, mir über das Vorleben meiner Mitgefangenen den Kopf zu zerbrechen; Abenteuer, die immer wieder zum selben Ergebnis führten, waren keine mehr. Das Gefängnisgerede um mich herum kam mir vor wie eine alte, abgespielte Schallplatte. Ich konnte nur denken: Diesmal ist's Sense, du kommst nie wieder raus, du wirst wie der Spanier da in der Ecke, der sich an sein Heimatdorf nur wie an etwas erinnert, das auf ewig verloren ist. England, richtigen Rasen, mit Gänseblümchen gesprenkelt, oder das freundliche Licht eines Pub in einer regnerischen Nacht wirst du nie wiedersehen. Du wirst nie deinen Freunden von dem mickrigen kleinen Italiener erzählen können, der zweimal am Tag einem perversen Wärter in eine leere Zelle folgen mußte – ich wußte das, weil er's auch bei mir probiert hatte –, um ein extra Stück Brot zu kriegen. Von jetzt an mußt du mit Leuten wie dem Italiener und dem Wärter leben.

Den ganzen Sonntag wurden weitere Gefangene eingeliefert, bis wir über zwanzig in der Zelle waren. Am Montag morgen um fünf wurde mein Name mit vier anderen aufgerufen: Wir hatten zwei Minuten, um uns fertig zu machen. Wir brauchten nicht einmal so lange, da wir in unserer Kleidung geschlafen hatten und es keine Gelegenheit gab, sich zu waschen. Am Ende des Ganges warteten schon etwa ein Dutzend andere Gefangene und fünf Polizisten; dieser Schuft Lakanal war da und grinste. Ich war wütend, daß er mich so sehen sollte. Seltsam, er war der Verräter, und er hätte es sein müssen, der die Augen niederschlug, nicht ich; aber er war schließlich aus einem warmen Bett gestiegen und war rasiert, während ich bibbernd neben einem stinkenden Landstreicher gelegen hatte.

Draußen war die Nachtluft noch kälter. Wir wurden in einen Lastwagen gepfercht, Polizisten an beiden Enden, und durch das schlafende Casa zum Bahnhof gefahren. Es gab keine Chance, abzuspringen, selbst wenn ich es mir zugetraut hätte. Am Bahnhof warteten weitere Polizisten auf uns; man nahm uns anscheinend ernst. Wir mußten dort zwei Stunden lang frierend stehen. Es gab eine herzzerreißende Szene, als eine der Ehefrauen, die von dem Abtransport ihres Mannes in ein unbekanntes Konzentrationslager erfahren hatte, versuchte, zu ihm vorzudringen. Die Polypen ließen sie nicht weiter als auf fünf Meter an ihn heran; sie mußten sich sinnlose Empfehlungen zuschreien. Dabei wollten sie nichts anderes, als sich in den Armen halten.

Die Zugfahrt dauerte fünf Stunden. Zwei Polizisten waren in jedem Abteil und zwei im Gang; aber das war noch nicht alles: Als ich versuchte – ohne jede weitere Absicht –, mich in die Nähe eines Fensters zu setzen, deutete einer mit dem Daumen auf mich: «Nicht du da!»

Ich ahnte zum erstenmal, daß meinen Papieren besondere Anweisungen zu meiner Person beigeheftet waren. Ein gegenübersitzender Spanier bot mir die Hälfte seiner Zigarette an; danach fühlte ich mich besser. Alles gibt einem das Gefühl, daß es einem besser geht, wenn man mal ganz unten gewesen ist. Bäume, die im ersten Morgenstrahl noch frisch waren, sausten vorbei; das war immerhin ein Fortschritt gegenüber der Zelle mit Dauerspülung. Ich habe sogar ein Gedicht darüber geschrieben. Der Grundgedanke dazu war: Was man gesehen hat, kann einem nicht mehr genommen werden; damals fand ich's ganz gut, aber jetzt nicht mehr. Aber ich kann das Verfassen von Gedichten als Zeitvertreib für Gefangene nicht genug empfehlen. Die Vorzüge sind mannigfach: Sie verbrauchen mehr Zeit und weniger Papier als Prosa, und für einen Gefangenen ist reichlich Zeit vorhanden, aber das Papier ist knapp. Zudem saugt die Poesie alle Gefühle auf wie ein geistiger Staubsauger und befreit einen vor Emotionen.

Am Abend kamen wir in Oued Zem an und marschierten zum Lager. Alles, was ich davon in der Nacht sehen konnte, war das Stacheldrahttor und das Innere einer kalten und feuchten Hütte; drei vereinzelte Kerzen beleuchteten eine Szene, die aus dem Alten Testament hätte stammen können. Ich entdeckte dort viele bärtige und trostlose alte Juden, die in gedämpfter Eintönigkeit ihr Schicksal bejammerten.

Oued Zem war ohne Zweifel ein Konzentrationslager: Der Stacheldraht zog sich um das ganze Lager herum, und, was noch wirksamer war: das Lager wurde von Senegalesen bewacht. Aber es war ein Durchgangslager, wo nur die Untauglichen blieben; von den Tauglichen wurden die Juden nach Bou Afra geschickt, die anderen nach Colomb Bechar, beides Arbeitslager an der Trans-Sahara-Eisenbahn. Es würde so gut wie unmöglich sein, von diesen Stätten zu entkommen, da sie sich mitten in der Wüste befanden. Der einzige Ort, dessen Name etwas verheißungsvoller klang, war Imfout nahe Settat, nur etwa fünfundsechzig Kilometer von Casa entfernt; um jedoch dorthin zu gelangen, mußte man entweder Straßenarbeiter oder Bergmann sein, da die dortigen Gefangenen einen Damm durch einen Fluß bauten.

An meinem vierten Tag in Oued Zem wurde unsere Gruppe zu einem Hauptmann bestellt, einem Elsässer namens Bär. Als ich sein Büro betrat, musterte er gerade meine Papiere: «Was ist Ihr Beruf?» fragte er.

«Bergmann.»

«Zweifellos ein neuer Kurs an Ihrer Universität. Und wo wollen Sie hin?»

«Imfout.»

«Hm», machte er. Dann befahl er seinem Sekretär, ein Päckchen Zigaretten in der Kantine zu holen. Als wir allein waren, deutete er auf einen Zettel, der an meine Papiere geheftet war: «Sehen Sie.»

Dort stand: «Muß bis hinter den Atlas versetzt werden.»

«Er ist verlorengegangen», sagte er und zerriß den Zettel. «Nun gut, Imfout, Herr Bergmann. Und erzählen Sie niemand, was für ein netter Mensch ich bin, falls Sie nicht wünschen, daß ich Sie dort treffe. Der nächste», sagte er zu dem wiederkehrenden Sekretär, ohne mir einen weiteren Blick zu schenken.

Zwei Tage später kam ein zittriger alter Sergeant, um uns nach Imfout zu bringen. Wir fuhren mit dem Zug bis Settat, eine hübsche, kleine ländliche Stadt, wo zu jener Zeit die meisten englischen Familien interniert waren. Es gab dort allerdings wenig Gelegenheit, mit ihnen zu sprechen, da wir sofort Brotsäcke auf einen Lastwagen laden mußten; dieser Lastwagen fuhr jeden Tag vom Lager nach Settat und war die einzige Verbindung mit der Außenwelt. Während des ersten Teils unserer Fahrt dorthin beobachtete ich nicht, wo wir hinfuhren, weil es regnete. Nach fast einer Stunde fuhren wir immer noch durch eine eintönige Ebene, die zwischen der Küste und dem Atlas liegt; aber vor uns zeigte sich eine riesige Narbe im Plateau, aus der die Nebel hochstiegen. Von der Stelle an, wo die Straße sich scharf senkte – und sie ging mehrere hundert Meter abwärts –, wuchs kein Baum oder Busch und selbst kein Kaktus mehr auf dem kahlen Felsboden. Einige verschmutzte Gestalten in zerlumpten Uniformen kauerten am Rande des Pfades, und durch den Nebel hallte der Lärm der Stein zermahlenden Maschinen, die nie stillstanden. Es war eine neblige Hölle, und während der neun Monate, die ich dort war, bestätigte sich dieser erste Eindruck; im Sommer wurde der Ort zur feurigen Hölle.

Unser Empfang war kurz: «Name? – Schön, Hütte Nummer zwei. Hier sind zwei Decken und ein Strohsack; Heu haben wir keins.»

In Hütte zwei lagen vierzig Mann zusammengerollt, die Decke bis zur Nase hochgezogen; wir konnten nicht erkennen, wo für uns noch Platz war. Die einzigen beiden leeren Plätze waren von zentimetertiefen Pfützen bedeckt, in die jede Minute fünf Tropfen von der undichten Decke fielen: Na ja, dachten wir, das ist überall das Los der Neuankömmlinge. Wir wischten das Wasser auf und schützten uns vor den Tropfen, indem wir ein Stück Sackleinwand über unsere Köpfe zogen. Zum steten «tropf, tropf, tropf» – in China gebraucht man das Geräusch, um Leute zum Wahnsinn zu bringen – schliefen wir ein.

Am nächsten Tag wurden wir von der Arbeit befreit, um uns einzurichten. Mit vier Felsstücken als Pfosten, ein paar Brettern als Rahmen und einem Stück Wellblech als Matratze machten wir uns ein Bett. Es war einigermaßen bequem, dachten wir in den ersten fünf Minuten; dann fing ein Bein an zu jucken, darauf ein Arm: Holz und Wände wimmelten von Wanzen.

Da das Wetter inzwischen besser geworden war, gingen wir nach draußen, um uns das Lager anzusehen. Die Narbe auf dem Plateau, die wir erblickt hatten, war in Wirklichkeit ein cañonartiges Flußbett, der Oum er Rbia; aber ein Fluß, der kein Leben an seine Ufer zog, sondern nur an Fels und Sand vorbeifloß. An seiner einen Seite lag das Lager: vier Hütten, eine Küche und ein Stall für ein Pferd und acht Schweine. Stromaufwärts, wo die Schlucht am engsten war, konnte man bereits die Fundamente des Damms erkennen. Auf der anderen Flußseite war die Fabrik, die aus verschiedenen Steinmahlmaschinen, Transportriemen und Mischmaschinen bestand, die den Stein des Berges in Zement für den Damm verwandelten. Ganz oben, fast auf gleicher Höhe mit dem Plateau, lag der Steinbruch; dort wurde der Stein gebrochen, in Loren geladen und auf einer Gleitbahn zum Brechwerk gebracht. Transportriemen leerten den Schotter, der je nach Größe geordnet war, in fünf Abteilungen eines riesigen Silos; ein sechster Silo enthielt Sand, ein siebenter Zement, der von Loren gebracht wurde, und ein achter Kalk. Am unteren Ende einer jeden Abteilung war eine Öffnung mit einem von den Gefangenen bedienten Hebel. Unter diesen Öffnungen bewegte sich eine Lore nach der anderen. Sie wurden von je zwei Gefangenen geschoben. Sie hielten unter jedem Hebel an, empfingen ihre Ladung und fuhren weiter bis zur nächsten Abteilung; wenn sie voll waren, wurden sie zum Betonmischer gefahren, geleert und zurückgebracht. Der Beton wurde in einen Behälter eingelassen, der sich an einem Drahtseil über das Tal und dann zum Damm hinunterbewegte. Der Mann, der auf diesem Behälter stand, um ihn zu öffnen, wenn er sich an der richtigen Stelle befand, konnte sich keine Schwindelanfälle erlauben, da der Behälter siebzig Meter über dem Tal schwebte, bevor er abwärtsschoß wie ein New Yorker Fahrstuhl.

Unten am Damm bauten Gruppen von Gefangenen die Rahmen, in denen der Beton trocknete. Eine andere Arbeitsgruppe räumte die Fundamente des Dammes im Flußbett. Sie mußte abwechselnd Felsen sprengen oder Schlamm schaufeln, in dem sie bis zu den Knien standen. Die gesamte Arbeit wurde von Gefangenen geleistet, unter der Aufsicht von Wärtern, ein paar Ingenieuren und arabischen Vorarbeitern. Die durchschnittliche Arbeitszeit betrug zehn Stunden am Tag, in einem Klima, in dem Europäer eigentlich fast keine körperliche Arbeit leisten sollten. Der Durchschnittslohn betrug sieben Franc fünfzig pro Tag; in der Kantine konnte man dafür entweder zwei Sandwichs, anderthalb Liter Pinard oder zwei Päckchen Zigaretten kaufen.

Da ich mich als Bergmann ausgegeben hatte, wurde ich sofort im Steinbruch eingesetzt. Obgleich das die schwerste Arbeit war und ich in der ersten Woche vergeblich versuchte, mit den anderen Männern, die wirklich Bergleute waren, mitzuhalten, habe ich es nie bedauert. Ich habe dort neun Monate gearbeitet, mit ein paar durch Malaria verursachten Unterbrechungen, und habe die Arbeit gründlich gelernt; Sowjeteuropa hat für mich seitdem keinen Schrecken mehr. Wir hatten viele Vorteile vor den anderen Gruppen: Dort oben war die Luft gesünder als im Tal, das eines der übelsten Malarialöcher Marokkos ist. Zudem bekamen wir die Möglichkeit, im Akkord zu arbeiten, und wenn man ganz auf sich selbst gestellt ist bei der Arbeitsleistung, vergeht die Zeit schnell. Warten zu müssen, bis zehn Stunden vorüber sind, das ist meine Vorstellung von der Hölle. Ich mußte erst hart genug werden, um Stückarbeit leisten zu können. Mein erster Einsatz war am Steinbruchwerk; da der Stein in Loren ankam, mußten wir ihn in die Maschinen einfüttern. Das war keine schwere Arbeit, aber es gab, bis auf eine Stunde zur Mittagszeit, keine Pause. Die Maschinen standen niemals still, und wenn wir zuließen, daß sich die Steine auf der Plattform häuften, drohte uns der Vorarbeiter, er werde uns zur Arbeit in den Steinbruch versetzen. Das war meine nächste Aufgabe, richtige Bergmannsarbeit. Wir mußten die Steine aus der Felswand brechen, indem wir mit einem Pickel die Spalten erweiterten und dann das Stemmeisen benutzten. Anfangs dauerte es bei mir zehn Minuten, um einen oder zwei Steine loszustemmen, während ein kleiner Bergmann aus Asturia scheinbar mit einem einzigen Ansatz seines Brecheisens eine halbe Tonne losbrach. Das ärgerte mich, denn er war nur halb so groß wie ich.

Der Vorarbeiter hatte ein rotes Gesicht. Er war ein aufgeblasener Tunesier, ein mieser Typ, aber eher freundlich zu mir, als er sah, daß ich mir große Mühe gab. Er wollte mich zu einem Testfall hochstilisieren, um anderen sagen zu können: Seht ihr, der hat's gelernt. Alle mieden den Steinbruch, und er mußte sich zumeist auf arabische Arbeiter verlassen, die nur halb soviel wert sind wie europäische. Was meine Ausbildung zu einem guten Bergmann betraf, so hatte der Vorarbeiter unzweifelhaft Erfolg, denn ich wußte, wenn ich eine Chance haben wollte, davonzukommen, mußte ich mir erst ein gutes Verhältnis zu den Vorgesetzten schaffen; einige meiner Mitgefangenen haßten mich deswegen und mit Recht, denn das war kaum die Politik des «Langsam-Machens», die von der BBC befürwortet wurde. Sechs Wochen später wurde ich zur Akkordarbeit versetzt und konnte Loren beladen.

Jeden Morgen um sechs Uhr schrillte die Fabriksirene über das Tal. Sie weckte uns nicht in unseren selbstgebastelten Betten in der Hütte, wo uns die Wanzen den Schlaf unmöglich gemacht hätten. Hundert Meter flußabwärts hatten wir uns auf einem Sandstreifen zwischen dem Flußbett und der Felsklippe ein Lager bereitet. Wenn die Nacht sehr schwül war, dann ließen wir beim Schlafen die Füße ins Wasser baumeln.

Wir tauchten den Kopf ins Wasser, rannten zur Küche für unsere Tasse Kaffee und eilten dann auf die andere Seite und über einen steilen Pfad den fast senkrechten Bergabhang hinauf. Der Aufstieg dauerte fünfzehn Minuten, und erst, wenn wir uns der Höhe näherten, fingen wir an, wach zu werden; man konnte endlich atmen, wenn man aus diesem Loch rauskam; eine frische Morgenbrise blies einem den Schlaf aus den Augen. Die Sonne, die über der Schlucht aufging, wäre schön gewesen; aber um Schönheit zu erleben, braucht man Zeit, und die hatten wir nicht, denn die Arbeit der ersten halben Stunde war die wichtigste: Erst mußten wir uns unsere Lore sichern, bevor sie einer klaute, wodurch wir mit Streit Zeit verplempern würden. Wir waren alle an unsere eigenen Loren gewöhnt, kannten ihre Eigenheiten, wußten, welche Seite am leichtesten zu kippen war und wo sie in Gefahr war, aus den Schienen zu springen. Wenn wir sie gefunden hatten, schoben wir sie mit lautem Geklirr zu unserer Spalte; auch da mußte man aufpassen, damit das nächste Team nicht die großen Brocken wegnahm, die am leichtesten zu laden waren.

Gewöhnlich wurde jede Lore von einem Team von zwei Mann beladen; da jeder Mann acht Lorenladungen für sein Soll zu leisten hatte – also sechzehn für zwei –, konnte man danach entweder aufhören oder Extras leisten, für die man zwei Francs pro Lore bekam. Da zumeist vier oder fünf Teams an einem Gleisstrang arbeiteten, mußten alle die Reise talwärts zum Brechwerk koordinieren, wo die Loren geleert wurden. Trotzdem konnte man, wenn man schnell arbeitete, mehr Loren beladen als die anderen, da es einige ungeschriebene Regeln gab. Anfangs wurden mein Partner und ich dabei benachteiligt; auch er war ein Neuling bei dieser Arbeit. Wenn die Lore hinter uns voll war und unsere noch nicht, mußten wir trotzdem zum Brechwerk runterrollen und die halbvolle Lore wieder zurückschieben; harte Arbeit, wenn man schon eine Lore hinter den anderen zurück war.

Am Anfang entwickelte sich das zu einem widerlichen Rennen. Es war einfach, die schweren Steine aufzuladen – man brauchte nur die Kraft, sie in die Loren zu wuchten –; das Laden der kleinen Stücke mit einer Gabel kam mir am schwersten vor. Die benachbarte Mannschaft lud das Geröll mit erstaunlicher Geschwindigkeit; ihre Gabeln glitten leicht in die am Boden liegenden Steine, und ihre Lore füllte sich zusehends, während wir schufteten und nichts raufkriegten. Soviel wir auch schoben und unsere Gabeln mit blasenbedeckten Händen in die Steine stießen – sie blieben immer halbwegs im Haufen stecken. Und wenn wir in unserer Verzweiflung mit den Knien nachhalfen, machte die Gabel «twäng!», und alle Steine, die wir schon auf der Gabel hatten, flogen wieder runter; es war frustrierend.

Manchmal, wenn wir bereits eine Lore gefüllt hatten und drauf zum Brechwerk runterfuhren, sprang das verflixte Ding bei einem Schienenstoß aus dem Geleise. Die Männer hinter uns fluchten. Sie wurden aufgehalten und mußten uns helfen, die Lore mit einer Brechstange wieder zurückzuhieven.

Zunächst brauchten wir acht Stunden ununterbrochener Arbeit, um unsere sechzehn Loren abzuliefern. Am Ende stolperten wir mit zitternden Knien zum Lager runter, brachen an unserer Pritsche zusammen, fast zu müde für unser Abendessen. Aber bald hatten wir gelernt, erst ein Stück ebenen Boden zu finden, so daß unsere Gabeln in den Haufen mit dem im richtigen Augenblick angewandten Druck stießen. Wir vermieden Entgleisungen, indem wir der Lore an gefährlichen Stellen einen Schwung in die richtige Richtung gaben. Auf diese Weise schafften wir unsere «Quoten» in sechs Stunden.

Fünf Monate später erhielt ich eine Lore allein. Dieses

Privileg teilte ich mit etwa einem halben Dutzend richtiger Bergleute. Es handelte sich um eine internationale Sammlung: ein Spanier, zwei Polen, ein Deutscher und unser Rekordhalter, ein großer, sehniger Norditaliener namens Stenico. Die neue Regelung bedeutete natürlich, daß wir allein unsere Lore in derselben Zeit beladen mußten wie die anderen, die von einer Zweiermannschaft beladen wurden. Keine Sekunde durfte verplempert werden; wenn wir große Steine hineinhievten, mußten wir unsere Hände schon am nächsten Brocken haben, bevor der erste in die Lore schepperte, und wenn wir Geröll luden, hoben wir die Gabel niemals höher als einen halben Meter vom Boden; die Steine ergossen sich fast ununterbrochen in die Lore. Aber es bedeutete auch, daß, wenn die anderen mit ihrem Soll von sechzehn fertig waren, wir bereits acht Loren Übersoll geleistet hatten, für die wir sechzehn Francs bekamen, mehr als doppelt soviel wie die normale Bezahlung; obwohl es äußerste Anstrengung für etwa sechs Stunden bedeutete, ergab sich mehreres zu unserem Vorteil: Daß wir vor allen anderen mit dem «Muß» fertig waren und uns nicht unbedingt weiter abstrampeln mußten, gab uns Auftrieb; wir hatten die Möglichkeit, eine ziemlich harte Zwangsarbeit wie einen sportlichen Einsatz zu behandeln. Außerdem wollten alle die besten Bergleute, die die Steine herausbrachen, gern mit uns zusammen sein. Das bedeutete, daß wir immer reichlich Vorrat zum Laden hatten und niemals warten mußten. Schließlich gab uns der Vorarbeiter die besten Loren, was absolut unfair war, denn man hätte sie den schwächsten Teams geben sollen, die bis vier Uhr schufteten, um ihr Soll zu erfüllen. Wir hatten unser Soll zumeist schon gegen neun erfüllt, wenn die Sonne anfing, unangenehm zu werden. Schon um sechs Uhr arbeiteten wir ohne Hemd. Trotzdem waren wir in Schweiß gebadet.

Sobald wir unsere achte Lore ins Brechwerk geleert hatten, schoben wir sie von den Schienen runter, wischten uns die Gesichter trocken und setzten uns auf den Puffer, um unser Frühstück zu verschlingen; da wir es uns leisten konnten, hatten wir meistens eine Pastete oder sogar rohen Speck auf unserem Brot, ein paar Schluck Wein aus unserem Bidon und zur Krönung eine Pfeife Tabak. Ich fühlte mich fit und zufrieden; sogar das öde Tal sah gut aus, wenn der Steinstaub von den Maschinen darüber hintrieb und man das ewige Dröhnen und Klirren der verschiedenen Maschinen hörte; ich hatte das Gefühl, ich sei ein leistungsfähiger Teil davon, und es kam mir nicht in den Sinn, welch ein Rohling ich war. Ich fühlte mich zufrieden und überlegen, weil ich imstande war, Steine mit einer etwas höheren Geschwindigkeitsrate auf die Lore zu werfen als der Durchschnitt. Nach dem Frühstück gingen wir runter, um uns für Sandwiches und Wein am Abend und für Tabak und etwas Schmalz für das morgige Frühstück Geld zu holen.

Da es noch notwendig war, mit der gleichen Schnelligkeit zu arbeiten, bedeutete es auch, daß ich mich so lange verausgabte, bis ich nicht mehr mit dem vor mir arbeitenden Team mithalten konnte. Vier von uns machten gewöhnlich um elf Uhr Schluß, nur der unermüdliche Stenico arbeitete weiter. Todmüde, aber vergnügt gingen wir hinunter, am Brechwerk und an den neiderfüllten Gesichtern der Sand- und Zementarbeiter vorbei, die bis zwölf Uhr weitermachen und um zwei Uhr wieder in die Mittagshitze hinausstolpern mußten, um bis fünf zu arbeiten. Für uns war der Arbeitstag vorbei. Ein Sprung in den Oued spülte den ganzen Staub und Schweiß hinweg, gleichzeitig auch einen großen Teil der Müdigkeit. Dann gingen wir zum Lazarett, um uns die vielerlei Kratzer und Beulen behandeln zu lassen; danach kamen wir gerade rechtzeitig zum Mittagessen.

Das Essen war im allgemeinen ausreichend und nicht

übel – das lag in ihrem eigenen Interesse. Nach dem Essen streckte ich mich wohlig auf meinem Bett aus – die Wanzen kommen nicht bei Tage heraus. Ich las ein Buch. Wenn die Sirene die anderen armen Würstchen, die stöhnten und jammerten, zur Arbeit rief, drehte ich mich um, zog ein Handtuch über mein Gesicht – gegen die Fliegen – und schlief ein.

Um vier wachte ich wieder auf, einigermaßen benommen von meinem Schlaf in der Hitze. Ich sammelte Bücher, Pfeife und Tabak ein und schleppte mich fort vom Lager zu der einsamen Stelle, wo ich auch nachts schlief. Ein Bad brachte mich zur Besinnung. Im Schatten der Klippe las, schrieb, rauchte und schwamm ich bis zur Abendessenszeit. In diesen neun Monaten in Imfout las ich mehr Bücher als seinerzeit in Oxford, wo man das schlechte Gefühl hatte, daß man, wenn überhaupt, etwas über das eigene Studienfach lesen sollte, so daß man schließlich zwar eine Menge Kommentatoren und auch sogar einige zweitrangige Philosophen gelesen hatte, jedoch nicht Arnold Bennetts «Dokumente über den Opiumkrieg» und keinen Marco Polo. Zwar las ich umfangreiche Bücher über lange veraltete Wirtschaftstheorien von und über Karl Marx; übrigens war Imfout ein sehr geeigneter Ort, um etwas über den Mehrwert der Arbeit zu lesen und es auch zu verstehen.

Das Abendbrot war um sechs, und danach tranken alle: Verschiedene Gruppen taten es auf verschiedene Weise und in verschiedenen Mengen, aber wir tranken alle. Die Deutschen sangen dabei und erzählten unendlich lange Geschichten, die Österreicher dachten, sie seien zu Hause in ihren kleinen Wiener Caféhäusern, und debattierten erregt; die Russen wechselten ab zwischen Singen und extravagantem Glücksspiel mit ihren paar Francs. Da jedoch für den Wein die Gewinner zahlten, machte das wenig Unterschied. Die Polen tranken nur, und die Spanier sangen nur; letztere erschienen mir erstaunlich enthaltsam.

Ich selbst trank gewöhnlich beim russischen Sprachunterricht, den ich im Austausch gegen englischen von einem Mann namens Sokolow erhielt. Er war im echt zaristischen Stil Taxifahrer in Paris gewesen. Manchmal setzte ich mich zu den Spaniern, um mein Spanisch zu verbessern und weil ich sie von den hier vertretenen Nationalitäten am besten leiden mochte: mir gefiel ihre Zurückhaltung Fremden gegenüber und ihre gute Kameradschaft, wenn sie einen einmal in ihren Kreis aufgenommen hatten; mir gefiel ihre Art, sich die Selbstachtung zu bewahren. Die Franzosen, die sich zu ihren Aufsehern gemacht hatten, straften sie durch verächtliche Nichtachtung. Mir gefiel auch die Art, wie sie ihre rauhen andalusischen Lieder sangen, die das mediterrane Gefühl für die Melodie mit den monotonen Klagelauten der Araber verbinden.

Zuweilen ging ich mit einem Österreicher zu unserem Zufluchtsort unter den Klippen am Fluß; wenn es kalt war, machten wir uns manchmal ein Feuer und rauchten unsere Pfeifen, wobei wir von anderen Flüssen sprachen, in deren Wasser die Weiden ihre Zweige hängen ließen, von Mädchen, von einem Steak mit Zwiebeln und anderen Heimwehthemen.

Ungefähr um zehn machten wir sorgfältig unser Bett auf dem Sand unter der Klippe mit zwei Decken, unserem alten Militärmantel und einem flachen Stein als Kopfkissen. Wenn ich zur Silhouette der Klippe gegen den Himmel hochblickte, auf der sich ein einsamer Kaktus abhob, dann wäre es Lüge gewesen, wenn ich behauptet hätte, es sei ein schlechter Tag gewesen. Wir schliefen beim Plätschern des Flusses ein, dessen Häßlichkeit durch das Mondlicht verwandelt wurde.

Einige wenige von uns führten ein erträgliches Leben, die Art von Leben, gegen die man nichts einzuwenden hätte, wenn es auf freiwilliger Pionierarbeit beruhen würde. Dies war nur die Folge von Jugend und körperlicher Kraft. Für die große Mehrheit bedeutete Imfout die Hölle. Für sie gab es keinen sportlichen Konkurrenzkampf, sondern zehn Stunden in Kälte und Hitze; jede sich dahinschleppende Stunde mußte ausgestanden werden. Für sie bedeutete ein Liter Wein keine Zigaretten, und sie konnten ihre Rationen nicht mit einem gelegentlichen Pfund Speck oder Wurst aufbessern. Viele von ihnen waren keine Arbeiter, sondern Ärzte, Anwälte, Beamte, Angestellte, Kaufleute. Für einen Fünfundzwanzigjährigen kann es noch lustig sein, wenn er lernt, mit Pickel und Schaufel umzugehen, aber für einen Fünfundvierzigjährigen sieht die Sache anders aus. Dazu kamen die Arbeitsbedingungen; zehn Stunden sind schon in einem guten Klima genug. In diesem malariaverseuchten Loch jedoch waren die Arbeits- und Lebensbedingungen unmenschlich.

Sechzig Prozent von uns hatten Malaria, die medizinischen Vorkehrungen waren lächerlich. Eine Zeitlang hatten wir kein Chinin und erhielten statt dessen irgendwelche große Injektionen, die zwar das Fieber verringerten, aber einen so steif machten, daß man sich drei Tage lang kaum bewegen konnte. Nach drei Wochen war das Fieber wieder da. Der Arzt kam einmal in der Woche an einem Donnerstag. Wenn man zufällig an einem Freitag erkrankte, dann hatte man Pech.

Ein Pole hatte einen besonders heftigen Anfall von Sonnenstich und Fieber. Er starb zwei Tage darauf, ohne einen Arzt gesehen zu haben: Pech, warum konnte er mit seiner Krankheit nicht bis Donnerstag warten?

Während ich in Imfout war, sind drei Mann am Fieber gestorben – ein ganz hübscher Prozentsatz für weniger als zweihundert Mann. Aber es gab eine viel größere Anzahl von Männern, die ich gesund ankommen sah, und zu der

Zeit, als ich dort wegkam, waren sie körperliche Ruinen geworden. Obwohl sie nicht mehr arbeiten konnten, wurden sie nicht entlassen.

Es gab auch andere Todesarten: Ein deutscher Kommunist, der in Spanien gekämpft hatte, fiel in einen vierzig Meter tiefen Schacht, der durch kein Gitter geschützt war. Zu einem gräßlichen Brei zerschmettert, blieb er unten tot liegen. Zu dumm – warum hat er nicht aufgepaßt?

19

Falsche Hoffnung

Was war Imfout? Kein Militärlager, obwohl wir unter militärischer Disziplin standen und eine Art Uniform trugen, auch kein Konzentrationslager, weil es dort keinen Stacheldraht gab und es möglich war, wenn man mit dem Kommandanten auf sehr gutem Fuß stand, Urlaub zu bekommen. Imfout war eines von einem halben Dutzend sogenannter Arbeitslager, eine typische totalitäre Anstalt, die sofort dort aus dem Boden gestampft wurde, wo irgendeine Form des Faschismus eingeführt wurde. Die Autoritäten des Vichy-Regimes übernahmen die Lageridee sogleich von den Deutschen. Sie prägten einen so großartigen Werbespruch dafür, daß der Durchschnittsfranzose darauf hereinfiel. «In diesen Lagern», hieß es in der Presse, «werden gespeist, gekleidet und zu nützlicher Arbeit angehalten alle jene unerwünschten und nicht anpassungsfähigen Elemente, die sich anders nicht weiterhelfen könnten: alle jene, die sonst in die Fremdenlegion eingetreten wären, Landstreicher und Heruntergekommene, die sich verelendet in den Städten herumtrieben, potentielle Verbrecher und unerwünschte Ausländer.» Das war die offizielle Sprachregelung, sie ließ die Lager als Wohltätigkeitsanstalten erscheinen.

Die Insassen dieser Lager waren ganz sicher unerwünscht, vom Standpunkt der Vichy-Regierung und der Nazis. Landstreicher, Verbrecher und Elemente, die nicht imstande waren, sich ihren Lebensunterhalt zu verdienen, gab es dort kaum, aber gerade genug, um die anderen mit ihnen in einen Topf zu werfen. Diese Ausländer waren unerwünscht, weil sie auf der Seite der Alliierten standen; einige waren Engländer, andere spanische und deutsche frühere Angehörige der Internationalen Brigade, eher pro-russisch. Aber die Öffentlichkeit wurde nie davon unterrichtet, daß diese Menschen politisch unerwünscht waren: das hätte immer noch zu viel böses Blut in Frankreich erregt; es war besser, Kommunisten und Gaullisten Diebe und Landstreicher zu nennen. Abgesehen davon, daß man potentielle Feinde des Vichy-Regimes ausschaltete, schloß man auch unwillkommene Konkurrenten vom Arbeitsmarkt aus. Die meisten dieser unerwünschten Ausländer waren fleißige und bessere Arbeiter als manche Kolonialfranzosen. Außerhalb des Arbeitsmarkts bildeten diese Menschen eine ausgezeichnete und billige Arbeitstruppe, die öffentliche Industrieanlagen errichteten, um das Regime aufzuwerten, wie zum Beispiel unseren Damm und die berüchtigte Trans-Sahara-Eisenbahn. Und zu guter Letzt boten sie eine einträgliche Aufstiegschance für die Clique der Offiziere, Beamten und Aufseher, die diese Lager verwalteten; wie einträglich, erkannte ich erst später, als ich mich bei einigen von ihnen lieb Kind gemacht hatte. Das Schlimmste an der Einrichtung war die Macht, die sie den Polizei- und Verwaltungsbehörden gab, einen jeden, der ihnen nicht paßte, ohne öffentliches Aufsehen verschwinden zu lassen. Diese Internierung ohne gerichtliche Verhandlung machte aus Polizisten unweigerlich eine Bande von verantwortungslosen Schindern. Selbst wenn das ein extremer Fall gewesen war, so habe ich doch auch eine Frau gekannt, die interniert wurde, weil sie sich weigerte, mit einem zivilen Kontrollbeamten zu schlafen. Dasselbe Schicksal war einem Mann bestimmt, weil der mit dessen Frau geschlafen hatte. Geschäftskonkurrenten wurden aus dem Weg geräumt, indem man sie auf irgendeine Weise als Gaullisten, Juden oder Kommunisten einstufte.

In England entstand ein großer Aufruhr, als ein paar Faschisten von der Regierung interniert wurden. Der Aufruhr erschien vielen Leuten töricht, keinem jedoch, der gesehen hat, wie die verwaltungsmäßige Internierung funktioniert. Die Franzosen in Casablanca glaubten auch uns nicht, daß dort dergleichen vorkommen könnte. Es kommt jedoch überall vor, wo Menschen Macht ohne Kontrolle und Öffentlichkeit in die Hand bekommen.

Unser Kommandant war ein pensionierter Armeeleutnant, ein ganz netter Mensch und den Alliierten freundlich gesinnt, soweit er dabei nichts riskierte. Wenn man sich bei ihm einschmeicheln wollte, mußte man nur «gesittet» sein und seine Frau in Ruhe lassen. Diese Frau war eine wahre Nutte, obwohl recht gutherzig, die mit jedem schlief, dessen sie habhaft werden konnte, ob er Wärter oder Insasse war. Das Ansehen des Kommandanten wurde nicht gerade dadurch erhöht, daß ihm das halbe Lager Hörner aufsetzte. Die wahre Macht hinter der Szene war der Chef Comptable – der Sergeant Quartiermeister –, der das ganze Lager unter seiner Fuchtel hatte. Ihm waren Engländer oder Deutsche vollkommen gleichgültig, solange er Geld verdiente. Ein hünenhafter Leuteschinder mit einem eindrucksvollen Räubergesicht, das dunkelrot anlief, wenn er zornig oder betrunken war, und er war meistens das eine oder andere. Schwer arbeiten, Schnauze halten und nichts sehen, hieß es bei ihm. Ich habe das recht und schlecht getan, aber ich hatte auch unverhofftes Glück. An einem Samstag, der auch Zahltag war, standen wir alle Schlange, während er uns unsere Löhnung auszahlte. Um diese Zeit war ich einer der fünf höchstbezahlten Arbeiter im Lager, und ich strich mein Geld wie gewöhnlich mit einer absichtlich zufriedenen Bemerkung ein: «Eh bien, ça vaut la peine.» Was er immer dazu benutzte, um den anderen klarzumachen: «Seht ihr, es ist nicht schlimm hier, wenn einer nur arbeitet.»

Diesmal rief er mich hinterher zu sich und gab mir etwas zu trinken: Wäre ich bereit, für ihn zu arbeiten?

«Ja, Chef», sagte ich mit schneidigem und ergebenem Hackenklappen, das er sich nur allzugern gefallen ließ. Mein Lächeln war durchaus echt, denn ich wußte, was dieser Job bedeutete.

Das jüngste Opfer der Malaria war einer der «ravitailleurs» gewesen, der zwei Burschen, die jeden Tag mit dem Lastwagen nach Settat und einmal alle zwei Wochen nach Casablanca fuhren, um die Verpflegung zu holen. Ich bekam seinen Job, was bedeutete, daß ich aus dem Lager rauskam und die Chance hatte, vielleicht wieder mit Leuten im Hinblick auf meine Flucht Kontakt aufzunehmen. Die fünf Monate des Schwitzens im Steinbruch und des Maulhaltens machten sich jetzt bezahlt. Allerdings kam am selben Abend in der Kantine die unterschwellige Empörung gegen mich zum Ausbruch; schon seit einiger Zeit hatte man, wenn Stenico, ich und die anderen Rekordjungen vom Steinbruch runterkamen oder verhältnismäßig ansehnliche Summen am Zahltag einstrichen, Bemerkungen gehört wie: «Seht mal da, Hitlers brave Jungs», die uns nachgerufen wurden. Diese Leute hatten von ihrem Standpunkt aus natürlich durchaus recht, und ich hatte stets vermieden, es mit ihnen zum offenen Streit kommen zu lassen. An diesem Abend hatte ich jedoch, aus Freude über den neuen Job, etwas mehr getrunken und wiegte mich in dem immer wiederkehrenden Tagtraum, daß ich doch England wiedersehen würde, als ich von einem Belgier brutal unterbrochen wurde, der mich mit den Worten grüßte: «Alors, ça va le Nazi?»

Das machte mich irgendwie wütend, und ich sagte ihm, er solle das zurücknehmen oder mit mir nach draußen kommen. Man hätte das keinen fairen Kampf nennen können, weil er ein gutes Stück kleiner und viel betrunkener war als ich, aber er hatte 'ne ganze Menge Mumm. Vor der Kantine war eine Terrasse, die von einer Balustrade umgeben war, und an jeder Ecke stand eine Topfpflanze, in einer von denen er auch prompt landete. Ein Mensch, der sich aus einer Topfpflanze rausziehen will, ist ein komischer Anblick, und ich mußte lachen. Die Wut darüber brachte ihn bald wieder zu sich, ich mußte diesmal viel härter zuschlagen. Aber als ich die Stufen runterging und mich dem Lager zuwandte, weil ich meinte, die Sache sei ausgestanden, zog er sich am Geländer hoch und schrie mir mit immer noch unverkennbar betrunkener Stimme nach: «Jetzt, wo ich grade anfange, aufzuwachen, machst du dich davon, wie?»

So mußte ich noch einmal die verflixten Stufen raufgehen und ihn niederschlagen. Als er zu sich kam, gingen wir beide zurück in die Kantine, ohne uns die Mühe zu machen, ihm das Blut vom Gesicht abzuwaschen, und wir tranken miteinander. Das war der Anfang einer Partnerschaft, die uns am Ende beiden aus Marokko heraushalf. Er hieß Dicky und war das schwarze Schaf einer guten flämischen Familie, die Art von Kamerad, der einem die letzten hundert Francs geben würde. Er borgte sich etwas, ohne sich darum zu kümmern, wann er es zurückzahlen konnte. Er hätte bereitwillig für einen anderen sein Leben aufs Spiel gesetzt und dann mit dessen Frau geschlafen. Dicky, wie ich erst damals erfuhr, stand in Verbindung mit einigen Leuten, die Hand in Hand mit X und Ys Chef arbeiteten; wir konnten daher übereinander Erkundigungen einziehen und zusammen auf einen Handstreich hinarbeiten. Wir entschlossen uns jedoch, äußerlich noch etwas Feindseligkeit an den Tag zu legen, um meine Arbeit als «ravitailleur» nicht zu gefährden, die eine wertvolle Verbindung mit Casa darstellte.

Allerdings konnte ich von dieser Verbindung in den ersten Monaten nicht viel Gebrauch machen, ohne sofort Argwohn zu erregen, aber allein schon hinten im Lastwagen zu sitzen, die steile Straße rauf- und aus dem gottverdammten Loch rauszufahren war ein gutes Gefühl. Seitdem habe ich immer das Gefühl der Freiheit, wenn ich hinten in einem Lastwagen sitze. Wir fuhren um fünf Uhr früh los und kamen gewöhnlich um neun in Casa an. Den Rest des Morgens verluden wir allerlei Vorräte: Weinfässer und Bierkisten, die für guten Gewinn im Lager verkauft werden sollten. Aber das große Geld wurde an den Lebensmitteln verdient. Die Regierung gestattete fünfzehn Francs pro Person und pro Tag – eine ziemlich großzügige Quote; natürlich wurde viel weniger ausgegeben, vor allem, da wir auch Schweine in Herden züchteten und auf einer Farm über dem Tal einen großen Teil unseres Gemüses anpflanzten und ernteten. Niemand hätte etwas dagegen gehabt, wenn das nur ein Fall von Geldverdienen gewesen wäre, aber wenn wir Tag um Tag nur Linsen oder getrocknete Erbsen statt des frischen Gemüses bekamen, war das schon mies, weil der resultierende Vitaminmangel Furunkel und manchmal Blutvergiftung schon bei einem kleinen Kratzer bedeutete. In regelmäßigen Abständen empfahl eine ärztliche Kommission Mengen von frischem Gemüse; dann gab es zwei Tage lang eine Menge Blumenkohl und Spinat, schon am dritten ging die alte Gewohnheit weiter. Einmal erschien eine französische Gräfin, die das Rote Kreuz vertrat, unangemeldet im Lager; es war das einzige Mal, daß ich unseren Chef Comptable habe rennen sehen; er stürzte quer durchs Lager, von der anderen Seite in unsere Küche und ersetzte «fevettes» auf unserer Speisekarte hastig durch «chou». Warum wir uns nicht beschwert haben? Das hätte in einem Lager wie Imfout großen Mut erfordert. Als daher diese Besucher aus zivilisierten Gegenden durch unsere Reihen schritten, dicht gefolgt von dem Captain und dem Chef, und nach Beschwerden fragten, blieb alles still.

Als «ravitailleurs» hatten wir jedoch ein bißchen zu viel Einblick, und der Chef Comptable versorgte uns immer gut. Unser Mittagessen durften wir in einem Restaurant einnehmen, und von dem Zeug, das wir laden sollten, klauten wir links und rechts: Marmelade, Schokolade, Hemden, alles, was wir auf dem Rückweg brauchen konnten. Der Chef Comptable drückte sogar ein Auge zu, wenn beim Entladen einige Bierflaschen leer waren. Während der ersten Fahrt hielt ich mich ziemlich eng an Stanislawski, den anderen «ravitailleur» – für den Fall, daß ihm aufgetragen war, ein Auge auf mich zu haben.

Nur einmal während meiner sechs Monate in Imfout blieben wir eine Nacht in Casa, und der Chef Comptable gab uns zusammen um sechs Uhr abends fünfzig Francs und sagte uns, wir sollten ins Kino gehen oder wohin wir sonst wollten. Ich machte Stanislawski, so schnell ich konnte, sternhagelbetrunken und ließ ihn im nächsten Bordell zurück, rannte zum Haus, um die Schwestern und sogar den Vater zu umarmen, mich meiner Uniform zu entledigen, und versuchte, mit dem angenehmen Gefühl von Flanell um die Beine, X und Y zu finden. Gemeinsam mit ihnen suchte ich den Chef auf und sagte: «Nun, was gedenken Sie zu tun?»

Er hatte schon die ganze Zeit mir gegenüber ein schlechtes Gewissen gehabt, aber es gibt nichts, was die Tätigkeit mehr anregt, als jemanden leibhaftig vor sich zu sehen. Er versprach, sein Bestes zu tun, und gab mir auch jede nötige Auskunft über Dickys Beschützer. Nach seinem Urteil wären diese vielleicht sogar bereit, mir aus Marokko rauszuhelfen, wenn ich meine Karten richtig spielte. Das konnte ich nicht recht glauben; damals glaubte ich eigentlich überhaupt nicht mehr, daß ich jemals rauskäme, aber es half, auch nur daran zu denken. X und Y gaben mir an jenem Abend in Casa ein Galafest; Essen im Coq d'or; danach besuchten wir eine jener Gesellschaften, wie sie nur in Städten wie Casablanca möglich sind. Ein Glas richtigen Whiskey in einer Hand, einen Teller mit Kaviarbrötchen in der anderen und eine juwelengeschmückte Frau gegenüber geben einem Mann, der noch am selben Morgen von den Vergessenen dieser Erde auferstanden ist und die nächste Nacht wieder bei ihnen verbringen wird, ein unwirkliches Gefühl. Etwa um drei Uhr machte ich mich durch mein bekanntes Kratzen und Klopfen am Fenster der Schwestern bemerkbar. Ich schlief zwei Stunden lang, zog mir dann meine eklige Uniform wieder an und versuchte, Stanislawski in der Mellah aufzutreiben. Nachdem es mir gelungen war, ihn von seiner wenig appetitlichen Gefährtin loszureißen, begaben wir uns durch die Stadt zur Garage. Auf seine Fragen, ob ich auch im Bordell geschlafen hätte, erwiderte ich: «Und ob!» Mit dem notwendigen Ton des Entzückens, um ihn zu überzeugen.

Um sieben Uhr stellte sich der Chef Comptable beim Lastwagen ein, und wir machten uns in einigermaßen schwankendem Zustand an das Beladen des Fahrzeugs.

Diese recht strapaziösen Besuche in Casa alle zwei Wochen gingen noch etwa zwei Monate so weiter. Die Lage sah jetzt einigermaßen verheißungsvoll aus. X und Y hatten bereits mit einem Neffen von Marschall Lyautey meinetwegen Kontakt aufgenommen, als der Chef Comptable mir unvermutet einen Schlag versetzte und mich wieder in den Steinbruch schickte. Damals meinte ich, es sei eine seiner Launen gewesen, aber später erfuhr ich von Sokolow, der im Büro arbeitete, daß ein Ersuchen von der Polizei in Casablanca eingetroffen sei, mich nicht mehr aus dem Lager rauszulassen. Sie hätten mich nicht verhaften lassen, damit ich sechs Monate später wieder dort auftauchte, und eigentlich sollte ich überhaupt in den Süden verschickt werden. Einer der Inspektoren muß mich gesehen haben, oder ein Spitzel hat bei einer von X und Ys Gesellschaften einen Routinebericht über einen Mann angefertigt, der meinem Steckbrief entsprach.

Das war's also: der Kontakt brach ab, und ich ging zurück in den Steinbruch. Dann lief alles schief, was nur schieflaufen konnte. Als Dicky das nächste Mal Urlaub hatte, sagte ich ihm, er solle mir den Koffer mit meiner Kleidung mitbringen, für den Fall, daß wir von hier ausbrechen wollten. Er hat ihn aber an der Bushaltestelle in Casa stehenlassen, das gab er wenigstens an. Später gestand er mir, daß er sie verkauft hätte, um mit einem Mädchen auszugehen. «Hat sich sehr gelohnt», versicherte er mir. Neue Kleidung zu kriegen war unmöglich.

Dicky war meine einzige Verbindung mit meinen Freunden in Casa, und da der Captain immer noch von dessen Auftreten als «Offizier und Gentleman» geblendet war, kriegte er etwa alle drei Wochen Urlaub, bis er das einzige tat, was dem ein Ende setzen konnte: Er machte sich an die Frau des Captain. Ich redete auf ihn ein, aber das war zwecklos. Niemand würde es merken, sagte er, denn er träfe sich mit ihr weit weg, hinter den Felsen. Leider wird aber so etwas immer bemerkt, und der Captain bekam Wind von der Sache; damit war es mit dem Urlaub auch für Dicky vorbei. Zu allem übrigen bekam ich plötzlich einen schweren Anfall von Malaria. Als ich vom Steinbruch abwärtsgewankt war, hatte ich bereits vierzig Grad Fieber und bald Delirium. Es war nicht das Fieber, das ich unangenehm empfand: ich war durchaus zufrieden, dort zu liegen und nicht zu fühlen, wie mich die Wanzen piesackten; das Fieber verursachte mir keine Alpträume, sondern befreite mich sogar von einem: Imfout! Aber unangenehm waren die Nachwirkungen der Injektionen. Der Sanitäter hatte den glänzenden Einfall, sie mir nicht ins Bein zu geben, sondern in den Bauch, mit dem Ergebnis, daß ich mich, statt mein Bein nicht bewegen zu können, überhaupt nicht mehr rühren konnte. Als ich mich erholte, war ich noch so schwach, daß der Steinbruch für mich nicht in Frage kam. Ich mußte einen weiteren Beruf lernen. Ich wurde Schweinehirt, was auch kein übler Job war. Das Ausmisten des Stalls am Morgen erwies sich allerdings als ein reichlich schmutziges Geschäft. Und es war auch nicht eben angenehm, in den Mülltonnen und Abfalleimern rumzuwühlen, um alles daraus zu nehmen, was selbst ein Schwein nicht verdauen könnte. Aber wenn das einmal erledigt war, ging die Sache glatt. Etwa um elf Uhr trieb ich die Schweine zum Ufer und hielt ein liebevolles und wachsames Auge auf sie gerichtet, auf daß sie nicht im Fluß ertranken, über eine Klippe fielen oder von den Arabern gestohlen wurden. Schweine sind früh am Tage ziemlich lebhaft. Ich mußte krampfhaft umherspringen, um sie zusammenzuhalten. Später entwickelte ich die Steinmethode. Am Morgen sammelte ich eine ganze Menge Steine, und immer, wenn ein Schweinchen den erlaubten Bereich verließ, warf ich einen Stein gegen einen gleich dahinter befindlichen Felsen, so daß das Schwein zurückschreckte. Gegen drei Uhr wurde die Hitze jedoch sogar für schweinische Kapriolen zu groß. Sie wühlten sich irgendwo im Schatten der Klippe in den Sand und schliefen ein. Ich tat das gleiche. Nur alle halbe Stunde öffnete ich ein Auge, um festzustellen, ob auch keines der Schweine fehlte. Um sechs fing es an, etwas kühler zu werden, und die Schweine begannen sich zu regen; erst wieder die kleinen Viecher, die die älteren störten; diese störten dann ihrerseits wieder mich, denn in ihrem verschlafenen Zustand verwechselten sie stets meine Zehen mit einem köstlichen Stück Abfall. Ein- oder zweimal wachte ich aus einem wunderschönen Traum auf, in dem mich ein Mädchen zärtlich küßte. Dann fand ich heraus, daß es nur einer von meinen Schützlingen war, der mir den Rüssel ins Gesicht steckte. Das war mein Alltag, der ganz friedlich verlief.

20

Silberstreifen

Ich war jetzt schon acht Monate in Imfout. Es mußte etwas geschehen, um die Verbindung wiederherzustellen und unsere Freunde zu irgendeiner Aktion aufzustacheln. Daher ging ich wieder zurück zum Steinbruch und veranlaßte Dicky, mitzukommen, denn für meinen Plan war es nötig, daß wir beide dort arbeiteten, wo die Kontrolle nicht durch Namensaufruf erfolgte, sondern durch die Karten, die wir dem Aufseher für jede gefüllte Lore aushändigten. Keine andere wirkliche Prüfung gab es zwischen Samstag mittag und Montag morgen sechs Uhr. Das, so meinte ich, würde uns genügend Zeit geben, um nach Casa und wieder zurück zu gelangen, selbst wenn wir den größten Teil des Weges laufen mußten; auch würde es keiner der Aufseher für möglich halten, daß man eine so fürchterliche, drei Tage währende Strapaze durchstehen könnte, sonst wäre auch am Sonntag kontrolliert worden. Ich freute mich nicht zum ersten Mal über die körperliche Trägheit mancher Franzosen.

An einem Freitag arbeiteten wir besonders angestrengt, aber wir gaben dem Aufseher nicht alle unsere Zettel ab; am Samstag morgen arbeiteten wir bis acht Uhr und gaben dann die notwendige Anzahl Zettel den Männern, die die nächste Lore beluden. Sie sollten sie für uns zur Lunchzeit aushändigen. So hatten wir nach den im Büro vorliegenden Listen am Samstag gearbeitet. In Wirklichkeit verschwanden wir über die Berge, umgingen das arabische Dorf und gelangten auf den Weg, der zum nächsten Stopp der Eisenbahnlinie Casa–Marrakesch führte.

Wir mußten einen Teil der vierzehn Kilometer rennen, um den Zug um zehn Uhr an der Station zu erreichen. In den Zug bei Tageslicht einzusteigen war gefährlich, weil das Tragen der Uniform bedeutete, daß ein Polizist unsere Urlaubsscheine verlangen würde, die wir natürlich nicht besaßen. Wir entgingen der Kontrolle dadurch, daß wir uns auf der der Station gegenüberliegenden Seite in einer Mulde versteckten, bis der Zug einfuhr, und dann in einen arabischen Wagen vierter Klasse stiegen. Wir mußten uns in eine wogende Menschenmasse hineinwühlen, um uns ein paar Quadratzentimeter Raum zu verschaffen, wo vorher keiner gewesen war, und mit gekreuzten Beinen sitzen. Da wir fest eingekeilt waren, konnten wir uns danach nicht mehr bewegen. Auf meinem rechten Fuß saß eine sehr fette Fatma, die ein kreischendes Kind nährte; auf meinem linken Fuß, mein Knie als Rückenlehne benutzend, war ein bösartig aussehender Hirte, der seinerseits sehr zärtlich ein kleines Lamm fütterte. Was hinter mir vor sich ging, konnte ich nicht erkennen, weil jeder Versuch der Bewegung durch Knurren und Rufen «Bayda!» (Eier) entmutigt wurde. Zwischen meinen Beinen befand sich ein zugedeckter Korb mit Küken, dem Geräusch nach zu schließen. Es gab nur wenig Luft, und die Luft, die es gab, war beladen mit Gerüchen. Mit untergeschlagenen Beinen zu sitzen erfordert einige Übung für europäische Beine. Nach einer halben Stunde wurde es zum unerträglichen Schmerz. In Settat warteten weitere Haufen von Arabern, die sich in den Wagen zwängten und stießen. Wie sie es schafften, überstieg mein Verständnis; einige kletterten zum Fenster herein und setzten sich einfach auf die anderen, bis ihr Gewicht sie hineinfallen ließ. Um diese Zeit hatten die Flöhe eine neue Weide in uns entdeckt. Mein Rücken tat mir so weh, daß ich bereit war, mir Ärger einzuhandeln, um irgendeine Lehne zu bekommen; daher schob ich mich mit einer ebenso entschlossenen wie bösartigen Miene – ein wiederholtes «Entschuldigung» ist kein Mittel, das bei Arabern funktioniert – bis zum Ende des Wagens vorwärts, als wollte ich mich zum Aussteigen an der nächsten Station vorbereiten; als ich etwas einigermaßen Festes gefunden hatte, lehnte ich mich erleichtert zurück, um unmißverständlich einem Dolchknauf, der einem übel aussehenden Burschen mit pockennarbigem Gesicht gehörte, in die Rippen gestoßen zu bekommen. Die Rückenlehne von einiger Festigkeit war zufällig seine Frau, und er glaubte, daß ich mich ihr unsittlich näherte.

Diese Form des Reisens kam mir vor wie die reinste Hölle, aber sie war wenigstens sicher; denn während die Wagen der zweiten und dritten Klasse – es gab davon nur zwei in diesem Zug – dauernd von Polizisten in Zivil kontrolliert wurden, kontrollierte niemand jemals die sechs arabischen Wagen; warum, sollte nach meiner Beschreibung verständlich sein. Hätten wir das nur ein Jahr früher gewußt, dann wären wir vielleicht nach Arboua durchgekommen.

Endlich gingen die zwei endlos langen Stunden vorüber. Wir mußten uns überlegen, wie wir aus dem Zug rauskommen würden. Im Hauptbahnhof von Casa gab es natürlich Polizeikontrollen, und wir waren ja sowieso nicht imstande gewesen, uns Fahrkarten zu besorgen; glücklicherweise hielt der Zug in einem der zwei Vororte und fuhr zwischen diesen beiden sehr langsam. Daher stießen, traten und fluchten wir uns aus dieser menschlichen Sardinenbüchse heraus und ließen uns einfach auf die Erde fallen. Wir mußten bis nach Casa hinein noch vier Kilometer laufen, wobei wir uns von den Hauptstraßen fernhielten: wären wir diesmal von einem Polizisten aufgegriffen worden, ohne einen Urlaubsschein vorzuweisen, dann hätte das sicher die Wüste bedeutet.

Wir langten im Haus um ein Uhr an und blieben dort bis

Sonntag abend; dann machten wir uns so fein, wie wir konnten: denn das war der große Tag, an dem ich die Frau treffen sollte, die im Mittelpunkt all unserer Hoffnungen stand, in die Freiheit zu gelangen; mein Chef hatte mir eine Trumpfkarte gegeben und mir eine Empfehlung an sie verschafft. Ihr Haus lag in einer der Hauptstraßen von Casablanca; es sah aus wie ein Kaninchenbau. Ich traf dort sechs untergetauchte Leute, die ich nur dem Ruf nach kannte: einen französischen Offizier, der wegen Verschwörung zu zwanzig Jahren verurteilt war, und doch war er hier und lachte und schwätzte, als sei er gerade zu einer Abendgesellschaft eingetroffen, nur vielleicht ein bißchen blaß, weil er nie das Tageslicht zu Gesicht bekam. Ich hatte den Eindruck, daß sich noch andere Menschen im Haus befanden, die nicht einmal ich sehen durfte.

Die Hausherrin sah aus wie eine Aristokratin mit hochgekrempelten Ärmeln, und das war sie auch. Alle nannten sie Mamie, und sie nannte die Flüchtlinge vieler Nationen: «mes enfants». Jahrelang war ihr Haus die Durchgangsstelle für Flüchtlinge gewesen, die nicht nur ihre eigene Sicherheit gefährdeten, sondern, was für eine Frau viel wichtiger ist, die ihrer eigenen Familie. Und doch wurde in diesem Haus nicht von Polizei und Flucht gesprochen; diese Themen waren tabu.

Als Dicky und ich eingetreten waren und er galant ihre Hand küßte – solche Gesten paßten in diese Umgebung –, stand ich etwas ungeschickt herum, denn was kann ein Arbeiter schon einer Lady sagen, von der er hofft, daß sie ihm aus dem Lande hilft; auf einmal entdeckte ich ein Terrakottarelief über dem Diwan; es erinnerte mich an eine Madonna in der Bozener Bauernstube meines Vaters. Ich fragte sie: Ist das nicht ein Lucca della Robbia. Es war einer, und sie schaute den Arbeiter erstaunt an, und etwa fünf Minuten lang sprachen wir über das Quattrocento. Dann ging die Türklingel, und wir wurden in ein Zimmer geschoben; denn trotz all dieser Menschen im Haus – die Entdeckung eines jeden hätte eine schwere Strafe für sie bedeutet – mußte Mamie weiterhin ein normales Leben führen. Diesmal war es eine Bekannte, die endlos über Hunde sprach, und Mamie durfte keine Ungeduld zeigen, um sie loszuwerden. Als sie schließlich ging, erwähnte Mamie zum ersten Mal das Anliegen unseres Besuchs: «Gehen Sie nach Imfout zurück und warten Sie. Sie werden Ihre Marschorders von einer unerwarteten Stelle erhalten. Ich will versuchen, Sie in den nächsten Transport zu kriegen.»

So wußten wir, daß die Frage der Vorrangigkeit zwischen uns und zwei tschechischen Sergeanten für uns entschieden war.

Wir verließen ihr Haus voller Hoffnung, aber ich konnte mich eines schleichenden Gefühles nicht erwehren; falls wir wirklich in dem nächsten Transport mitkommen würden, dann wäre das nicht das Resultat zweijähriger Mühen, sondern das der Tatsache, daß Mamie an uns Gefallen gefunden hatte; daß die Waage zwischen hoffnungsloser, endloser Gefangenschaft und der Freiheit, mit allem, was das bedeutet, nicht deshalb zu unseren Gunsten ausschlug, weil wir Dinge riskiert und schlimme Zeiten ausgehalten hatten, sondern deshalb, weil der eine einer Dame gut die Hand küssen konnte und der andere einen Lucca della Robbia kannte. Reine Fortune, denn ich hatte mich als Junge nicht für das Quattrocento interessiert, sondern nur die Ähnlichkeit mit dem Relief bemerkt. Und Lucca della Robbia? Den Namen wußte ich, weil meine Eltern – zu meiner Langeweile – mit Besuchern oft darüber sprachen. Wäre das Relief von seinem Neffen Andrea della Robbia gewesen, dann wäre ich vielleicht nicht zurückgekommen, sondern wie so viele andere in der Wüste verschollen. Reine Fortune!

Wir hatten noch Zeit für einen Film, bevor wir den Mitternachtszug erreichten. Die Rückfahrt war bei weitem bequemer, denn wir hatten mehr Platz, und es war kühler; aber der Zug hielt nicht an der Station, die dem Lager am nächsten lag, und wir mußten um drei Uhr morgens auf der achtzehn Kilometer entfernten kleinen Station aussteigen. Diese achtzehn Kilometer! Dicky war der größere Leidtragende, weil dieser Esel immer darauf bestand, seine Reitstiefel zu tragen, wenn er nach Casa fuhr: die müssen ihm moralischen Halt gegeben haben. Im Lager zog man ihn damit auf: «Ein belgischer Offizier? Nimm ihm die Stiefel weg, und was bleibt?» Aber auch für mich waren diese achtzehn Kilometer kein Spaß, denn wir waren insgesamt schon vierzig Kilometer gelaufen. Wir konnten uns nicht leisten, irgendwo länger als ein paar Minuten auszuruhen, denn wir hatten bis zum Arbeitsbeginn nur noch knapp drei Stunden Zeit. Wir taumelten in unser Tal gerade noch, bevor die Sirene tönte, und gingen gleich zu unserer Lore, die wir erst vor vierundvierzig Stunden verlassen hatten: eine Ewigkeit! Und dann die nächsten paar Stunden des Steineladens! Aber wir hatten gute Nachtarbeit geleistet. Wir mußten auf eine Nachricht warten und dann dorthin gehen, wohin man uns sagte. Der Rest war Geduld.

21

Légion, adieu!

Eines Morgens wuchtete ich Steine in meine Lore, genauso, wie ich's in den letzten neun Monaten getan hatte, als der Vorarbeiter zu mir kam: «Du wirst im Büro verlangt», sagte er.

Mein Hirn, leer wie immer bei schwerer körperlicher Arbeit, füllte sich sofort mit üblen Vorahnungen: man wurde selten aus erfreulichem Anlaß ins Büro gerufen, und ich sah meine schlimmsten Ängste bestätigt, als mir der Sekretär sagte: «Du wirst versetzt und rückst morgen früh ab.»

«Nach Bou Afra?» fragte ich mit angstvollem Herzen, denn das bedeutete die Wüste und das Ende der Hoffnungen.

«Nein», sagte er, «nach Oued Akreuch; du und Dicky.»

Da leuchtete ein anderes Licht auf: «Sie werden Ihre Marschorders von einer unerwarteten Stelle erhalten.» Das war's: die Versetzung wäre eine ausgezeichnete Chance, unsere Spuren zu verwischen; offenbar hatte Mamie einen ihrer Leute ziemlich hoch in dieser verdammten Organisation, der Verwaltung der Arbeitslager. Wir wußten nicht, wie der nächste Schritt aussehen würde, aber was machte das schon?

In dieser Nacht schliefen wir kaum und waren am nächsten Morgen etwa eine halbe Stunde zu früh am Lastwagen. Wir hörten die Sirene einen neuen mühseligen Tag einheulen. Wir beobachteten die Männer, die sich verdrießlich zum Steinbruch schleppten, wir hörten, wie sich die Maschinerie klirrend in Bewegung setzte. Wir sahen den Staub vom Brechwerk über das Tal ziehen, sahen den schlammigen Fluß, die nackten Felsen, die verwanzten Hütten. Ja, das war das letzte Mal; ich hatte allerdings dieses erhebende Gefühl schon zu oft erlebt, um dann kurz darauf an einer noch schlimmeren Stelle zu landen. Aber es ist immer erhebend, einen neuen Freiheitsversuch zu unternehmen; auf alle Fälle würde ich diesen Schandort nie wieder zu Gesicht bekommen.

Wir saßen hinten im Lastwagen, als er hinaus in die Ebene fuhr, und als der Cañon mit seiner Mischung von Staub und Morgennebel über diesem Hexenkessel verschwand, schien Imfout schon weit weg zu sein. Es hatte nicht mehr Wirklichkeit als ein Traum, ein schlimmer Traum.

Oued Akreuch, wo wir nach einer fünfstündigen Zugfahrt und einer Stunde von Rabat in einem Lastwagen anlangten, war eigentlich ebenso deprimierend: Es handelte sich um ein Invalidenlager. Niemand arbeitete, denn hier waren alle versammelt, die durch die Arbeit in anderen Lagern krank geworden waren: die einen hatten sich eine chronische Ruhr in der Wüste zugezogen, die anderen eine heftige, immer wiederkehrende Malaria bekommen oder sich etwas Wesentliches gebrochen. Wenn sie wieder gesund wurden, kamen sie ins Arbeitslager zurück, wenn nicht, dann blieben sie eben da, saßen trübsinnig herum und warteten von einer Mahlzeit zur anderen.

Hier mußten wir auch wieder warten. Etwa zehn Tage lang rannte Dicky herum wie ein Bär im Käfig, und wenn ich auch «Madame Bovary» las, so habe ich bis auf den heutigen Tag keine rechte Erinnerung daran. Wir wurden zu einer kleinen Sensation in dem Erholungslager, weil wir uns freiwillig zum Holzsägen für die Küche meldeten; selbst Dicky, der fest ans Nichtstun glaubte, fand das besser als rumsitzen.

Am zehnten Tag wurden unsere Namen beim Morgenappell aufgerufen: Befohlen zum Zentralbüro in Rabat.

Es war ein schönes Gebäude an einem breiten Boulevard in Rabat, in dem die Gouverneure sich mit dem Geld eingerichtet hatten, das von Tausenden «unerwünschter Elemente» verdient worden war. Als der Türhüter unsere Uniform sah, fragte er: «Was wollt ihr hier?» in jenem säuerlichen und verachtenden Ton, den die Beamten von Vichy im Verkehr mit uns, dem Abschaum der Menschheit, benützten. Wir zeigten unsere Vorladung.

«Büro dort drüben.»

Wir klopften. Drinnen mußte der Mann sitzen, der alle unsere Bewegungen leitete. Es war ein älterer Mann mit angegrautem Haar und lebhafter Gesichtsfarbe; er war keineswegs besonders freundlich – ein Sekretär war mit im Zimmer –, er überreichte uns nur zwei Zettel.

«Drei Tage Urlaub sollten reichen», fügte er barsch hinzu; aber nur wenige Franzosen können in solchen Augenblicken auf eine Geste verzichten, und mit gedämpfter Stimme fügte er auf englisch hinzu: «Good luck.»

Wir gingen mit so trüber Miene aus dem Zimmer, wie wir sie aufbringen konnten, aber auf der Straße fingen wir an zu rennen wie ein paar Schuljungen.

Wir nahmen den Zug nach Casa. Mamie begrüßte uns mit einem Lächeln und forderte uns auf, am nächsten Abend um zehn wieder in ihr Haus zu kommen.

Noch ein Abend in Casablanca: Wir entschlossen uns zu einer «promenade sentimentale». Erst gingen wir an der Polizeistation vorbei: Mit einem Paß vom Hauptquartier in unserer Tasche fühlten wir uns durchaus gesichert; zudem verlangten Polizisten nie Papiere, wenn man sie hatte. Da stand das Gebäude mit seiner geräumigen, modernen Fassade, die das Eingangstor zu Leid, Schmutz und Tod gewesen war und für andere noch sein sollte.

«Wir könnten schon morgen wieder hier landen», sagte ich zu Dicky, halb im Ernst und halb aus Aberglauben.

Dann machten wir die Runde bei unseren Freunden und sagten ihnen Lebewohl, ohne daß sie es merkten: Ein Essen mit Julie und Esther und ein Glas mit Papa Leyrie. Es war hart, daß man denen, die uns soviel geholfen hatten, keinen Wink geben durfte; es hätte sie so glücklich gemacht, wenn sie gewußt hätten, daß wir es nun endlich schaffen würden. Aber unsere Orders waren unerbittlich gewesen: kein Abschied, keine festlichen Flaschen, keine Küsse, keine Reden.

Der nächste Tag war der 23. Oktober 1942. Ich erinnere mich genau, weil es mein Geburtstag war. Als wir in Mamies Wohnzimmer geführt wurden, war es bereits mit Menschen gefüllt, die mit uns gehen sollten. Keine Vorstellungen und keine Gespräche: eine Atmosphäre, die sich aus Erwartung und dem Gefühl der Unwirklichkeit zusammensetzte; dieses Gefühl hat mich nie verlassen. Jetzt, wo wir wirklich weg konnten, weg sollten, konnte ich's nicht glauben. Eine bunte Versammlung saß in diesem Zimmer und wartete auf den Mann, der die Gruppe anführen sollte, auf ihn, der uns alle kannte, den aber keiner von uns kannte. Einige der anderen hatte ich schon mal gesehen: Perier, der aussah wie ein Schuljunge, sich so betrug und auch nichts anderes war, aber immerhin schon ein Bombenflugzeug im Jahr 1939 geflogen und dann versucht hatte, nach dem Waffenstillstand ein Flugzeug nach Gibraltar zu entführen. Das mißlang ihm, weil er die ihm unvertraute Maschine nicht vom Boden brachte; er wurde verhaftet, entkam wieder, wurde von einem Mann seiner eigenen Einheit verpfiffen und zu zehn Jahren verurteilt; aber er war auch vom Zentralgefängnis entkommen, das das marokkanische Dartmoor ist; er hatte danach ein Jahr lang auf diesen Augenblick gewartet. Da saß er nun und riß die dummen Witze eines Schuljungen.

Dann war da ein Pole, ein Legionär, ein Mann, mit dem man nur über Polen, Frauen und Pinard reden konnte. Aber nun war er hier, nachdem er alle Härten von Gefängnis und Lager mit jenem eigensinnigen, fanatischen polnischen Patriotismus überstanden hatte, den man nicht umhin kann zu bewundern. Zwei belgische Seeleute sah ich wieder, die sich geweigert hatten, unter der Vichy-Flagge zu fahren, einen Major des Heeres, der entlassen wurde, weil er Jude war, daneben, tadellos angezogen und doch nicht ganz versöhnt mit ihrer Zivilkleidung, fünf französische Luftwaffenpiloten, die noch am selben Morgen ihren Lunch in der Offiziersmesse eingenommen hatten.

Fünfundzwanzig Männer waren es insgesamt; einige in Lumpen und mit Gesichtern, in denen sich das überstandene Leid eingegraben hatte, andere gut gekleidet und wie geleckt. Unter ihnen befand sich auch ein kahlköpfiger und selbstgefälliger französischer Arzt, der so lange Patriotismus gespielt hatte, daß er schließlich etwas hatte tun müssen; aber jetzt, da er gekommen war, sah er aus, als wünschte er sich wieder zurück in sein sicheres Bett. Er mußte mit, weil er bereits zu gut über die Organisation Bescheid wußte und Mamie Angst hatte, daß er auspacken würde, wenn er verhaftet und unter Druck gesetzt wurde. Charakteristischerweise war er der einzige, der sich in patriotischen Äußerungen gefiel wie «den Sprung zum Angriff wagen». Einer verwies ihm das Gerede mit: «Das hier ist nichts weiter als ein Spaziergang.»

Mamie nahm letzte Bestellungen entgegen, tauschte für einen ein zu auffälliges Kleidungsstück aus, beruhigte einen anderen wegen der Sicherheit seiner Familie, war zugleich froh und traurig, da ihre Kinder sie jetzt verließen.

Punkt neun Uhr läutete es an der Tür, und Mamie kam mit einem Mann ins Zimmer – es war der britische Vertreter der marokkanischen Untergrundbewegung. Sein dunkles, hageres Gesicht hätte zu jeder Nationalität gepaßt. Er setzte sich wie zu einer Aktionärsversammlung und verlas die Liste unserer Namen, wobei er selbst bei den unaussprechlichsten keinen Augenblick stockte. Jeden Mann faßte er kurz scharf ins Auge, als wolle er sein Gesicht im Geiste fotografieren, und händigte ihm dann den Passierschein, der den Namen eines neutralen Matrosen trug, zum Hafen aus. Mein Name war Hansen: Sollte das mein letztes «Alias» sein?

Dann folgten zwei Minuten abgehackte Instruktionen. Um neun Uhr fünfzehn brach die erste Gruppe auf. Um neun Uhr dreißig waren wir dran. Wir gingen in Zweierreihen durch die dunklen Straßen, so daß wir das vorangehende Paar gerade noch in Sichtweite hatten. An dem Kontrollposten des Hafens vorbei. Der prüfte unsere Zettel nur oberflächlich; er muß ein Mitwisser gewesen sein. Wir kamen an dem gestapelten Holz im Hafen vorbei.

Plötzlich tauchte aus dem Nichts ein Araber auf: Ich dachte schon, er wolle Alarm schlagen. Aber er deutete nur geradeaus und sagte: «Par ici, mes ami.»

Um zehn Uhr dreißig verschwanden wir durch die Luke eines kleinen Fischerbootes und legten uns im Laderaum zwischen Phosphaten nieder.

Um halb fünf startete der Hilfsmotor, das Boot setzte sich in Bewegung. Dann spürten wir das Meer unter uns, und um neun Uhr wurden wir rausgelassen. Wir sahen Casablanca im morgendlichen Sonnenschein versinken. Es war tatsächlich nur ein Spaziergang gewesen.

Bis nach Gibraltar dauerte es drei Tage. Immer wenn wir an einem Schiff vorbeikamen, mußten wir unter Deck gehen oder uns außer Sichtweite niederlegen. Einmal gab es eine nervenaufreibende halbe Stunde, als ein spanischer Kreuzer am Horizont auftauchte, aber er hielt es nicht für lohnend, sich um einen kleinen Fischerkahn zu kümmern, und bog ab. Wir lagen im Bug und träumten, wir würden nach England fahren, nur um aufzuwachen und zu finden, daß das stimmte. Ich hatte mich darauf gefreut, den Felsen von Gibraltar aus dem Meer auftauchen zu sehen, aber daraus wurde nichts. Schon am Ende Afrikas herrschte ziemlicher Verkehr, und der Kapitän – ein Neutraler – hatte Angst, daß kurz vor dem Ziel noch jemand seine Ladung kontrollieren könnte: uns. So mußten wir die Stunden über die Meerenge und bis zum Hafen von Gibraltar unten bleiben. Erst als wir schon ein Zeitlang an der Mole festgemacht hatten, kam der Kapitän runter und deutete auf mich: «Sie zuerst, Sie sprechen Englisch.»

Als ich aus der Luke stieg, stand vor mir wirklich auf britischem Boden, in britischem Khaki, ein britischer Sergeant und sagte in britisch gequältem Französisch: «Vous pouvez sortir maintenant», und ich, als ich den zwei Jahre ersehnten britischen Boden betrat:

«You can speak English, chum!»

Es war nicht das Ende, aber ein Ende. «Légion, adieu!»

Nachwort
oder
Was ich in der Legion gelernt habe

Wenn man mich fragt, wo ich in meinem Leben am meisten gelernt habe, antworte ich – nicht nur im Spaß: «In Oxford und in der Fremdenlegion.» Nicht nach der üblichen, üblen Legionsparole: «Es war einmal einer Mutter Sohn, / der ging in die Fremdenlegion; / Französisch lernt' er nicht verstehn, / aber Arschficken und Zigarettendrehn.» Durch die Liebe zu schönen Mädchen und zur Pfeife war ich vor beidem geschützt. Aber ich bin nicht sicher, ob ich nicht in der Legion mehr gelernt habe als in Oxford. Was? Keine zehn Gebote, aber Angebote zum Überlegen, die mir geboten erscheinen, sie nicht zu vergessen und sie weiterzugeben. Welche?

Erstens: Daß der Prozentsatz von Intelligenten und Deppen, von anständigen Menschen und Armleuchtern bei Deutschen und Franzosen, bei Unternehmern und Gewerkschaftsführern, bei Professoren und Landarbeitern ungefähr gleich ist. Unterschiedlich sind nur die Umstände. Zum Beispiel haben sich die Juden, die man jahrhundertelang als unfähig zum Bauern- und Soldatentum betrachtet hat, in Israel nur durch Änderung der Umstände gerade in beidem ausgezeichnet. Andererseits gab es auch bei den Franzosen unter Vichy sehr schnell KZ-Aufsehertypen, die Dachau «Ehre» gemacht hätten. Wie beim Tier die Entwicklung vom Wolf zum Schäferhund, so gibt es natürlich auch beim Menschen Entwicklungen über Generationen, die diese Prozentsätze scheinbar verschieben. Aber auch Entwicklungen sind nur längerfristige Umstände.

Zweitens: Daß man wirkliche Erschöpfung kennen muß, um das Ausruhen, bittere Kälte, um Wärme, Gefangenschaft, um Freiheit genießen zu können. Diese Dankbarkeit für vieles, was das Leben gibt, kann man später durch freiwilliges Training zwar erhalten, aber nie erlernen. Entbehrung und Härte sind Vorbedingungen des wirklichen Genießens. Die heutige Jugend hat nicht etwa das Glück, sondern sogar das Pech, daß ihre Lehr- und Wanderjahre höchstens freiwillig und durch den Druck des Schnell-was-werden-Müssens sogar fast unmöglich geworden sind. Es ist auch Pech, daß der Arbeitsdienst, übrigens zu unrecht, mit den Nazis verbunden wird. Es kann einem jungen Menschen, ob Sohn eines Millionärs oder eines Müllarbeiters, nichts Besseres passieren, als im Dienst mit und im Dienst von anderen Menschen ein bis zwei Jahre ohne jedes Privileg – also auch kaserniert – das Leben kennenzulernen.

Drittens: Daß der Reichtum, nicht der Wohlstand und das sich sogar gelegentlich mal Was-Tolles-leisten-Können besonders für junge Leute eher von Nachteil ist. Er kann sogar zur Droge werden. Eine Droge, sich mit den falschen Dingen vor den falschen Leuten in Szene zu setzen und an dem wirklichen Reichtum, dem des Fühlens, des Denkens und Handelns, vorbeizusteuern. Die Chancen, Reichtum nicht als Selbstprofilierungsdroge, sondern als Machtinstrument für menschlich Vernünftiges zu gebrauchen, sind größer, wenn man Armut, Angst und Entbehrung kennengelernt hat.

Viertens: Daß man auch Menschenkenntnis lernen kann. Da ich selber dort ganz unten war, habe ich auch die Radfahrer, die sich nach oben bücken und nach unten treten, von unten gesehen. Ich kenne sie deshalb jetzt auch von oben wieder, ob in Bonn oder im Unternehmen.

Fünftens: Daß es Führung ist, wenn die Gruppe, nicht wenn ein einzelner in einer Gruppe das Rennen macht. Das heißt, wenn es gelingt – so schwer dies auch fällt –, die anderen und vor allem die Sache wichtiger zu nehmen als sich selbst. Siebenter zu sein in einer guten Sache und in dem Gefühl des Zusammen-mit-Anderen ist erfolgreicher als Erster zu sein in einer wertlosen.

Sechstens: Daß Führen lernen in erster Linie heißt, sich selbst führen lernen.

Siebtens: Daß Nachahmung nichts taugt bei Sachen oder Personen: Ich wollte zuerst so gern ein hundertprozentiger Deutscher und später ein hundertprozentiger Engländer sein. In der Legion ist mir aufgegangen, daß man nur ein bißchen besser man selbst werden kann, nie aber ein noch so toll imitierter anderer.

Achtens: Daß man Wüste und Sand kennen muß, um Gras und Wald wirklich zu verstehen und zu lieben. Und umgekehrt.

Neuntens: Daß ein Glas Rotwein mit einer Brotkruste bei einem Wirt, den man kennt, zehnmal besser schmeckt als ein Sechs-Gänge-Menü in einem verkellnerten Ketten-Hotel.

Zehntens: Daß Erfolg im Leben natürlich auch von Begabung und Anstrengung im Machen und Darstellen abhängt, aber zumindest zu einem Drittel von reiner Fortune, die nur hinterher rationalisiert wird. Erfolg ist etwas *Sein*, etwas *Schein* und sehr viel *Schwein*.